文
景

———————

Horizon

The Politics

of Production

生产的政治

资本主义和
社会主义下的
工厂政体

Factory
Regimes
Under
Capitalism and
Socialism

Michael
Burawoy

〔英〕 麦克·布洛维 著

周潇 张跃然 译

沈原 校

上海人民出版社

献给亚普

目　录

中文版序

　　能得到邀请给 35 年前出版的《生产的政治》一书的中文版写序言，这让我感到十分荣幸。这样一本年代久远的著作还有什么价值？有没有什么办法让它变得不过时？书中的思想是否能被延展到当下的现实中？

　　让我们首先回到 1985 年。那时，马克思主义在西方社会科学中正迎来一次复兴。我坚定地支持马克思主义的研究议程——今天依然如此，但却不是以一种机械或教条的方式，将马克思或其他经典马克思主义者的著述看作是永恒的真理。我认为，我们需要做的事情是不断地重构马克思主义，使其能够解释持续变动世界中那些原先不能被解释的异例。如果马克思主义认为社会的变化会导致观念的变化，那么马克思主义自身也要不断发展。如果马克思主义试图为世界的变迁提供某种指导，那么随着世界的改变，马克思主义自身也要改变。一个跨院系、跨学校、跨国界的马克思主义者群体应当发展起来，这个群体的使命便是不断重构马克思主义，使其能够回应时代提出的挑战。在不同的地方，这个群体关心的议题不同，依靠的马克思传统源流也不同。在有些地方它更偏向理论，在另一些地方它更看重实践。

　　在美国，马克思主义的影响更多地限于学术界之内，尤其在社会学中积累起不小的能量。在马克思主义者试图解答的问题中，有两个问题尤其吸引了大量关注和精力。第一个是关于工作的组织，也就是马克思主义者所说的劳动过程。布雷弗曼（Harry Braverman）的《劳动与垄断资本》（*Labor and Monopoly Capital*）一书尤其激发了学者们对这一问题的兴趣，并带我们重新回到了《资本论》第一卷（*Capital*, Volume 1）。布雷弗曼考察了劳动过程在一个世纪以来的变迁，认为工作形态变迁的轨迹体现为脑力劳动和体力劳动的分离、概念和执行的分离，这使资本家获得了更多控制力和利润。通过工作的去技能化，资本能更为有效地规制工作过程，同时降低劳动成本。第二个问题聚焦于国家及其与资本主义之间的关系。对这一问题的兴趣，是被拉尔夫·米利班德（Ralph Miliband，他将国家看作是资产阶级的统治工具）和尼科斯·普兰查斯（Nicos Poulantzas，他将国家看作是具有相对自主性的一种结构，是保护资本主义既不被资本家破坏也不被工人破坏的必要条件）之间的辩论推动起来的。

　　《生产的政治》一书试图将这两方面的问题连接起来。我试图同时向劳动过程理论和国家理论提出挑战。对于劳动过程理论而言，我的贡献在于指出生产场域除了工作本身之外同样也是政治场域，其自有一套规制模式，形塑了生产环节与其他环节的斗争。对于国家理论而言，我的贡献在于指出国家并不是唯一的政治场域，生产场域的支配关系恰恰是国家有效运作的必要条件。换句话说，生产领域的政治是塑造国家与劳动过程之间关系的重要环节。我进一步指出，这一生产的政治有其自身的"内部国家"，或者说"生产的政治与意识形态机构"，它既是阶级斗争所形塑的对象，也在规训和限制着阶级斗争。

概念创新始于理论与实践的交汇处。在芝加哥大学接受了马克思主义理论的训练之后，当时还是博士研究生的我在南芝加哥的阿利斯－查默斯工厂（Allis-Chalmers）找到一份机械操作工的工作。这个工厂是美国三大农业和建筑设备制造商之一。这既是我博士论文研究的对象，也是我生计的来源。在那个年代，有工会组织的蓝领工人拿的薪水不亚于一名大学助理教授。如果算上加班工资，我比我的一些老师们挣得还多。

在工厂中，我惊讶于工友们在工作时是多么努力，并感到很纳闷：为什么他们如此努力地为资本家的利润卖命？虽然布雷弗曼描绘了工作的组织结构在客观层面发生的变迁，但他并没有分析工人在主观层面对此有何反应。既然去技能化的工作如此没有意义，工人们为什么还工作得那么努力？我所看到的情况似乎和马克思在19世纪描绘的情况不同：驱使工人努力工作的动力，似乎并不是经济层面的市场强制力量或是对失去工作的恐惧。这一动力也不像经济学家们说的那样来自奖金等物质刺激。我在1979年出版的《制造同意》（*Manufacturing Consent: Changes in the Labor Process Under Monopoly Capitalism*）一书中所讲的故事要更加复杂。工作场域中的客观限制并不像布雷弗曼预设的那样令人窒息，而是为工人们留出了自己为工作赋予意义的空间。为了减轻工作时的辛苦感和无聊感，工人们将工作建构为一种游戏，这种游戏有自己的规则，被工人们共同认可和执行。

但生产场域包含的不只是工作本身。一系列规制机构为赶工游戏确立了条件。三种规制机构对确保工人努力工作而言尤其重要。首先是内部劳动力市场，其允许工人竞争空余岗位，一般是资历最老、相关经验最丰富的工人胜出。这样一来，工人们在工厂中待的年头越久，在厂内的位置也越高，工资也就越高。其次，工人们被建构为拥有权利和义务的个人主体，这些权利和义务靠申诉机制执行。如果管理方违反了集体谈判合同中的条款，工人们可以通过工会层层向上发起申诉。最后，工会代表工人和资方进行集体谈判，视工厂的盈利情况而争取更高的工资和更好的福利待遇。不管是在个人层面还是集体层面，工人们都有充分的理由努力工作，而无需强制的持续干预。

我借鉴了葛兰西（Antonio Gramsci）用来分析宏观政治的"霸权"这一概念，将我所看到的景象称作霸权式的生产政体，这一政体将工人对资方的认同组织起来。我指出，这一生产政体是区分发达资本主义和早期竞争资本主义的主要因素。高薪、高福利、工作稳定性这几个条件加在一起，使得管理者不可能再用强制手段逼迫工人努力工作，他们必须说服工人努力工作。我当时并没有意识到，事情很快就会发生重大转变：在国家的引领下，资本家向工人阶级展开进攻，使得工人与工会屈服于市场，一种新的生产政体即"霸权专制主义"出现了。我在《生产的政治》中提出了这一预想。

我的批评者们笑了起来：你只不过是研究了一家工厂，如何将结论推广到整个发达资本主义？这个问题使我开始对不同发达资本主义国家的生产政体做比较研究。瑞典、日本、英国的生产政体都是霸权政体的变种，其具体类型取决于国家对生产的规制及其在生产场域之外提供的福利。为了确认各种霸权政体的共同特征，我将其与马克思笔下的19世纪专制生产政体比较。我的研究显示，在马克思所描绘的专制政体之外，还有其他类型的专制生产政体。专制生产政体的具体类型，一方面取决于劳动过程，另一方面取决于19世纪的国家形态。从历史文献中，我发掘出一系列存在于美国、英国、俄国早期纺织业中的市场专制生产政体：企业国家、父权制、家长制等政体，并试图理解这些生产政体得以存在的条件及其对形塑阶级斗争的后果。

我的批评者们再次笑了起来：这与资本主义无关，不过是工业化导致的结果罢了。我因而重新审视了自己早先（1968—1972年）对赞比亚铜矿行业所做的研究，并指出这一行业中存在另外一种专制生产政体，即一直持续到后殖民时期的殖民专制政体，或者说殖民主义在后殖民时代的再生产。可我的批评者们还是不满意：非洲的工业化进程本来就落后。这样一来，我非常清楚自己必须要做什么：研究社会主义社会的工厂，并揭示其中的生产政治与资本主义社会有本质不同。我一直很想去中国做研究，但我知道这超出我的能力范围。另外，我对 1980—1981 年的波兰团结工会运动十分着迷，这个运动就像突然冒出来一样，尝试去重构国家社会主义（state socialism）。我收拾好行装打算去波兰，但还是晚了一步——雅鲁泽尔斯基将军（Wojciech Jaruzelski）行动得比我更早，他在 1981 年 12 月 13 日宣布戒严。团结工会转入了地下，直到 1980 年代末以一种完全不同的面目重新出现，参与到有关资本主义转型的谈判中。

在我不得不向团结工会说再见之后，我的朋友、也是我未来的同事塞勒尼（Iván Szelényi）邀请我陪他于 1982 年夏天去匈牙利，这帮了我大忙。这也是塞勒尼自 1976 年开始政治流亡之后第一次返回匈牙利。在此之前，米克洛什·哈拉兹蒂（Miklós Haraszti）对匈牙利一家机械工厂中种种磨难的动情记录早已激起了我的好奇心 [1]。在他的笔下，机械操作工完成的工作对我而言看起来根本不可能：同时操作两台机器。这是为什么？我之前一直以为，如果说社会主义国家的工人争取到了什么权利的话，那就是不用辛苦工作的权利！和塞勒尼同去匈牙利的十天震撼了我的世界。在此之后，我决定在匈牙利开启我的下一段研究旅程。我不知道怎样才能在社会主义工厂中找到工作——那是工人国家中的神圣领地，即使对本国的研究者也是严防死守，更别提来自外国的持批判

---

[1] Miklós Haraszti, *A Worker in a Worker's State*, Harmondsworth, England: Penguin Books, 1977.

态度的马克思主义者了。但当时正值匈牙利的改革年代，我还是无所畏惧地在1983年的夏秋之季前往匈牙利做研究。靠着朋友们的帮助，我在一家香槟工厂和一家合作社的纺织工厂找到工作。接着，我在1984年进入一家机械工厂，那家工厂与南芝加哥的阿利斯-查默斯厂以及哈拉兹蒂笔下那家布达佩斯的工厂都颇为相似。我之后又从那家机械工厂跳槽到了米什科尔茨（Miskolc）的列宁钢铁厂（Lenin Steel Works），这家工厂堪称匈牙利工人阶级的心脏。在1985—1988年间，我有三段时间在这家工厂当熔炉工。

所以我是这样回应我的批评者的：国家社会主义造就了一种独特的生产政治——官僚化的生产政治，资方、工会、党组织作为国家的延伸部分在其中相互合作。这种官僚化生产政体处于一种独特的生产过程和一种独特的国家形态之间，带来了非常真实的后果。与资本主义经济体时常陷于系统性的生产过剩危机不同，国家社会主义经济体面对的危机来自于短缺：劳动力、原材料、机械设备等等的短缺。为了应对具体生产过程中短缺造成的困难，就需要一种灵活的工作组织形式，需要工人对生产过程至少有某种程度的集体控制权，虽然时常会遭到武断的官僚管理的阻挠。

在生产过程之外，国家社会主义的国家形态又是怎样的呢？与惯于将剥削过程神秘化（模糊化）的资本主义社会不同，国家社会主义之下的剥削过程是非常透明可见的，因此需要被正当化（合法化）。所以意识形态在社会主义国家比在资本主义国家要重要得多。与其他国家一样，社会主义国家也宣布，国家代表所有人的共同利益，社会主义是高效和平等的，但在一些国家，工人们实际看到的是遍地的低效和不平等。工人所做的其实不外乎是呼吁国家兑现其做出的承诺。通过揭露国家的言行不一，工人拥抱了一种社会主义的批判立场。合法性的失败导致集体抗争行动时常爆发，并在一些情况下导致国家公开使用暴力。在国家社会主义之下，强制与同意在历史中不断交替；而在资本主义社会的霸权生产政体中，强制与同意共存，强制保证同意的实现并且自身也是同意的对象。

我原以为这一动态中孕育着民主社会主义的未来可能性，那种可能性是我在团结工会所发起的革命中直观感受到的，虽然团结工会运动自己给自己施加了许多限制。但后来的事态发展表明，匈牙利工人对社会主义话语的运用只是表面现象，他们对任何社会主义未来的犬儒心态要根深蒂固得多。他们对社会主义现实的批判将他们引向了资本主义，而非民主社会主义。当国家社会主义在1989年崩溃时，有工人试图重建1956年匈牙利革命时曾出现的那种工人委员会，也有工人试图掌管工厂，但这些毕竟是工人中的少数。大多数工人都愿意在资本主义中找找机会，并没有意识到这其实意味着工厂的关闭、福利保障与社会安全网的泯灭、免费教育的消失和一个相对平等的社会的终结。我的匈牙利工友们当时并未意识到共产主义正在成为"辉煌的过去"——这正是1992年我与亚诺什·卢卡奇

（János Lukács）合作出版著作的标题 *——也没有意识到他们在共产主义的生活要比在资本主义好许多。

到了 1990 年，匈牙利明显在全力奔向资本主义，所以我去了苏联，当时正是苏联改革年代的黄昏时刻。要想进入苏联那隐蔽的生产场域并不容易，但我最终和亨德利（Kathryn Hendley）一起进入了雷齐纳工厂（*Kauchuk i Rezina*），那是一家位于莫斯科的著名橡胶厂。[1]苏联的生产政治和匈牙利又是不同的。我们目睹了工厂中正在进行的内战：总工程师和总经理支持苏维埃计划体制和苏联的完整性，而年轻的工程技术人员支持市场经济和俄罗斯独立，叶利钦是他们的英雄。双方阵营的领袖都试图说服基层工人，获取工人的支持，其间上演着各种戏码。这是 1991 年的年初，凄冷的冬天和整个国家的经济混乱正在制造前所未有的短缺。与匈牙利一样，苏联的企业管理者也用各种方式给自己找后路：剥离仍在盈利的合作社，免费拿走企业的资源，或是通过搞副业牟利。

在这至关重要的一年，我在 4 月去了北极地区，到了我的朋友克罗托夫（Pavel Krotov）的家乡——科米共和国（Komi Republic）的首府瑟克特夫卡尔（Syktyvkar）。我们一起潜入了北方家具厂，这是一家生产壁橱的年轻企业。我成为一名机械

---

* 此处指《辉煌的过去》（*The Radiant Past: Ideology and Reality in Hungary's Road to Capitalism*）。——编者注

[1] Burawoy and Hendley, "Between Perestroika and Privatization: Divided Strategies and Political Crisis in a Soviet Enterprise", *Soviet Studies*, 1992, 44(3), pp.371–402.

操作工，而克罗托夫主要负责和管理者接触。与雷齐纳工厂不同，北方家具厂得益于对产品和原材料的垄断以及靠近消费者的优势，因此境况很不错。他们通过以物易物，用生产的壁橱换取肉、酒（当时正处于严格的配给制中）、糖以及子女在南方参加夏令营的名额。[1] 我在 6 月离开了那里，而到了年底，苏联就不复存在了。当我下一年回到这家工厂时，这里境况惨淡。

　　似乎我每到一个地方，就给那里带去了灾难。1968 年，当我开始在赞比亚的铜矿工作时，铜价保持高位，整个产业十分繁荣。但在我 1972 年离开之后，铜价马上就开始下跌，一直跌了 20 年。经历了国有化的铜矿产业陷入困境，赞比亚被迫进行结构性调整，最终不得不将铜矿重新私有化，而不幸的是，在这之后铜价马上开始回升。1973—1974 年，当我在阿利斯－查默斯厂做工时，厂子情况很不错，堪称模范工厂。但当我离开之后，衰败就开始了。1986 年，厂子倒闭，成为了南芝加哥城市衰败的一部分。那片区域成为贫民窟，聚集着大量因公共住房被拆毁而流离失所的非裔美国人。列宁钢铁厂以及俄罗斯的整个工业图景最终都落入了同样的命运。我觉得自己最好还是不要去任何还没有去过的国家了。在接下来的十年，我一直在瑟克特夫卡尔做研究，见证了苏维埃经济的毁灭和工人的苦难——这是在和平年代从未出现过的大衰退。我对

---

[1]　Michael Burawoy and Pavel Krotov, "The Soviet Transition from Socialism to Capitalism: Worker Control and Economic Bargaining in the Wood Lndustry", *American Sociological Review*, 1992, 57(1), pp.16–38.

生产政治的研究转向关注家庭，因为在当时，家庭、尤其是家庭与国家之间的联系，成为人们赖以维系经济生存的关键。[1]

当我开始研究国家社会主义时，我试图寻找一种独特的生产政治。但当我找到这种社会主义的生产政治之后，它马上就解体了。我的批评者们对我说：我所找到的例外恰恰证明了他们的法则。一切都会朝着资本主义趋同，国家社会主义无法持续。但他们显然忘记了中国！中国的崛起和苏联的衰退一样迅猛。通过我的学生们的研究工作，我见证着中国的经济发展。沈原教授时常邀请我去中国，但他严禁我接近任何工厂。虽然工业生产在发达资本主义国家与转型后的苏东国家不断消失，但在中国却不断扩张，这让《生产的政治》焕发了新的生命。中国善于吸引外资，并积累起自己的工业资本，这在很大程度上是靠着在移民工人的基础上建立起新型的官僚化专权生产体制而实现的。

我关于中国的知识，局限于一些考察中国生产体制的英文著作和博士论文，而不是我自己的一手观察。在这些研究中，潘毅对这一生产体制之下工人生存状况的描写尤其动人，[2] 而李静君则通过比较华南地区的生产体制与香港的生产体制来阐明前者的性质，并犀利地批评我忽略了生产政体的

---

[1]　Michael Burawoy, Pavel Krotov and Tatyana Lytkina, "Involution and Destitution in Capitalist Russia", *Ethnography*, 2000, 1(1), pp.43–65.

[2]　Pun Ngai, *Made in China: Women Factory Worker in a Global Worplace*, Durbam, NC: Duke University Press, 2005.

性别维度。[1] 在李静君 2007 年出版的下一本著作中，她比较了中国的沿海工业区和内陆老工业区，将前者的性别权威生产体制与后者的企业权威生产体制进行对比，并分析了与两类生产体制对应的斗争类型。[2] 而正如程秀英所指出的那样，生产政治也会被导向法律场域，抗议者在这个高度官僚化的迷宫中晕头转向——这塑造了一种转移注意力的生产制度（diversionary production regime）。[3]

中国政府明白的事情恰恰是俄罗斯的高级干部们不明白的：成功的市场转型需要一系列法律、社会与政治层面的支持结构。党和国家体制不应被摧毁，而应被重新构建，以监管和控制向市场经济转型的过程。[4] 与中国的演进道路不同，俄罗斯的精英们梦想以一种布尔什维克的方式迈向资本主义：用一种革命的方式将一切与共产主义有关的事物破坏殆尽。他们觉得，只有在七十年的共产主义遗产全被破坏的时候，市场经济才能焕发生命力，就像浴火重生的凤凰一样。但事实上，以纯粹的市场化道路通向市场经济谈何容易。

当我在俄罗斯北部时，见证了沃尔库塔（Vorkuta）的

---

[1]　Ching Kwan Lee, *Gender and the South China Miracle*, Berkeley: University of California Press, 1998.

[2]　Ching Kwan Lee, *Against the Law: Labor Protests in China's Rustbelt and Sunbelt*, Berkeley: University of California Press, 2007.

[3]　Xiuying Cheng, "The Circular State-Symbolic Labor Politcs in Transitional China", Ph.D Dissertation, University of California, Berkeley, 2010.

[4]　Michael Burawoy, "The State and Economic Involution: Russia through a Chinese Lens", *World Development*, 1996, 24(6), pp.1105–1117.

矿工正和西伯利亚、乌克兰的矿工一道发起罢工，将体制逼入崩溃边缘。在撕毁了党章并建立了他们自己的自治生产政体之后，工人们发觉资本主义对他们生产的昂贵煤炭并不怎么感兴趣。煤矿一个接一个地倒闭，这可是全世界煤炭储量最丰富的煤田之一，如今却开始陷入衰落。"到底出了什么问题？"我问那些留下的人们。他们答道："这说明你不能在七十年的共产主义基础上建设资本主义。"不论大家名义上怎么说，俄罗斯的资本主义转型事实上不是革命性的，而是内卷性的。交换没有刺激经济扩张，而是阻碍了生产，形成一个"去原始积累"的过程——关厂、资产剥离、人们倒退回自给农业中。这不是波兰尼（Karl Polanyi）所说的大转型，而是一场大内卷。[1] 俄罗斯花了很长时间才止住急速衰落并开始复苏，大大落后于经济扩张中的中国。

随着中国的增长机器势头强劲，它也为自身的转型埋下了种子。通过将劳动力再生产的成本丢到以家庭自给农业为主的农村地区，整个劳工迁徙系统使廉价劳动力成为可能。[2] 在中国，户口制度使移民工人家庭无法在城市定居，而是鼓励单身男女工人迁徙并在建筑业与制造业寻找工作。这一生产政体使得工人无法脱离与农村地区之间的联系。在农村地区，

---

[1] Michael Burawoy, "Transition Without Transformation: Russia's Involutionary Road to Capitalism", *East European Politics and Societies*, 2001, 15(2), pp.269–290.

[2] Michael Burawoy, "The Functions and Reproduction of Migrant Labor: Comparative Material from Southern Africa and the United States", *American Journal of Sociology*, 1976, 82(5), pp.1050–1087.

通过家庭联产承包责任制实现的农村改革负担了照护老人与儿童的主要成本，而地方政府则负责养老与教育。随着对劳动力的需求增加，中国的市场经济发展超出了沿海工业所依赖的劳工迁徙系统。随着农村地区发展出一种新的积累模式，许多农村居民被迫离开农村、迁入拥挤的巨型城市，这也给户口制度带来了重重压力。劳动力再生产的成本负担对财政的压力过大，使得农村基层政府开始寻找新的财源。获取新财源的一种做法是创建新的产业集群式工业区。胡丽娜考察了河北省的一个工业区。在那里，以家庭为单位的"工厂"生产着行销全球的箱包。[1] 茱莉亚·庄（Julia Chuang）2020 年出版的著作则研究了四川省以建设新城为目的的农村土地征收和交易。[2] 这一基于土地商品化的新积累模式正在逐步取代基于移民劳工的旧模式。

随着中国内部的工业发展不断推动消费品与资本品的出口，中国也开始到境外寻找原材料供应渠道。李静君跟随着中国资本来到赞比亚的铜矿[3]——巧合的是，那些铜矿恰恰就是我四十年前研究过的。中国试图将其独特的生产政体移植到非洲，激起了赞比亚矿工的斗争。在赞比亚矿工眼中，这

[1]　Lina Hu, "Familial Politics of Production: Household Production in China", Ph.D Dissertation, University of California, Berkeley, 2013.

[2]　Julia Chuang, *Beneath the China Boom: Labor, Citizenship and the Making of a Rural Land Market*, Oakland: University of California Press, 2020.

[3]　Ching Kwan Lee, *The Specter of Global China: Politics, Labor, and Foreign Investment in Africa*, Chicago: University of Chicago Press, 2017.

生产的政治

一生产政体看起来就是殖民专制主义的重演。但赞比亚政府很快意识到，与那些流动性更高、在铜价下跌后马上开始外逃的跨国私人资本相比，还是中国资本更能使他们获益。中国资本之所以没有外逃，是因为它不仅对利润有需求，而且对铜本身有大量需求，因此它和赞比亚政府之间建立了一种合作关系，以规制生产政体，保证铜产量的稳定，虽然这种合作关系既不顺利也不平等。

在跨国比较中，我强调了国家如何创造、破坏、维护以及不断规制生产政治。但在劳动过程一边，又发生了哪些变化呢？我们如何分析零工经济以及随之而来的一种新的工人类别——那些使用自有的生产资料来为消费者提供服务的独立承包工人？奇怪的是，关于游戏的观念越发根深蒂固了。[1] 在隐藏于平台之后的管理者所提供的激励背景下，零工经济的工人组织起他们自己的游戏。实际上，软件工程师成了游戏化的专家。和原来一样，游戏诱使工人展开竞争，但这不是相互之间的竞争，而是自己和自己的竞争，生产力就在这一过程中不断提高。[2] 这些游戏瞬息万变，不断变化的算法随时召唤着新的策略。在不稳定用工的时代，这种工作吸引着那些寻找额外薪水、希望按照自己的时间安排来灵活决定上

---

[1] Tongyu Wu, "Brogrammers, Tech Hobbyists, and Coding Peasants: Surveillance, Fun, and Productivity in High Tech", Ph.D Dissertation, University of Oregon, 2018.

[2] Griesbach, Kathleen, Adem Reich, Luke Elliott-Negri, and Ruth Milkman, "Algorithmic Control in Platform Food Delivery Work", *Socius*, 2019, 5(1), pp.1–15.

工时间的兼职工人。这是生产政治的原子化：不可见的管理者，不可见的工友，以及一系列匿名的顾客。[1]

但维系着零工经济的，其实是一种我们更加熟悉的劳动过程。正如舍斯塔科夫斯基（Shestakofsky）在 2017 年发表的研究所揭示的那样，创造激励系统、招募工人、吸引顾客，这一系列过程不仅需要软件工程师，也需要大量劳动力提供计算劳动和情感劳动，这些劳动过程是在全球层面被组织起来的。[2] 自动化的神话再一次被刺破。这些劳动过程服务于大企业的总部，而大企业则服务于风投资本的逻辑。风投资本首先希望看到的，是企业能够存活并且将来能够盈利的证据。在企业发展和扩张的每个新阶段，软件工程师都需要重新设计那些决定劳动服务关系的算法。

零工经济的核心是手机。手机已经变成了我们这个时代具有象征性的生产工具，成了我们自己的一部分，对我们的存在而言越发重要。它不仅在我们的生活中不可或缺，而且记录着我们的每一次移动、每一次消费、每一次通讯和我们点击的每一个"赞"和"踩"。正如祖博夫（Shoshana Zuboff）所描述的那样，我们自身与劳动过程融为一体，自发地、充满激情地生产着数据。这些数据被整合、分配，反过来用以监

---

[1] Milkman, Ruth, Luke Elliott-Negri, Kathleen Griesbach and Adem Reich, "Gender, Class, and the Gig Econmy: The Case of Platform-Based Food Delivery", *Critical Sociology*, 2020, 47(3), pp.357–372.

[2] Benjamin Shestakofsky, "Working Algorithms: Software Automation and the Future of Work", *Work and Occupations*, 2017, 44(4), pp.376–423.

控我们的生活，政府或企业也通过挖掘和利用这些数据来获利，不论是靠监视我们还是靠精准投放广告。[1] 布雷弗曼所说的概念与执行的分离达到了顶点，从而创造出一种新的生产政治。在这种生产政治中，生产过程变成自我诱导或者由企业诱导的游戏，生产过程与其规制手段融为一体，像福柯所说的全景监狱一样无缝运转。这种原子化的生产政治与政治狂热高度适应。其中最典型的例子就是特朗普主义，在这种政治生态中，推文就是无法被证伪的真理。这一逻辑在社会运动的组织当中同样重要，不论社会运动有何种政治色彩。

我和我的手机为谷歌、亚马逊、阿里巴巴、微软和苹果创造利润，同时为一种新的经济提供基础。然而这里依然存在着一种劳动过程背后的劳动过程，一种生产政治背后的生产政治：典型的例子便是苹果在中国的准军事化工厂，成千上万的工人在学徒制度的规训下生产着苹果手机。

但任何革命都是有局限的，数字革命也不例外。这一点在应对新冠疫情的过程中变得尤其明显。关键部门的工人——护士、医生、百货店的店员、学校教师、司机、农业工人、家政工人、肉类包装工等等——需要将自身的生命置于险境，以保证我们其他人能够活下去。这些工人无法居家工作，而是必须到他们原来的工作场所中，与客户、消费者、病人面对面接触，不论他们是否获得了足够的防护设备。他们组成了

---

[1] Shoshana Zuboff, *The Age of Surveillance Capitalism: The Fight for a Human Future at the New Frontier of Power*, New York: Public Affairs, 2019.

一个下层阶级，往往被他们的种族、性别与公民身份标识出来。他们本就是最不稳定的工人，无法承受不去上班的后果，所以在病毒面前他们所承受的风险最大。具体的劳动过程也许还和原来一样，但其规制模式已经发生改变，变得更具有强制性，不管是以潜在还是外显的方式。

一种新的阶级结构正在形成当中：通过远程通讯工具居家办公的职业群体与那些必须出现在危险的工作场所中的一线工人之间正在形成区隔。布雷弗曼所说的概念与执行的分离正在固化为阶级区隔，或者说一种潜在的阶级对立。在美国，这一阶级区隔开始和党派政治交叠。数字化正在为一场新的阶级战争打下基础，这一阶级战争正在不时地爆发出来：教师的抗争、平台工人的抗争、租户的抗争、巴士司机的抗争以及反对警权的抗争。劳动和生活已经变得不可分割。

但数字化也使我们得以想象一个完全不一样的世界，一个工人集体自我管理的未来世界。在这一图景中，必要的工作在社会全部成员中通过平等合作实现均匀分配，以此缩短工作时间。这种集体自我管理正是在瘟疫时代应对气候变化挑战的必要条件，也是我们的唯一出路。无论如何，有一件事是确定的：只要资本主义还在，它就永远激励着人们去探索社会主义的理念。

2020 年 12 月

序　言

　　本书缘起可回溯至 1968 年，其时我担任赞比亚铜业服务局（Zambian Copper Industry Service Bureau）的研究员。在一年半的时间里，我目睹了两个跨国矿业公司对四年前建立的赞比亚政体的反应。我能够观察管理层所做出的与工会和政府有关的决策；我还能够研究在铜矿本身正在发生的事情，这是在我与作为面试官的赞比亚人事官员一起对劳动力开展大型社会调查之际。随后我前往赞比亚大学，在那里用两年半的时间进行研究，形成本书第五章的经验基础。到 1971 年夏季，阿贝尔·潘达瓦（Abel Pandawa）、纳特·唐波（Nat Tembo）和托尼·斯姆索克维（Tony Simusokwe）加入了我的工作。

　　在芝加哥大学期间，我又在工厂中找到一份工作，这次是在我称之为"联合"（Allied）的跨国公司引擎分部充当机械操作工。虽说管理层知晓我的研究旨趣，但仍像对待任何其他工人一样对待我。这是在 1974 年，我掌有这份工作达十个月之久。我告诉我的工友我在此务工是为了撰写博士论文，但是他们既不在意也不相信。这确实不合乎他们关于大学教育的想法。

　　由于偶然的机缘，我得以追随一位在芝加哥大学度过岁月的、最为机敏和富于经验的田野工作者的步伐。唐纳德·罗伊（Donald Roy）在三十年前曾是同一间工厂的摇臂钻床操作工。他关于吉尔公司（Geer Company）的研究不仅是比较的基础，而且是对我的研究的一种激励。罗伊在1980年去世，正值他将三十年来在北卡罗来纳州关于工会组织的研究汇聚起来之际。他是为数不多的设法横跨产业工人世界和学术界的社会学家之一，虽说付出了大量的个人成本。我自己的研究与罗伊的研究的比较在《制造同意》中得到更为充分的实现。在这部书的第三章中，我更注重将我的研究与另一位和工人阶级具有紧密关联的工业社会学家进行比较。汤姆·卢普顿（Tom Lupton）的《车间里》（*On the Shop Floor*）是一项关于曼彻斯特两间工厂的研究，对英国的工业社会学至为重要，恰如唐纳德·罗伊的著作之于美国的工业社会学。

我对匈牙利的兴趣最初是由米克洛什·哈拉兹蒂的著作激发的，其英文的题目是《一个工人在工人的国家里》（*A Worker in a Worker's State*）。与唐纳德·罗伊和我自己一样，哈拉兹蒂也是一个机工，1971年是布达佩斯红星拖拉机厂（Red Star Tractor Factory）的一个机床操作员。他的书是一部卓越的文学作品，生动地捕捉到一位新机械操作员的艰辛痛苦。但是那本书却产生了一个悖论：红星工厂里的生活比唐纳德·罗伊、鲁普顿和我在车间发现的生活都更为专制得多。这与苏联社会关于工作的传统观念大相径庭。在苏联，没有严重失业，难以解雇工人，共同利益将工人和管理者捆绑在一起对抗中央管理部门，这些势必会在车间形成更宽松的节奏。我曾经去过匈牙利，以探寻哈拉兹蒂描述的体系如何可能以及有多普通。1983年秋季，我在一家香槟酒厂和一家小纺织厂工作；1984年夏季，有两个月我作为摇臂钻床操作工在一家机械厂工作，其类似于在联合和红星的工作。我在此的经验充实了本书第四章我关于哈拉兹蒂悖论的结论。

本书论文起步于工厂内部的工人阶级经验。作为一个将时光奉献于车间之后就重返大学的学术人，要解释这些经验并非总是容易的事。若没有乐意让我进入其生活并给我展示窍门的工人们，接下来的叙说绝无可能。我不能说我的车间生活是永久的欢乐，但是由于我的同伴们的社交创造力，它尚可忍受，有时还很有趣。

在工厂和矿场之外，我也欠了很多人情。亚普·范·韦尔森（Jaap Van Velsen）除了导引我进入人类学和社会学之外，还是头一个让我牢记研究真实存在的社会主义而非假设乌托邦的重要性的人，在此种乌托邦中，所有归结为资本主义的恶魔全都神奇地消失了。在芝加哥，我有幸与友善并博学的亚当·普沃斯基（Adam Przeworski）持续对话。无论好坏，他都把我的法农[*]式马克思主义转变为更可敬的结构主义。自回

---

[*]　弗朗茨·奥玛·法农（Frantz Omar Fanon，1925—1962）是20世纪中期法国著名的作家、心理分析学家和革命家。法农关于殖民主义的理论在当时曾发挥巨大影响，主要著作如《黑皮肤，白面具》（Peau Noire, Masques Blancs）已有中文版出版（译林出版社，2002/2005；生活·读书·新知三联书店，2022）。——译者注（如无特殊说明，星号注释均为译者注，下同）

到伯克利以后，我对结构主义的主张日渐生疑。批判的马克思主义思潮，其源于玛格丽特·塞卢洛（Margaret Cerullo），在第一章中是颇为明显的。但无论何时，当我在人本主义方向上走得太远时，埃里克·赖特（Erik Wright）总是及时出现，试图将我重新推回到科学轨道上来。过去六年间，他一直是经久不衰的鼓励和批判的泉源。他阅读和评论过本书所有部分，不是一次而是多次。

伯克利的学生们不得不容忍许多。很多人容忍了我将马克思主义化约为一种沉默——一种关于生产政治的沉默。毫无疑问，我从他们身上学到的很多东西都已写进本书。尤其是汤姆·朗（Tom Long），他在最近八年里一直是我在理论和哲学上的耐心导引者。在 1982 至 1983 年间，威斯康星大学麦迪逊分校的"阶级分析与历史变迁项目"中的讨论让我获益良多。三家机构赞助了我的研究：1980 年，耶鲁的"南非研究项目"向我提供了一个学期的支持；1983 年，伯克利国际研究所资助我完成了为期半年的匈牙利—波兰之旅；在匈牙利，我是匈牙利科学院社会学研究所的访客。在那里，拉斯洛·切赫－松鲍蒂（László Cseh-Szombathy）、埃莱梅尔·汉吉斯（Elemér Hankiss）、洛齐·布鲁斯特（Laci Bruszt）、乔鲍·毛科（Csaba Makó）、亚诺什·卢卡奇、彼得·高尔希（Péter Galsi）和加博尔·凯尔泰希（Gábor Kertesi）使我在匈牙利的逗留变得富于成果和饶有兴味。伊万·塞勒尼（Iván Szelényi）和罗比·曼琴（Robi Manchin）启动了这一切，并且持续地给予鼓励以及理论和实践的导引。

除了以上提及的这些人之外，还有一些人评论了本书的不同部分：大卫·普洛特克（David Plotke）、露丝·米尔克曼（Ruth Milkman）、雷奥纳德·汤普森（Leonard Thompson）、斯坦利·格林伯格（Stanley Greenberg）、阿米·马里奥蒂（Amy Mariotti）、科林·利斯（Colin Leys）、马哈茂德·马丹尼（Mahmood Mamdani）、杰夫·豪伊度（Jeff Haydu）、卡罗尔·哈奇（Carol Hatch）、斯蒂夫·弗伦克尔（Steve Frenkel）、薇姬·邦内尔（Vicki Bonnell）、伊萨克·科恩（Isaac Cohen）、雷吉·泽尔尼克（Reggie Zelnik）、查克·蒂利（Chuck Tilly）、罗恩·阿明扎德（Ron Aminzade）、莫里斯·蔡特林（Maurice Zeitlin）、佩里·安德森（Perry Anderson）、迈克·戴维斯（Mike Davis）、约翰·迈尔斯（John Myles）、里奥·帕内奇（Leo Panitch）和沃利·戈德弗兰克（Wally Goldfrank）。我很感激他们所有人，感激格蕾琴·富兰克林（Gretchen Franklin），其政治批判从未妨害完美无瑕的编辑和誊写。我还要感谢《美国社会学杂志》（*American Journal of Sociology*）和《美国社会学评论》（*American Sociological Review*）的匿名审稿人，以及《政治与社会》（*Political and Society*）和《社会主义评论》（*Socialist Review*）的编辑委员会。最后，我应该向已故的阿尔文·古尔德纳（Alvin Gouldner）致敬。在很大程度上，本书是与他的《工业官僚制模式》（*Patterns of Industrial Bureaucracy*）的延

伸对话。虽说我从未见过他，但他比任何其他当代理论家都更加激发起我对社会学的兴趣。无论我的研究通往哪一个方向，我总会发现他都已走在我的前面。[1]

---

[1] 一篇阐述与哈拉兹蒂对立观点的民族志文章《计件工资：匈牙利方式》（"Piece Rates, Hungarian Style"）将在《社会主义评论》（*Socialist Review*）1985 年 1 月刊出。

引　言

把工人带回来

　　这是一本不时髦的著作。它为一个不时髦的论点进行辩护，关注在一个不时髦的地方形成的不时髦的阶级。这个阶级是工业无产阶级。[1] 这个地方是生产场所。论点分为两部分。首先，我认为工业工人阶级对历史进行了重大而又自觉的干预。其次，我认为这些干预措施已经并且继续受到生产过程的影响。本论点与马克思主义内外的当代倾向相抗衡，它们要么抛弃工人阶级转而拥抱新的社会运动，要么认为工人阶级只是公共领域中形成的众多集体行动者之一。大西洋两岸形成的所谓"新左派"（newer left）挑战了马克思主义的两个中心命题：工人阶级的特权地位和生产的首要地位。一

[1]　严格地说，工业无产阶级是一个阶级的一部分。这里我把工人阶级界定为包括所有不控制生产的薪资劳动者。遵循埃里克·赖特在《阶级、危机与国家》（*Class, Crisis and the State*, London, 1978）第二章中的阐述，以及他最近在《阶级》（*Classes*, London, 1985）中的重新阐释，区别工人阶级不同部分的不是劳动过程的特征，而是我所说的生产的政治政体。虽然这本书是关于工业工人阶级的，但其观点可以扩展到工人阶级的其他部分，如国家工人，而且我在结论中确实回到了这个问题。

个人是否可以认识到这些批判的要点并仍然是马克思主义者？我的回答是肯定的。

这些新兴的政治和思想潮流，对革命工人阶级的假设在理论上和哲学上都过于沉重。[1] 从一开始，工人阶级就只能证明马克思主义者所赋予它的解放自己进而解放全人类的使命所言非真。"马克思主义是20世纪最伟大的幻想。"[2] 我们必须告别工人阶级，接受新的社会运动，这些运动源于市民社会，市民社会则被视为国家与经济之间被遗忘的空间。[3] 从这里，社区斗争、女权运动、生态运动、民权运动与和平运动作为1980年代的进步运动而兴起。[4] 如果它们的愿景有限，那再好不过了，因为先验的（transcendental）任务，乃是通往极权主义的后门甚至是前门。

如果说救世激进主义现在在哲学上、理论上和政治上都是不可接受的，那为什么我们不能减轻工人阶级的负担，使之

---

[1] 在这方面，对马克思最有力、最中肯的批判是琼·科恩（Jean Cohen）的《阶级与市民社会》（*Class and Civil Society*, Amherst, Massachusetts, 1982）。我可以接受她的大部分论点，但不能接受她的结论，在结论中，她抛弃了马克思主义，代之以对从经济背景中抽象出来的国家和市民社会的系统分析。我们将看到，生产政治的概念是对马克思主义重建的一种尝试，其部分目的是为了回应科恩的批评。

[2] Leszek Kolakowski, *Main Currents of Marxism*, London, 1978, vol. 3, p.523.

[3] 科恩在此也很相关。一个更流行的阐述是安德烈·高兹（André Gorz）的著作《向工人阶级告别》（*Farewell to the Working Class*, London, 1982）。

[4] 最好的例子之一是曼纽尔·卡斯特尔（Manuel Castells）的《城市与草根阶级》（*The City and the Grassroots*, Berkeley, 1983）。卡斯特尔关于城市社会运动的比较历史分析，是一种理论上根深蒂固的尝试，它试图摆脱生产和工人阶级的背景，同时保留一些对马克思主义框架的忠诚。

符合其在历史中实际的而非想象的干预呢？答案似乎是，工
人阶级不仅失去了革命的性情（如果有过的话），而且成为一
个没落的阶级。[1] 后工业社会催生了"去工业化"以及相伴的
萎缩而衰弱的工业工人阶级。取而代之的是诸如知识分子之
类新阶级的出现，他们成为替代性未来愿景的推动者。[2] 另一
种策略是将社会主义简化为社会民主主义，再将社会民主主
义简化为数字的问题。经过仔细调查，现在发现，没有足够
的无产阶级成员形成社会主义政党，并通过选举手段成为有
效的力量。[3] 工人阶级和同盟阶级的联合政治，以及社会主义
目标的妥协，始终是资本主义民主的必然组成部分。这为以
选举政治为名的右倾运动提供了基础。

当代历史研究再现了这种趋势。马克思主义被迅速举起，
却只是被击倒在擂台上。马克思把革命资产阶级的模式错误
地投射到了工人阶级身上，而工人阶级永远无法获得其统治
者的那种变革力量。[4] 吊诡的是，农民——至少在传统的解释

---

[1]　参见 Fred Block, "The Myth of Reindustrialization", *Socialist Review*, no. 73,
January-February 1984, pp.59–76。

[2]　关于"新阶级"的理论有很多，但最有趣最新奇的理论之一仍然是阿尔
文·古尔德纳的《新阶级与知识分子的未来》(*The Future of Intellectuals and the
Rise of the New Class*, New York, 1979)。

[3]　参见 Adam Przeworski, "Social Democracy as a Historical Phenomenon", *New
Left Review*, no. 122, 1980。普热沃尔斯基 (Przeworski) 和约翰·斯普拉格 (John
Sprague) 即将发表的关于上个世纪欧洲选举模式的研究强调了社会主义选举策略
所面临的困境，该策略是由不断变化的阶级结构所塑造的。

[4]　参见 Cornelius Castoriadis, "On the History of the Workers' Movement", *Telos*,
no. 30, Winter 1976–1977, pp.3–42。

中，他们被马克思谴责为一袋马铃薯——复活成为能够点燃革命的最后的英雄阶级。[1] 革命已成为过去，也许陷入困境的第三世界除外。可以肯定的是，工人阶级在其中没有扮演领导的角色。[2] 相反，国家成为具有自身权利和利益的行动者，它不可被改变或摧毁，而只能被操纵和相协商。国家将继续保留，所以我们必须学会与之共存。

有关工人短暂英雄主义的研究也否定了革命无产阶级的假设。这些研究揭示了工匠在捍卫自身技能、抵御资本侵蚀的战斗中发出的绝唱——他们似乎注定要输掉这场战斗，但战斗却短暂地引发了激进的愿景。[3] 我们只能在过去那些悲喜时刻拯救那些原始工匠，以此作为对当今工人阶级空心化状况的警示。现在，我们面对的是一个原子化的、破碎的、物化的

---

[1] 特奥多尔·沙宁（Teodor Shanin）的《马克思与农民公社》（"Marx and the Peasant Commune", *History Workshop*, no. 12, Autumn 1981, pp.108–128）是一个时代的标志。一段时间以来，马克思主义者一直对农民起义感兴趣，但直到现在，我们才认真地尝试去构建一个真正预见到农民的根本潜力的马克思。在 20 世纪 60 年代和 70 年代，关于存在"认识论决裂"的争论在黑格尔马克思学派和科学马克思学派中激烈展开。20 世纪 80 年代，关于马克思对历史变革及其动因的评价和重新评价的争论开始风行。

[2] 西达·斯考切波（Theda Skocpol, *Slates and Social Revolution*, Cambridge, 1979）故意排除了工人阶级在俄国革命中扮演的重要角色，因为在中国革命和法国革命中，工人阶级并不是核心。这一论点建立在一个脆弱的假设上，即这三场革命在本质上是相同的，因此必然是由相同的力量引起的。

[3] 这里最著名的作品是爱德华·汤普森（E. P. Thompson）的《英国工人阶级的形成》（*The Making of the English Working Class*, Harmondsworth, 1968）。但是现在关于手工艺工人抵抗资本主义侵蚀的文献迅速增加（见本书第二章）。

工人阶级。[1]劳工历史学家和工作退化的预言者都宣告工人阶级即将退场，只有在他们不想承担（工人阶级退场的）历史责任或者其乌托邦情结高涨时，这种异口同声的宣告才会被打断。

这就是本书的争论性背景：出现了令人惊异的驱逐工人阶级的观点。有一种痛苦吞噬了马克思主义和"后马克思主义"的思想，那就是按照历史本身的形象重构历史，并将这些重构投射到未来。将自己置身于历史进程之外，直接对抗这一浪潮是愚蠢的，因为它将革命无产阶级冲向历史的岩石或将其卷入大海直至无影无踪。因此，我不是要恢复工人阶级的救世主作用，也不认为它按照某种假定的历史逻辑变迁。我不会用一种与形而上学的推论相反的说法（工人阶级不能塑造自己的命运）来代替这一推论（工人阶级是救世主）。正如我们将要看到的那样，当我们在比较和历史维度上进行社会学分析时，工业工人阶级的经历并不像其贬损者想让我们相信的那样微不足道。关于去工业化的问题，我不否认它在发达资本主义国家中的重要性：它的确可能也在世界范围内发生。但是，更重要的是工业工人阶级的国际重组，这意味着在拉丁美洲、非洲和东欧的工业发达地区将找到工人阶级激进主

7

---

[1] 这种趋势最好的例子是布雷弗曼的《劳动与垄断资本》。因此，工人阶级作为历史的创造者和历史的受害者的矛盾观点可以用进化的术语来表述，即早期的激进主义让位于后来的沉默。贯穿本书的始终，但最明显的是在第二章，我提出这样一个解决方案的不足之处，并以强调工厂政体在塑造工人阶级利益和能力方面的中心地位来代替之。

义革新的条件。换句话说，一些最发达资本主义国家中工业工人的沉默不应该被投射到过去和未来，也不应推广到其他国家。正如革命的冲动不是工人阶级的天性一样，对现状的屈从既非自然而然也非不可避免，而是由特定条件造成的。

在接下来的章节中，我认为，如果我们把对生产的理解扩展到纯粹经济片段之外，明确地将政治纳入其中，那么就能够使困扰马克思主义的剧烈摇摆，一种在似乎一切皆有可能的唯意志论（voluntarism）与似乎没什么可能性的决定论（determinism）之间的剧烈摇摆，在幼稚的工人主义（workerism）和令人沮丧的预言之间的剧烈摇摆，达到与现实的一致。具有讽刺意味的事实是，政治经济学密谋将经济与政治分离，从未试图对生产政治进行理论化。尽管我赞同当代对经济决定论的批评，但这并没有使我认为，工人阶级能否成为历史的行动者取决于生产之外的因素。相反，我捍卫这一论点，即生产过程决定性地影响着工人阶级斗争的发展。只有生产过程被认为具有两个政治面向，这一论点才能得以维持。首先，工作的组织具有政治和意识形态的效果。也就是说，当男人和女人将原材料转化为有用之物时，他们还再生产了特定的社会关系以及对那些关系的经验。其次，与工作的组织（即劳动过程）并存的，是独特的政治和意识形态的生产**机构**（apparatuses）*，它们被用来规制生产中的关系。生

---

* "apparatuses"，在中文中有"装置、设备、仪器、器官"的意思。本书中统一译为"机构"。

产**政体**（regime），或更具体地讲，工厂政体的概念，涵盖了生产政治的这两个方面。

研究工业工人阶级可能并不时髦，但却既不过时也非无关紧要。生产政治的框架为研究一个旧阶级带来了新兴趣，不仅对那个阶级提供了替代性的理解，而且拓展了对新社会运动的理解。透过关于传统无产阶级研究的基本原则，我们可以清楚地看到这一点。首先，让我考虑一下方法论的基本原理。本书主旨要求考察真正的工人在骚乱时期和消极时期的生产环境。研究各种形式的工厂政体及其存在和转化的条件也是必要的。为了证明工厂政体对工人阶级动员具有独立于劳动过程的影响，我们必须在国家之间以及不同时期之间进行比较，其中，劳动过程大致相同，但工厂政体却有所不同。为了考察不同国家在不同时期普遍存在的劳动过程，接下来的论述集中于纺织工、机器操作工和矿工。

在对传统产业工人的研究中，与方法论原理密切相关的是理论原理。因为工业工人阶级既是马克思主义图式中最基本的环节，也是最可疑的环节。马克思主义的重建必须研究生产过程如何不仅从客观上（工人阶级所从事的劳动类型）而且从主观上（劳动的特定经验或阐释所引起的斗争）塑造了工业工人阶级。或者，以我自己的术语来说，它必须不仅考察生产的纯经济面向，还要考察生产的政治和意识形态面向。而且，正如我们将要看到的，这种生产的再概念化也重铸了欠发达理论、国家理论、国家社会主义理论、劳动力再生产理论，以及更普遍的全球资本主义发展理论中的某些异常和矛盾。

再概念化还可以阐明其他领域的问题，尤其是对社会运动的研究。很少有人从理论上尝试解释为什么某些群体在某些时候发起运动，另一些群体却并未如此，从而无法理解统治机器对斗争的影响。正如对工人阶级的抛弃是其消极性的后果而不是原因一样，对社会运动的拥抱也往往源于其斗争的事实，而不是其斗争的原因。在这方面，通过从生产机构的角度重新审视工业无产阶级的历史干预和放弃，我们不仅可以了解工人阶级，而且可以向工人阶级学习。所有这些并不是说没有什么可从社会运动中学习的，恰恰相反，生产政治这一概念在很大程度上归功于女权运动：它对公私区隔的批判，以及它提出的"个人的即政治的"观点。换言之，国家之外存在政治。我也不认为这些运动本身并不重要。然而，这种重要性常常与某种急躁搞混了，急躁表现在急于在此时此地发现一个行动者，而没有考察其在统治的微观机构（micro-apparatuses）中的基础，也没有考察微观机构与国家机构之间的关系，以及资本主义对这些统治形式的转变所施加的障碍。

最后，研究工业工人阶级或任何其他被压迫团体的原因必须是政治性的。工业工人阶级仍然代表着最基本的批判点，无论是对发达资本主义（直接生产者的产品被私人占有）还是对国家社会主义（直接生产者的产品被集中占有），都是如此。直接生产者立场体现了对一个阶级占有另一个阶级这种形式的替代形式，也就是，由生产者（个体的或集体的）控制其产品的原则。但是，工人阶级在实现这一原则上的任何失败都不会使它遭受的苦难失去价值，也不会免除我们考察其被压迫形式的责任。

我并不否认存在其他形式的压迫，例如性别或种族压迫。我也不相信从资本主义向社会主义转型将自动消除这些压迫。尽管性别和种族支配可能比阶级支配更为强韧，但是阶级仍是当代社会最基本的组织原则。这意味着两点。首先，阶级更好地解释了当代社会的发展与再生产。其次，种族和性别支配由它们所嵌入的阶级决定，而不是阶级支配的形式被种族和性别所决定。因此，任何消除非阶级支配形式的尝试，都必须承认资本主义和国家社会主义（它们被视为阶级社会）之中存在的限制和变迁特性。

在这一点上，如果我追溯生产政治概念的起源，或许会 10 对读者有所助益。我在联合跨国公司的南芝加哥分部加工柴油发动机零件时，此概念第一次浮现出来。从 1974 年 6 月至 1975 年 4 月，我做了 10 个月的杂项（miscellaneous）机器操作工，在此期间，哈里·布雷弗曼发表了开拓性的著作《劳动与垄断资本》。它未能解释我在车间的经验，也无法说明工作对我和我的操作工同事来说意味着什么。我们正在构建自己的车间生活，这种生活把布雷弗曼所抱怨的概念与执行的分离视为理所当然。在布雷弗曼看来，我们的工作可能没什么技巧，但是它们充满了创造性，它们吸引了我

们的注意力，有时甚至给了我们太多的自主权。不确定性很
诱人，也很伤脑筋。如果这就是我们正在经历的工作的客体
化（objectification），那么它在很大程度上是一个主观的过
程——它不能被简化为某些不可改变的资本主义定律。我们参
与到自身从属地位的生产中，并为之制定了策略。在对我们
的剥削中，我们自己是积极的同谋者。这一点，而不是主体
性（subjectivity）的破坏，是如此非同凡响。

布雷弗曼没能洞穿我的日常生活，说来也奇怪，倒是那时
非常流行的葛兰西、普兰查斯和阿尔都塞（Louis Althusser）
关于政治与意识形态的抽象理论提供了洞见。他们所分析的
霸权，即统治阶级的利益表现为所有人的利益、大众阶级国
家的建构、权力集团的构造、从属阶级的去组织化、法律的
相对自治，诸如此类，就如它们与公共权力领域密切相关一
样，也全都与工厂密切相关。因此，集体谈判具体地协调了
工人和管理层的利益，申诉机制将工人建构为具有权利和义
务的工业公民，内部劳动力市场在车间形成了具有占有欲的
个人主义。这些制度实现了权力的平衡，这首先（也是最重
要的）限制了工人的斗争，但也限制了管理层的专制冲动。
管理制度提供了一个自我运转的场域，它不受管理层的破坏，
这为工人提供了建立有效工作关系的机会，并吸引他们投入
到对资本主义利润的追逐之中。合作围绕"赶工"即一种"游
戏"进行，游戏的目标是确定一定的配额，其规则得到工人和
管理层的认可和捍卫。"赶工"游戏最初旨在缓解无聊，并给

八小时的钻孔、铣削或车削工作赋予某种意义，却产生了认同规则并掩盖塑造规则之条件的作用。仅当违反规则时，强制才会被使用，但即便在那时，强制也有边界，边界自身则是更大游戏的一部分。简言之，当我们在机器上埋头苦干以完成配额之时，我们不仅生产了柴油机的零件，生产了合作和支配关系，而且生产了对那些活动和关系的同意。

我将体现和保障这种霸权秩序的管理制度称为"内部国家"，意在强调它与"外部国家"的相似之处。然而，一旦国家之外还有政治，即在国家政治之外还有生产政治这一中心论点得以确立，"内部国家"概念的分析价值就很有限了。至少有两个原因使它必须被取而代之。首先，它模糊了国家与对有组织的强制手段的垄断这二者之间的本质联系，强制则由男女武装团体所保障。在资本主义社会中，国家仍然是决定性的权力核心，因为它保障了存在于国家以外的家庭、工厂、社区等组织之中的权力集群。在这个意义上，国家政治是"总体"（global）政治；它是政治的政治。抛弃"内部国家"概念的第二个原因在于它对工厂的不合理的关注。没有明显的理由将工厂机构称为"内部国家"的同时却拒绝以此称呼家庭机构。因此，我坚持生产政治的思想，其中心和对象不是"内部国家"，而仅仅是生产的政治机构。工厂政体的概念涵盖了这些机构以及劳动过程的政治效果。

工作场所机构与国家机构的相似性和差异性，不可避免地引致了二者相互关系的问题。联合公司（Allied Corporation）

是著名工业社会学家唐纳德·罗伊在三十年前细致研究过的同一家工厂，那时他在工厂担任摇臂钻床操作工（radial drill operator）。因此，我得以描绘战后时期工厂政体的变迁，但是我从未成功地将长期变化（由于国家开发了规制生产机构的新形式所导致）与企业的特定变化（特别是在不断变化的市场情境中）隔离开来。的确，我倾向于强调，罗伊做工的吉尔公司被吸收到联合跨国公司中——公司从竞争领域进入垄断领域——是对从专制政体到霸权政体的轴心运动的主要解释。

12　　毫无疑问，将生产政治与国家政治联系起来的主要灵感来自米克洛什·哈拉兹蒂关于布达佩斯红星拖拉机工厂的卓越社会志（sociography），他于1971年在该工厂担任钻工。将我带入唐纳德·罗伊研究之地的幸运之风，也将我带入了一个机器车间，用工作组织的术语来说，该车间的技术和薪酬系统与红星工厂的车间极为相似。但是生产政治不可能有更大的不同了。联合公司的霸权政体依靠工厂机构的相对自主权，在规制工人阶级斗争的同时也限制了管理干预，而红星的专权政体则为管理层提供了一种强力手段，使之可以不受限制地支配工人。国家与工厂关系的重要性立即显现出来。在联合公司，工厂机构和国家机构在制度上是分离的，在红星它们则融为一体。可以肯定的是，国家干预塑造了联合公司工厂机构的形式，但是在生产现场它并未实体性地存在。在红星，管理层、党和工会在生产现场都是国家的膀臂。

我之所以称红星的政体为专权的，是因为强迫胜于同意。我称之为官僚专权（bureaucratic depotism），因为它是由国家的行政等级制所构建。相比之下，市场专制则由市场的经济鞭挞所构建，国家仅调节市场关系的外部条件，也就是说，国家保护市场关系以及企业之间的劳动力流动。在市场专制主义（马克思笔下现代工业工厂政体原型）下，国家与工厂政体分离，国家并不直接塑造工厂政体的形式。而在霸权政体下，国家和工厂机构在制度上虽然也是分开的，但是国家通过规定诸如生产现场的组织机制以及斗争的解决机制，塑造了工厂机构。我们的三种政体类型如下表所示。

生产机构和国家机构之间的制度关系 国家对工厂政体的干预	分离	融合
直接	霸权	官僚专权
间接	市场专制	集体自我管理

第四单元——集体自我管理——结合了国家—工厂关系的一个不同形式，其中工厂机构由工人自己管理。但是，国家，或至少某些中央行政机关，规定了工厂进行自我调节的条件，即规定了从何种来源获得何种原材料以生产何种产品。此外，该中央计划机构通过工厂理事会的制度化参与机制，受到自下而上的影响。

13

上表提供了本书的出发点。仅从两个机械车间的研究中推断出的四种工厂政体有何意义？！特别是，市场专制主义、霸权系统和官僚专权与早期资本主义、发达资本主义和国家社会主义之间是否存在关系？如果存在，这种关系又是什么？在核心国家和边缘国家的资本主义与社会主义下还能找到哪些其他类型的工厂政体？它们的再生产和转化的条件是什么？不同政体的影响如何，尤其是对阶级斗争的影响如何？我们能否将其效果与其他制度的效果区分开来？对于从一种政治系统（生产政治与国家政治的结合／表达）向另一种政治系统的转变，我们能说些什么？这在多大程度上被那些系统固有的趋势所塑造？又在多大程度上被国际性的政治和经济因素所塑造？我们只能通过将政体置于特定经济和国家的历史背景之下，才能开始回答这些问题。

在继续探究这些问题之前，我们必须小心，不要将生产的政治机构与其物质基础（即劳动过程）相分离。因此，本研究的第一部分将尝试通过详细考察布雷弗曼的著作，为工厂政体和生产政治两个概念的理论化确立前提。对布雷弗曼而言，劳动过程的一般概念涉及两类活动的组合：脑力劳动和体力劳动。资本主义的标志性特点就是它们的分离，这在工人看来就是支配。在此，我们将寻求一条稍微不同的路径，将劳动过程定义为男人和女人为了生产有用之物而进入的社会关系。我把工人与管理者之间以及两群体内部的社会关系称为**生产中的关系**（relations in production）。这些必须与劳动和资本之间的**剥削关系**相区别。前者是指任务的组织，后者是

14

指从直接生产者中抽出剩余的关系。应当指出，剥削关系是**生产关系**（relations of production）的一部分，后者还包括组织剥削的单元（units）之间的关系。因此，生产关系既包括剩余的攫取又包括剩余的分配。尽管生产关系唯一地定义了一种生产方式，但相同的生产中的关系（即相同的劳动过程）可能存在于不同的生产方式之中。因此，我们所指的不是资本主义劳动过程，而是存在于资本主义社会中的劳动过程。

一旦将劳动过程从概念和执行的统一／分离替换为一种关系，重点便从支配问题转换到再生产社会关系的问题。尽管在制度和功能之间没有一一对应的关系，但这恰恰是生产机构概念背后的理论灵感之所在。因此，就像生产机构可以再生产支配关系一样，国家机构也再生产了生产中的关系和剥削关系，例如源于生产之外的性别关系和种族关系。

鉴于我对布雷弗曼著作的讨论强调了劳动过程直接的政治和意识形态效果，本书的后续部分处理的是斗争，因为它们也被不同类型的生产机构所塑造。我将竭力证明劳动过程只是决定生产机构形式的众多因素之一。其他因素通过一系列历史案例研究显现出来。因此，第二章考察了马克思的工厂政体原型——市场专制主义。回到马克思所分析的兰开夏郡（Lancashire）棉纺织工业，我们发现市场专制主义远远不是政体倾向的形式，而是相当特殊的形式。在19世纪，兰开夏郡的棉纺织工业从企业国家转向父权政体，再到家长制政体，不仅反映了劳动过程的变化，还反映了企业之间市场结构的变化。把视线延伸到更远之处，进入美国棉纺织工业中，我们发现从家长制政体到市场专制政体转型的过程中，劳动力再生产方式的重要性，或者说，从直接生产者那里剥夺生活资料的方式的重要性。最后，与俄罗斯的比较表明国家机构与工作场所机构之间相互关系的重要性。

实际上，第二章说明了市场专制主义的条件是多么成问题的、偶然的和少见的，这些条件马克思或者视为理所当然，或者假定它们将随着资本主义的发展而出现。第三章继续阐述了实际的历史可变性，以阐明我所谓的霸权政体的发展。这里最为关键的因素是国家在劳动力再生产中的积极作用：工人不再受制于工头的专权支配，管理必须在同意和强制之间达到新的平衡，在这种平衡中，同意而不是强制更为盛行。当然，国家对劳动力再生产的支持程度因国家而异，在瑞典和英国就比在美国和日本要强。如果要发展一个关于国家生产体系和国家政治的图式，那也不能无视各国内部的巨大差异，这些差异由市场因素、劳动过程以及工厂、雇员与国家之间的不同关系所引起。最后，我讨论了当代出现的一种专制生产政治的新形式，这种政治带有先前霸权政体的印记。这种霸权专制主义根植于资本的加速流动，它对劳工整体构成威胁，并迫使劳工做出让步，正如劳工在前一时期从资本获得让步一样。

对"资本主义劳动过程"的研究，假定存在一个独特的关于工作的社会主义组织方式，但前提很少接受任何严肃的经验检验。实际上，我们从国家社会主义社会获得的所有证据表明，它们的劳动过程和资本主义社会的劳动过程惊人地相似。如果说没有明显的"社会主义劳动过程"的话，那么我在第四章指出，存在一种独特的规制劳动过程的国家社会主义模式。这种独特的生产政治的存在，可以通过比较资本主义和国家社会主义的政治经济学予以解释。国家社会主义企业不是通过市场获得剩余的私人攫取和分配，它们所面对的是中央攫取和再分配。国家社会主义企业不是为了追求利润而彼此竞争，而是与中央计划机关讨价还价。企业向员工的让步能力取决于它们与中央的讨价还价能力，而讨价还价能力又与企业对关键产品生产的垄断相关联。经济体系越集中，讨价还价就越重要，工厂政体的二元性就越可能发展：在生产低优先级商品（例如，耐用消费品、服装、食品）的较弱部门形成官僚专权；在生产高优先级商品（例如，煤炭之类的燃料、钢铁、机械）的较强部门形成官僚协商（bureaucratic bargaining）。

国家社会主义还产生了第二种趋势，即企业内部的政治二元主义。资本主义企业在严格的利润约束（硬预算约束）下运作，国家社会主义企业则受国家保护，并在软预算约束下运作。它们不断寻找资源以扩大或维持生产，即使只是为了增强与国家的议价能力也会如此。他们面临短缺，而不是生产过剩，这导致搜寻、排队，最重要的是，不断替换投入和产出。因此，生产会发生节奏性的变化，需要不断地即时调整。

16

结果是出现了劳工被分为核心和边缘两支的压力。前者由经验丰富的技术工人（也更有可能是党员或工会官员）组成，他们对生产需求不断变化的紧急情况进行管理，后者则包括无技术或半技术工人，以及通常是农民工人的这些从属群体，他们承担更易常规化的工作。管理层依赖核心工人，核心工人能够获得让步，但只能以牺牲边缘工人的利益为代价。核心的官僚协商与边缘的官僚专权相互再生产了对方。

企业的议价能力差异导致部门之间的二元性，企业之间供给关系的不确定性导致企业内部的二元性。攫取和再分配系统越集中，与中央的讨价还价变得越重要，因此部门之间的二元性更加明显，而管理层通过发展内部二元性来回应供给约束的自主性则减少了。在匈牙利，我们发现企业内部的二元性颇为发达，而在波兰，企业之间的二元性则非常发达。我们将看到，这部分地解释了两国阶级斗争的不同轨迹。

在资本主义中，劳动力再生产由国家保障，因而日益独立于企业，这导致了专制政体向霸权政体的转变，同样，在国家社会主义社会由粗放型发展向集约型发展转型的过程中，可以观察到类似的工厂政体的转变。由于住房和社会收益的分配独立于工作绩效，加上所谓第二经济的发展，工人越来越多地获得了独立于企业的劳动力再生产条件。在资本主义下，国家使工人免受市场的经济鞭挞，而在国家社会主义下，市场的开放则使工人免受国家的政治鞭挞。

在对早期资本主义、发达资本主义和国家社会主义的研究

中，我们发现了一系列工厂政体的决定因素：劳动过程，企
业与国家和市场的关系，劳动力再生产的方式。所有这些又
由更广泛的国际性的政治和经济力量所塑造。在对第三世界
国家的研究中，这一点尤其明显。第五章探讨了国际力量如
何塑造赞比亚殖民地原始积累的一种特定形式。一个非干涉
主义的（non-interventionist）殖民国家形成并再生产了劳动供
给，企业国家（company state）则对矿工在雇佣期间的工作和
休闲进行规定。基于生产机构的殖民特征，我称矿场规制的
政体为"殖民专制主义"。一个独特的劳动过程出现了，它以
殖民专制主义的存在为先决条件。后殖民时期国家政治的转
变产生了劳动过程的张力，因而引起了生产政治的相应变化，
技术原因则不可能如此轻易地改变之。换句话说，一旦采用
了某种"殖民"技术，如果没有采矿手法和挖掘的全面变革，
它就不会被改变；同时，技术的有效性取决于一种形式的生
产政体，而这种政体已经随殖民国家一起被清除了。

　　我们对赞比亚铜矿开采的研究以及其他边缘经济的经验
表明，生产政治形式之间的关系一方面受到劳动过程的限制，
另一方面受到国际政治和经济力量的限制。它进一步表明，
工厂政体在不同国家的发展是一个相互联系的国际进程，受
资本主义乃至社会主义共同的、不均衡的发展所支配。红星
工厂的官僚专权与北罗得西亚（Northern Rhodesia）的殖民
政体一样，是国际经济和政治力量的产物。同样，英国生产
政治的无政府状态不仅是该国作为工业先驱国家的历史结果，

而且是从边缘和半边缘社会攫取剩余的结果。本书的结论部分对工厂政体的国际决定因素进行了初步探索。

不可避免地，我的批评者会质疑我如何能通过特定的案例研究得出任何结论。他们将指出我的工厂样本的特殊性，甚至偏差。偏差，当然有！选择这些案例不是出于统计代表性，而是出于理论相关性。19世纪的棉纺织业、吉尔公司、联合公司、杰公司（Jay's），红星工厂和赞比亚采矿业几乎不能被视为代表性样本。它们甚至不是其所嵌入的社会的"典型"。确实，典型工厂的想法是一种社会学虚构。这是那些只看到一种概括模式的人进行的人工构造——从样本到总体的推断。但是，存在第二种概括模式，该模式试图从整体上阐明社会中起作用的力量，而不是简单地反映一个社会之中，孤立的工厂政体的持续性和变动性。这里追求的第二种模式是从微观情境向塑造它的总体的拓展。根据这种观点，每种特殊性都包含一种普遍性。每个特定的工厂政体都是在社会或全球层面运作的一般力量的产物。我的分析就是要揭示那些侵入到非常具体和独特的工厂政体中的力量。

因此，我们发现，在19世纪的棉纺织业中发现的各种工厂专制主义是劳动过程、市场力量、劳动力再生产模式和国家干预的产物。联合公司更为官僚的霸权政体在美国的公司部门是独特的，同样，杰公司的无政府主义政体在英国经济的类似部门中也是特有的。哈拉兹蒂撰写了《一个工人在工人的国家里》，就好像这是典型的国家社会主义工厂的典型工人的肖像。实际上，这是知识分子在匈牙利企业作为一名边缘工人的经历的肖像，该企业在经济改革之时被取消了补贴。因此，本书第四章特意题为"工人在工人的国家里"，强调了哈拉兹蒂经历的特殊性以及国家社会主义社会中工厂政体的多样性。同样，赞比亚早期采矿业政体的专制主义是原始积累和国家弃权的独特形式的产物，这是一些条件的复合体，我们可以称之为殖民主义。在每种情况下，我都试图从特殊性中抽取普遍性。

当然，事实本身并不能说明问题。这种从具体情况进行归纳的过程，只有借助一个理论框架才能进行，该理论框架已经指出了起作用的关键力量。如果没有我在第一章和其他地方批判地分析和阐述的马克思主义理论，我永远不可能实现在微观和宏观之间建立联系。一个理论框架也会引导我们超越既定事实，超越验证（verification），而达至可能性。我们在我称之为集体自我管理的政治系统的形成过程中已经观察到了这一点，该系统中的类型只是在非常不寻常的情况下短暂实现过。对已实现的——过去或现在——政治系统的分析引 19 出了以下因素的重要性：劳动过程、劳动力再生产模式、企业之间的关系以及为了生产政体的再生产而在企业与国家之间形成的关系。在检验集体自我管理的可行性和潜在的不稳定性时，必须考虑这些因素的显著性。

尽管拓展个案法依赖于一个详尽的理论框架，但它根植于我们对工人日常经验的分析。自始至终，我都试图将最抽象、最全面的分析与作为一名工人在早期资本主义、发达资本主义、国家社会主义或殖民主义之中意味着什么联系起来。知识分子与那些他们声称要捍卫其利益的人交换思想，但却没有以这些人的生活经验为基础进行研究，这就产生了无关题旨和精英主义的风险。

第一章

资本主义社会的劳动过程

这是马克思主义历史上一个有趣的悖论，即马克思在《资本论》中对劳动过程的分析，直到最近仍然在很大程度上既未受到挑战，也未得到深入发展。虽然一直有关于《资本论》第二卷再生产论题和第三卷利润率下降论题的争论，但马克思主义者总是将第一卷视为理所当然。哈里·布雷弗曼的《劳动与垄断资本》反映了、继而重新挑起了对马克思劳动过程理论的兴趣。他写道：

> 不同寻常的是，马克思主义者们在这方面没有对马克思的理论做任何补充。无论是贯穿本世纪的资本主义和垄断资本主义在生产过程中的变化，还是劳动人口职业结构的变化，自从马克思去世以来，都没有得到全面的马克思主义分析……答案可能是马克思在完成这项工作时

非凡的彻底性和预见性。[1]

的确，《劳动与垄断资本》是马克思分析的预言能力的一个丰碑。

但是我们必须认识到布雷弗曼在马克思面前的谦卑。我们不应该被他流畅的、在垄断资本主义的新生特征和《资本论》之间的游刃有余所欺骗。确实，布雷弗曼从对资本主义劳动过程的分析中构建出一个关于社会结构的理论，在这一点上他超越了马克思。他的论点优雅、简单、包罗万象，最重要的是令人信服。它从资本主义生产方式的独特性入手——直接生产者不是将自身或是劳动服务，而是将他们的劳动力即他们进行劳动的能力卖给资本家。于是资本主义劳动过程的根本问题就是将劳动力转化为劳动。这是管理中的控制问题，布雷弗曼将它归结为劳动过程与劳动者的疏离，也就是体力劳动与脑力劳动的分离，或者更准确地——用他自己的话说——是概念和执行的分离。围绕这一观点，布雷弗曼将资本主义劳动过程的趋势和资本主义社会结构的趋势交织在一起。

在劳动过程自身之中，科学管理，尤其是泰勒制带来的劳动分工，使概念和执行的这种分离成为现实。它是一种将技术和知识从直接生产者那里夺走，移交给管理者的手段。通过引入更先进的机械形式，科学被应用到劳动过程中，这既

---

[1] Harry Braverman, *Labour and Monopoly Capital: The Degradation of Work in the Twentieth Century*, New York, 1974, p.9.

生产的政治

强化又补充了泰勒制在概念和执行的分离上的发展。于是，在管理控制的指导思想下，劳动过程的发展趋势一方面表现为去技能化和工作的碎片化，另一方面则是"概念"机构的创造。沿着他自己的逻辑，布雷弗曼继续说明概念即对工作的计划、协调和控制，其自身就是一种劳动过程，因而也同样遵从概念和执行的分离。所以，在因科学干预而出现的少数管理人员和技术人员身边，出现了大批的文职工人。这是他论证中的一条脉络——资本主义劳动过程的历史发展。他将这条脉络和第二条脉络即资本主义不断扩张到生活的新领域结合起来。于是，布雷弗曼阐述了资本向服务行业的转移，比如将家务劳动划进资本主义关系领域。当然，这种服务行业的扩散也遵从同样的概念和执行分离的过程。随着资本征服一个又一个领域，并且随着资本自身在被其征服的领域内改变，旧的工作被摧毁，新的工作被创造出来。劳工的流动以及职业结构的锻造和重塑都遵循资本的规则。

　　布雷弗曼的分析完全是从客观的角度出发的。这并不是他的疏忽，而是他有意为之。布雷弗曼反复强调了摧毁主体性或使之无效的机制，以及使个体失去他们个体性的机制。在这一点上他继承了马克思主义内的一个强大传统，该传统在乔治·卢卡奇（Georg Lukács）的《历史和阶级意识》（*History and Class Consciousness*）一书中表达得最为明确。[1]

---

[1]　Georg Lukács, *History and Class Consciousness*, Cambridge, Massachusetts, 1971.

与卢卡奇一样，布雷弗曼将资本主义呈现为一种转变的过程，一种实现自身内在本质、随其固有发展趋势运动、涵盖总体、使一切事物从属于它并摧毁所有反抗的过程。然而与卢卡奇不同的是，布雷弗曼不会召唤一个奇迹般出现的救世主即革命的无产阶级，通过政党来征服历史并完全改变资本主义。在卢卡奇写作的那个年代，这一愿景可以将自身呈现为现实，而在今天的美国，它却只能是一种乌托邦。毫不奇怪，布雷弗曼的分析里也有乌托邦的元素，尽管它们没有打着政党的幌子出现。虽然有免责声明，布雷弗曼还是显出了浪漫乌托邦主义的痕迹。

但是很明显，对布雷弗曼的批判，不能简单地用对资本主义主观方面的片面强调来代替对资本主义客观方面的片面强调。相反，布雷弗曼将主观—客观框架推进到了最大限度，因此显露了其局限。所以，在卢卡奇传统下，《劳动与垄断资本》是一个值得纪念的研究。它是一项毕生的工作，是通过与现实世界的持续对话来筛选和再筛选、阅读和再阅读、理解与再理解马克思的结果。我们花一个多世纪的时间来等待一个完整的对马克思劳动过程理论的重新评估是值得的。它在马克思主义传统中的地位不可动摇。如果我没有持续不断地喋喋不休于布雷弗曼的非凡成就，那是因为我试图接受它，同时借用另一种马克思主义来超越它。

1. 导言

在《资本论》中，马克思完成了一项罕见的壮举，他把对资本主义生产方式运作的评价和分析结合起来。在此，批判和科学是同一研究的两个面向。它们一起协调发展。在《劳动与垄断资本》中，这两个面向被分开了。它们互相干扰并阻碍了对方的发展。在这一章中，我将尝试说明批判如何能够限制资本主义运作的渗透。[1]

在第 2 小节，我会提出资本主义控制的实质只能通过与非资本主义生产方式的比较来理解。相比之下，布雷弗曼则是从资本主义之内的、手工艺工人的立场出发，他们身上体现了概念和执行的统一。当资本主义不断创造出新技术和新手工艺工人[2]，它也系统地摧毁了他们。摧毁的方式，用比尔·海伍德（Bill Haywood）的话说，是"将管理者的头脑"从"工人的帽子下"拿走。[3]

> 手脑的分离是资本主义生产方式在劳动分工方面采取的最具决定性的一步。它从一开始就内在于这种生产　　24

---

[1]　罗素·雅各比（Russell Jacoby）对《劳动与垄断资本》的评论关注到同样的张力，但是结论非常不同。参见 Russell Jacoby, "Harry Braverman, *Labour and Monopoly Capital*", *Telos*, no. 29, Fall 1976, pp.199–208。

[2]　Braverman, *Labour and Monopoly Capital*, pp.60, 120, 172.

[3]　Cited in David Montgomery, "Workers, Control of Machine Production in the Nineteenth Century", *Labour History*, no. 17, Fall 1976, p.485.

方式之中，并且在资本家的管理下，在资本主义的历史长河中发展。但是直到上个世纪（*译者按：指 19 世纪*），透过生产的规模化、现代公司依靠迅速的资本积累而得到的资源，以及概念化机构和训练有素的人员，这种分离才以一种系统和正式的样式制度化了。[1]

然而，为什么脑力和体力劳动的分离只是资本主义生产方式内在的原则，而不是贯穿于所有存在阶级分化的生产方式的原则，并不完全明确。布雷弗曼没有细究这种特殊的概念与执行的分离形式以达到对资本主义劳动过程本质的理解。他用未经证实的关于"对立的社会关系"和"控制"的假设神秘化了其分析，而没有解释它们在资本主义生产方式下的具体意义。只要布雷弗曼坚持只关注资本主义内部的变化，他就无法理解资本主义劳动过程的结构，进而也就无法理解它与概念和执行的分离之间的关系。

什么样的"外部"视角可以被采用呢？布雷弗曼确实参考了动物世界来发展他的一些观点。[2] 对于动物来说，概念和执行是不可能分离的。对于人类来说，由于他们从事的是有目的的行动，这种分离总是可能的。但是这并不能揭示资本主义下这种分离的特殊性。另一种出发点是某种社会主义的观点，但是对布雷弗曼而言，这一观点是通过将内部的资本主

---

[1] Braverman, *Labour and Monopoly Capital*, p.126.

[2] 同上书，pp.45–49, 113。

义图像颠倒过来而推断得出的，它也就无法告知我们关于资本主义劳动过程的任何新知识。[1] 与之相反，我建议将封建主义作为出发点。

在第 3 小节，我会考察布雷弗曼的理论框架。"这是一本关于自在的工人阶级，而非自为的工人阶级的书……它自愿限定在阶级的'客观'内容上，而忽略了'主观'方面……"[2] 我将尝试说明，对资本主义控制的理解，几乎可以说根据其定义，不能不通过关注工作的"主观"成分而达到。不过，问题不仅仅在于"主观"和"客观"的脱节，而且在于这一区别本身。[3] 经济"基础"不能被认为是界定了特定"客观"条件，即"自在的阶级"之后，才被"上层建筑"即所谓的主观方面所激活，以形成或不形成"自为的阶级"。相反，生产过程本身必须被看成是经济、政治和意识形态几方面不可分割的结合体。

"自在 / 自为阶级"体系使布雷弗曼得以忽略所有那些日常的反应，正是这些反应泄露了工人如何以及为何默许了更"现代"、更"科学"和更加"非人性化的劳工监狱"，还有"工

---

[1]　Braverman, *Labour and Monopoly Capital*, pp.229–233。

[2]　同上书，p.27。

[3]　批判理论家，例如阿多诺（Theodor Adorno）、霍克海默（Max Horheimer）、马尔库塞（Herbert Marcuse）以及赖希（Wilhelm Reich）试图通过心理分析解释资本主义下主体性的破坏和个体的消蚀，从而解救"客体—主体"分析框架。因此，正如雅各比所说的，这种"负面心理分析"是"无主体的主体"理论。主体性的这种心理而非哲学维度是卢卡奇和卡尔·柯尔施（Karl Korsch）关于"自在阶级与自为阶级"的分析中所缺失的。参见 Russell Jacoby, "Negative Psychoanalysis and Marxism", *Telos*, no. 14, Winter 1972, pp.1–22。但是，为《劳动与垄断资本》增加心理维度并不会影响其论点或结论，而只会在另一个分析层面上加强之。

人们为何愿意忍受如此明显的、不断摧毁人类安康和幸福的安排"的秘密。[1]反讽的是，布雷弗曼放弃了可能阐明资本主义控制和同意之本质的研究：他认为它们是"社会科学的传统支流"，类似于"人事部门的小把戏"。[2]工业社会学可能会掩盖许多东西，或者最多提供一个有限的批判，也可能将存在之物视为必不可少和一成不变的，但是无论如何，它揭示了劳动参与到利润追逐中的具体形式。

正如对劳动过程"客观"方面的倚重，阻碍了布雷弗曼对特定形式的"控制"，尤其是泰勒制的日常影响的理解，同样的单一视角使他将作为意识形态的泰勒制和作为实践的泰勒制混淆起来。这种关注也妨碍了对劳动过程的历史趋势和变化做出解释。然而，布雷弗曼将概念和执行分离趋势的描述提升为解释，从而同化了原因和结果。在这个过程中，他做了各种假设，包括资本家和管理者的利益、他们的意识以及他们将自身利益强加给从属阶级的能力。

在第4小节，我提出布雷弗曼的社会主义概念被他关于资本主义的批判限制了。他对概念和执行关系的排他性关注，经常使他把机器和技术看作是中立的，虽然它们并非如此。他还把早期资本主义的浪漫概念转变成了一幅社会主义未来的有限愿景。

---

[1]   Braverman, *Labour and Monopoly Capital*, pp.233, xiii（保罗·斯威齐 [Paul Sweezy] 作的序言）.

[2]   同上书，pp.27，150。

在第 5 小节，我将论及布雷弗曼将劳动过程和社会其他方面联系起来的方式。在此和第 3 小节一样，我注意到，因为不可抗拒的退化和商品化的力量渗透到了社会生活最远的角落，他将原因和结果混为一谈。这是他批判的实质：强调资本对社会的支配，而不是这种支配所预设的条件的问题性。

最后，在第 6 小节，我认为布雷弗曼的分析是一个特定时间和地点的产物。他的著作表现了资本在美国明显不受束缚的主导地位——它吸收或排斥替代物的能力、纳入变迁和批判的能力以及必要时消除反抗的能力。将表象错当成实质不仅源于布雷弗曼表达的总体（expressive totality）和随之产生的关于历史的目的论观点，而且是因为缺失了比较框架，而比较框架可能会提供一些有关替代性发展模式的见解。我将引用葛兰西的著作，将之作为一个比较法的例子，来考察可能性的限制。然后我将推断劳动过程在资本主义社会之内和资本主义社会之间变化的原因。换言之，正是由于《劳动与垄断资本》与其产生的社会和历史背景如此紧密地联系在一起，布雷弗曼才更加不顾一切地坚持批评。

2. 资本主义控制：实质和表象

如果有单个的概念可以对组织进行非历史性解释并且神秘化其运作，那么这个概念就是控制。凭借将它作为一般化概念使用，并通过在一些问题上的含混不清，比如谁和什么被控制、为什么控制、如何控制、被谁控制等，现代社会科学成功地模糊了资本主义的运作。[1]尽管布雷弗曼努力明确其含义，但他对该术语的使用还是有缺陷，并包含了未明确说明的假设。他也未能阐明资本主义对劳动过程控制的具体性，即能够劳动的能力如何转化为实际的劳动，或者说劳动力如何转化成劳动。

控制和利益

布雷弗曼从手工业的摧毁中推导出他关于控制的概念。通过剥夺技术和知识造成的"工作退化"论及的是在资本主义下什么改变了而非什么是不变的，论及的是工作组织的多样性而非资本主义社会的根本结构。对后者的理解只能通过资本主义生产方式和非资本主义生产方式的比较来实现。

但是首先让我们具体化这一问题：为什么控制是必需的？布雷弗曼的论证如下：在资本主义早期，当外包制和分包制仍然流行之际，企业家的任务是消除关于工作量和工作方法

27

---

[1]　这个问题可以追溯到涂尔干（Émile Durkheim）和韦伯（Max Weber）。涂尔干认为社会控制多多少少是为回应社会异常或社会协调而被激活。社会控制的基础是共识的假设。我们看到了帕森斯（Talcott Parsons）以及工业社会学的人际关系学派的遗产。对于韦伯来说，社会控制无所不在：一种统治方式。但尚不清楚的是为什么这种统治是必要的。他构建的类型具有跨历史特征，即使它们在不同的历史时期盛行。他们对组织理论的阐述由阿米太·爱兹安尼（Amitai Etzioni）在《对复杂组织的比较分析》（*A Comparative Analysis of Complex Organizations, New York, 1961*）一书中更系统地完成了。

的不确定性。工人于是被一起带到同一屋檐之下，按他们的"劳动力"得到每日的工资。但是在减少一种不确定性的同时，一种新形式的不确定性出现了：劳动力以劳动的形式得以实现的不确定性。这个新问题开启了资本家的管理。

> 当他（资本家）购买劳动时间之际，其结果远不是如此肯定和明确的，以致能在事先用这种方法精确地加以计算。这仅仅表现了这样一个事实，即资本家花费在劳动力上的那一部分资本是"可变的"，在生产过程中是会增加的；对他而言，问题是增加多少。于是对资本家来说，对劳动过程的控制权从工人手中转移到自己手里，就是非常必要的了。这种过渡在历史上表现为生产过程的逐步转让——从工人转让给资本家。这就出现了管理问题。[1]

管理的任务是减少或消除劳动力的不确定性，同时保证利润的生产。但是为什么需要减少不确定性呢？为什么劳工不能有自己的做事方法？为什么他必须成为机器？简而言之，为什么控制是必需的？当然，答案在于资本主义社会关系是"对立"的这个前提。[2] 但是这到底是什么样的对立关系？更具体地说，它们在哪一点上是对立的？什么是资本主义所特

---

[1] Braverman, *Labour and Monopoly Capital*, pp.57–58.

[2] 同上书，pp.30、57、68、86、120、125、267，及各处。

有的？布雷弗曼没有为这些问题提供完整的答案。

让我们从劳工和资本客观利益的对立着手。"劳动过程已经成了资本家的责任。在这种对抗性的生产关系中，实现资本家所购买的劳动力的'充分有用性'的问题，由于双方在利益上的对立而被加剧了。一方是这样一些人，劳动过程是为他们的目的展开的；另一方则是这样一些人，他们施行劳动过程。"[1]

但是这些利益为什么是对立的呢？在马克思作品的很多地方，马克思都宣称或假设了劳工和资本利益的根本对立。此外，马克思还暗示这种对立会随着时间的推移越来越清晰。利益对立的物质基础在于无偿劳动相对于有偿劳动的增加，剩余劳动相对于必要劳动的增加。这是铭刻在资本主义生产方式中的趋势。简言之，资本与劳工之间的经济关系是零和的——资本的获利总是来自劳动的消耗。

但是劳工如何认识到他的利益与资本是对立的呢？什么决定了劳工的短期、日常的利益？这些短期、日常的利益又是如何转变为长期、不变的或根本的利益？马克思的答案可以在他的政治文本中找到，在《1848 年至 1850 年的法兰西阶级斗争》（*The Class Struggles in France*，*1848—1850*）中尤为清晰。无产阶级只有通过阶级斗争才会理解它与资本的对立，才能认识到它的历史角色。因此，1848 年 6 月无产阶级遭受

---

[1] Braverman, *Labour and Monopoly Capital*, p.57.

的血腥失败对于阶级意识的发展，对于从"自在阶级向自为阶级的转变"是必需的。[1] 此外，马克思认为工人阶级的成熟取决于生产力的发展，生产力的发展与工人阶级的同质化和社会化相伴，从而为反抗资本的革命联合奠定了基础。[2]

然而历史表明，阶级斗争的结果缓和了利益的对立，而且常常协调了劳工和资本之间的利益。例如，普选权这个在欧洲无数次斗争的目标，变成了一种将工人阶级整合进资本主义秩序的方式，并成为无产阶级意识发展的障碍。所有这些是如何发生的，并非我目前讨论的对象。但它足以说明，从交换价值来看，资本和劳工之间的关系可能是零和的；从使

[1]　马克思在其他许多地方也有相同的论点。"经济条件首先使国家的人民群众变成了工人。资本的结合为这一群体创造了一种共同的情况，共同的利益。因此，这一群体已经是反对资本的阶级，但还不是自为的阶级。在我们只注意到的几个阶段的斗争中，这一群体变得团结起来，并形成了自为的阶级。它捍卫的利益成为阶级利益。但是阶级对阶级的斗争是一场政治斗争。"（Karl Marx, *The Poverty of Philosophy*, New York, 1963, p. 173）。在《德意志意识形态》（*The German Ideology*, Moscow, 1968）第 78 页，马克思有一个脚注："竞争使个体彼此分离，不仅使资产阶级而且使工人彼此分离，尽管它也使他们团结在一起。因此，这些人团结起来需要很长时间，且不说为了达到联合的目的（如果不仅仅是在地方上），首先必须具备必要的手段：由大工业所产生的大型工业城市以及廉价快捷的通讯方式。因此，任何反对这些孤立的人（他们生活在每天都在再生产这种孤立的关系之中）的有组织的权力只有经过长期的斗争才能战胜。提出相反的要求等于要求在这个明确的历史时代中不应该存在竞争，或者要求个体应该把那些在孤立状态下无法控制的关系从他们头脑中驱逐出去。"

[2]　正如马克思和恩格斯在《共产党宣言》（*The Communist Manifesto*, Harmondsworth, 1973，pp.75, 79）中所写："但是，随着工业的发展，无产阶级不仅人数增加了，而且它结合成更大的集体，它的力量日益增长，它越来越感觉到自己的力量。机器使劳动的差别越来越小，使工资几乎到处都降到同样低的水平，因而无产阶级内部的利益和生活状况也越来越趋于一致。因为机器消除了所有劳动分工，几乎所有地方的工资都降到了同样的低水平。资产阶级无意中造成而又无力抵抗的工业进步，使工人通过结社而达到的革命联合代替了他们由于竞争而造成的分散状态。"

用价值来看，他们的关系则是非零和的。也就是说，资本成功地在不损害自身地位的条件下给予了劳工一些让步。马克思没有对这种可能性给予较多关注，尽管他有时也认识到这一点："认为工人在资本的迅速增长上有共同利益只是表明：工人越快地增加他人的财富，他能得到的面包屑就越多，能够被雇佣和存在的工人数量越多，依赖于资本的奴隶就增长得越多。"[1] 所以，即使工资的"价值"即劳动力再生产所需的社会必要劳动时间降低了，工资能买到的商品却由于生产力进步而增加了。工人并非通过交换价值而是通过他们用工资能买到的实际商品来理解其利益并在世界中行动。通过让步及发达资本主义经济带来的更高生活水平，资本和劳工之间的利益被具体地协调了。[2]

29

关键的问题在于，用来组织工人日常生活的利益不是给定的、不可逆转的，它们不能被估算，它们是以特定的方式被生产和再生产的。如果没有进一步的说明，假设资本和劳工利益的对立，会导致对资本主义控制的严重误解，如果只是因为它为忽视意识形态领域提供了一个借口，利益正是在该

[1] From "Wage Labour and Capital", in Robert Tucker, ed., *The Marx-Engels Reader*, New York, 1972, p.184. 工人阶级斗争的非零和性质也必须被视为垄断资本主义的历史特征。在早期资本主义时期，就使用价值和交换价值而言，劳资冲突通常是零和的。

[2] 布雷弗曼在谈到福特和五美元工作日时也认识到向工人阶级让步的可能性（Braverman, *Labour and Monopoly Capital*, p.149），但他错过了其更广泛的意义：通过提高生产的"效率"，资本主义已经能够在无损其利润的情况下不断提高大量劳动力的生活水平。

领域被组织的。[1] 相反，我们必须发展一个关于利益的理论。我们必须考察在什么条件下劳工和资本的利益才确实成为对立的。简言之，我们必须超越马克思。

如果我们不把利益看作是给定的，那布雷弗曼的控制概念变成了什么？为什么控制是必需的？它的功能是什么？我们只能通过探寻资本主义控制的独特性来解答这些问题，而对资本主义控制特征的理解需要从非资本主义的生产方式着手，在此我们选择的是封建主义。

从封建主义到资本主义

我将要提供的封建主义画像并不对应于任何某个历史上出现的封建社会的具体形式。相反，它呈现的是纯粹形式的封建模式，它在现实中从未存在过。这样做的目的，和马克思一样，不是用封建生产方式的概念来帮助我们理解封建主义，而是用封建生产方式的概念来帮助我们理解资本主义生产方式的实质。

生产方式可以被一般性地定义为男人和女人在改造大自然

---

[1]　实际上，布雷弗曼曾一度谈到深藏在表面以下的短期和长期利益的联系。（Braverman, *Labour and Monopoly Capital*, pp.29–30.）但是，这种孤立的评论似乎更多表现为一种信念，而不是两种利益之间的真正桥梁。正如我们将在本章的下一小节中看到的那样，一旦我们接受了资本家和工人利益的具体协调的可能性，那么自在阶级/自我阶级模型以及相伴的基础/上层建筑就不再保留其原初的合理性或有用性了。

时进入的社会关系。[1] 每种生产方式都由两组社会关系组成，或是巴里巴尔（Bailibar）所称的"双重联系"。[2] 首先，存在着"男人女人与大自然"的社会关系，即生产活动和劳动过程的关系，有时也称为劳动的技术分工。我将之称为**生产中的关系**。[3] 其次，有"男人和女人相互之间"的社会关系，即劳动成果的分配和消费关系，以及从直接生产者那里攫取剩余的关系，有时也称为劳动的社会分工。我将之称为**生产**

----

[1] 关于"生产方式"概念的使用，现在有越来越多的争论。亚伊勒斯·巴纳吉（Jairus Banaji）的论点是，人们不能将生产关系简化为一种剥夺模式，这一观点令人信服。（Banaji, "Modes of Production in a Materialist Conception of History", *Capital and Class*, no. 3, Autumn 1977, pp.1–44.）佩里·安德森（Perry Anderson）坚持认为，"除非通过政治、法律和意识形态上层建筑，否则就无法定义前资本主义生产方式，因为正是这些决定了超经济的强制的类型。"这一观点同样是令人信服的。（Anderson, *Lineages of the Absolutist State*, NLB, London, 1974, p.404.）另见 Robert Brenner, "The Origins of Capitalist Development: A Critique of Neo-Smithian Marxism", *New Left Review*, no. 104, July-August 1977, pp.25–93; Barry Hindess and Paul Hirst, *Pre-Capitalist Modes of Production*, London, 1975; Ernesto Laclau, "Feudalism and Capitalism in Latin America", *New Left Review*, no. 67, 1971, pp.19–38。另外还有罗德尼·希尔顿（Rodney Hilton）编辑的经典文集《从封建主义到资本主义的转变》（*The Transition from Feudalism to Capitalism*, NLB, London, 1976）。这些作者的担忧反映了他们正在研究的特殊问题，如果弄清楚这一点，许多争论就会消失。由于我在此不是特别关注封建制度作为一种具体的历史形态——封建国家、封建生产方式的运动规律或从封建制向资本主义的过渡——我要说的并不受各种争论的直接影响。

[2] Bailibar, "The Basic Concepts of Historical Materialism", in Louis Althusser and Etienne Balibar, eds., *Reading Capital*, New York, 1970, pp.209–224.

[3] 我故意使用"生产中的关系"而不是"生产力"，因为我想强调的是，我在谈论社会关系，而不是逐项列出的"事物"。这有两个主要含义。首先，"生产中的关系"去除了马克思关于生产力发展的乐观的目的论。其次，"生产中的关系"不能被认为是给定的。相反，正如"生产关系"必须被再生产一样，"生产中的关系"也必须被再生产。由于使用"生产力"这一概念，任何生产方式的这一关键特征一直被忽视。

生产的政治

关系。

在最一般的层面上，也作为第一个近似，我们可以将封建主义的生产关系界定为通过租赋来攫取剩余的特定机制，而封建的生产中的关系是以直接生产者自主调用生产工具的能力为特征的。我们会发现三种基本形式的租赋：劳役地租、实物地租和货币地租。我们将仅限于讨论第一种，这是亚伊勒斯·巴纳吉（Jairus Banaji）所认为的封建主义充分发展或成型的形式。[1] 生产的基本周期如下：一个工作星期的一部分，比如四天，农奴在领主随己意让他们"拥有"或持有的土地上工作；剩下的两天，他们在领主的土地即其领地上工作。前者的劳动为满足农奴家庭生计所必需，而后者组成了租赋形式的剩余劳动，它被地主占有。

这种"纯粹"形式的封建主义有五个特征值得注意：第一，必要劳动和剩余劳动在时间和空间上是分离的；劳动者先在他们自己的土地上工作，然后在另一个区域为领主工作。第二，农奴在生产中直接拥有他们的生活资料。他们种植和消费他们自己的

---

[1]　巴纳吉评论道："如果我们现在问，这些形式中的哪一种构成了封建企业古典的或完全发展的结构，答案应该并不困难：当必需的农民数量与剩余劳动时间的比例被直接反映在地主领地和农民持有耕地的分配中时，企业就成型了（crystallized），即取得了其古典结构。换句话说，封建生产方式下劳动过程的组织，在其发达的形式下，将使地主能够主张对劳动过程本身的完全控制，在这种形式中，农民所持土地采用了简单再生产部门的形式并发挥相应的作用。"（Jairus Banaji, "Mode of Production in a Materalist Conception of History", *Capital and Class*, no.3, Autumn 1977, p.19. ）巴纳吉继续指出，事实上，这种完全发达的形式只有在封建庄园是一种商品生产企业时才会出现，并且仅在"第二次农奴制"期间在东欧的谷物出口国中占主导地位。（Jairus Banaji, *op.cit.*, pp.19, 22–27. ）

庄稼。第三，农奴拥有并使用独立于领主的生产工具。[1] 第四，与此同时，领主通过在采邑法庭对劳动服务的详尽规定，来实际地组织劳动过程，尤其是在他自己的土地上。在这里，我们也发现了概念和执行的分离。关于生产的剩余量的斗争，通过庄园的政治—法律机构发生。最后，农奴发现他们自己在为领主工作，因为最终他们会被迫承担惯常的服务。这在意识形态领域表现为土地持有权和军事保护权之间的公平交换。

总之，在封建生产方式下，剩余是透明的。此外，它既不是自动被生产的，也不是在生活资料生产的周期内被同时生产的。它是在这一周期外生产的。所以，领主必须通过超经济（extra-economic）的手段来占有剩余。这对于封建法律、政治、宗教等的性质具有多重影响，因为正是在这些领域我们发现了保障持续占有剩余的机制。但是，与资本主义占有模式的对比在这里才是最重要的。在资本主义下，工人被剥夺了生产资料。为了生存，他们没有其他选择而只能出卖自己的劳动力给资本家，以换取用来购买生活资料的工资。虽然看起来工人的酬劳是按为资本家工作的整个时间来计算，比如每天八小时，但实际上他们的工资只相当于工作日的一部分，比如五个小时。这五个小时组成了必要劳动时间（劳动力再生产所需），而剩下的三个小时被资本家以无偿劳动时间或剩余劳动时间占

---

[1] 众所周知，通常情况并非如此，例如当引入水磨时。（Marc Bloch, *Land and Work in Medieval Europe,* Berkeley, 1967, chapter 2.）另参见 Barry Hindess and Paul Hirst, *Pre-Capitalist Modes of Production*, London, 1975, chapter 5。

有了，之后资本家通过在市场上出售商品将其变成利润。

又有五点值得注意。第一，在必要劳动时间和剩余劳动时间之间既没有时间上的分离，也没有空间上的分离。马克思提醒我们注意的这类区分，在这种生产组织中并未出现。它对工人和资本家而言都是不可见的（而且也许是难以置信的）。我们只能体验到它的效果：一边是剩余价值的生产以及由此产生的资本家，另一边是工资等价物的生产以及由此产生的工人。第二，工人在生产过程中永远都不占有生活资料。人们不能靠大头针生活；工人不可能带着他们的生活资料逃跑。工人取得生活资料的唯一方式是每天工作八小时来获得相当于五个小时的工资。换言之，工人依赖于在市场上出售自己的劳动力。资本家也一样，如果他们要继续做资本家，也必须依赖于在市场上出售其产品。第三，工人不能自行调用生产资料。他们从属于劳动过程，也在很大程度上被劳动过程所控制。另一方面，这也是第四点，剩余产品的数量，或者更准确地说，他们必须完成的任务，不像在封建主义下那么具体。与在庄园法庭的政治斗争不同，我们现在发现的是关于工作控制的"经济"斗争，或者如一些人所言，发生在车间的关于"努力的议价"（effort bargain）或管理者与劳工之间的协商。[1]第五，工人被迫去工作并不是因为受到威胁或超经济机制的刺激，而是出于生存的需要。工资提供了生存手段。工人必须每天在工厂门口出现，

---

[1] 参见 Hilda Behrend, "The Effort Bargain", *Industrial and Labour Relations Review*, no. 10, 1957, pp.503–515; William Baldamus, *Efficiency and Effort*, London, 1961。

如果他／她需要继续生存下去的话。

　　总之，我们发现在资本主义生产方式下，生产活动不仅促成了商品（使用价值）的生产，而且在一方面生产了资本家（剩余价值），在另一方面生产了工人（必要价值）。由劳动过程所定义的自然的改造，即生产中的关系，再生产了生产关系并同时掩盖了那些关系的本质。相比之下，封建的生产中的关系既没有再生产也没有掩盖地主与农奴之间的生产关系。相反，这种生产中的关系凸显了地主和农奴之间的剥削关系，并使得采取一些超经济要素的干预以保障这种关系的再生产成为必要。另一方面，由于剩余是透明的和非常具体的，地主总是知道他什么时候获得了剩余。在资本主义下，由于缺乏必要劳动时间和剩余劳动时间在时空上的这种分离，资本家从来都不确定他是否确实获得了剩余。车间内的劳动消耗发生在资本家承诺支付工资和在市场上实现商品价值两个时间点之间。领主知道他从农奴那里获得了剩余，因为每周两天都能看到他们在他的田地里劳动。资本家则处于一个模糊的位置，因为他直到很晚的时候才能看到剩余存在或者不存在。剩余在生产的过程中被掩盖了，不仅对工人如此，对资本家也是如此。于是资本主义控制的困境就是攫取剩余价值并且同时掩盖它。[1]

───────────

[1]　假设资本家想通过将剩余劳动与必要劳动区分开来以显示剩余（如果可能的话！），那么我们将回到封建制度中，那里需要超经济的要素来指导生产周期。我在这里专门讨论资本家在工作组织方面解决问题的方式。显然，他们还试图在控制市场价格方面寻求解决方案，不过那是另一回事了。

掩盖和攫取剩余价值

关于掩盖和攫取剩余价值的具体机制，马克思主义文献能告诉我们什么呢？让我们从掩盖剩余着手。正如我们已经讨论过的，工资劳动契约神秘化了无偿劳动的存在，因为工资表面上是按照整个工作日支付的。在《资本论》第三卷中，马克思描述了另外两种使利润的起源神秘化的源泉。一方面他展现了利润如何看起来像是对固定资本和机器投资的回报。另一方面他证明了市场如何看起来也是利润的来源，利润的实现如何掩盖了它来自无偿劳动这一事实。

但是劳动过程自身的组织，即**生产中的关系**，如何掩盖剩余的存在，即**生产关系**呢？首先，生产中的关系与生产关系是脱离的。劳动力的再生产和资本的再生产是劳动消耗的外部效果。一个发生在工厂内，一个发生在工厂外。在生产场所，工人只与其他工人及管理人员互动，后者看起来和工人自己一样，为工资出卖自己的劳动力（尽管他们可能实际上占有了剩余价值的一部分）。资本家一般是看不见的。理所当然，这种生产中的关系和生产关系的分离，直接对应于"所有权和控制"的制度性分离。[1]

---

[1]　在这里的区分也是马克思所坚持的，即物的生产（使用价值）与剩余价值的生产（交换价值）之间的区分。区别体现在生产过程的两个方面，即劳动过程和增值过程。增值过程从生产场所中去除了，它只是在生产的效果上有所表现，工人在资本主义制度下所体验的是劳动过程。也就是说，工人把自己看作是在生产东西而不是生产利润。劳动过程与增值过程之间的分离是同"生产关系"与"生产中的关系"之间的分离并行的。参见 Karl Marx, *Capital*, Volume 1, Harmondsworth, 1976, pp.283–306, 949–1060。

　　　　其次，我们没有发现由于劳工的相互依赖和同质化而产生的集体意识，而是发现生产中的关系有使车间生活碎片化和个体化的效果。正如卢卡奇所言："在这个方面，机械化也使得他们成为抽象的独立的原子，他们的工作不再将他们直接地和有机地联系在一起；它越来越只受那些禁锢他们的抽象规则的调节。"[1]一些研究记录了技能等级的创造使得工人与工人对立[2]，或者展现了规则可以如何被用来扩散冲突。[3]此外，正如布雷弗曼指出的那样，工人不再能把握总体；他们不再能越过直接的、片段化的工作而看到更多，更不用说越过劳动过程看到生产关系。"概念和执行分离的一个必然结果是，劳动过程要在两种不同的场所由两类不同的工人来进行……现在，使用体力的生产过程，不仅是由实际操作的工人，而且也常常是由较低等级的监督人员或多或少地盲目实施的。各个生产单位好像一只被远处的大脑监视、纠正和控制的手一

[1]　Georg Lukács, *History and Class Consciousness*, p.90.

[2]　参见 Stephen Marglin, "What Do Bosses Do? The Origins and Functions of Hierarchy in Capitalist Production", *The Review of Radical Political Economics*, no. 6, Summer 1974, pp.60–112; Katherine Stone, "The Origins of Job Structures in the Steel Industry", *The Review of Radical Political Economics*, no. 6, Summer 1974, pp.113–173; David Brody, *Steelworkers in America: The Non-Union Era*, Cambridge, Massachusetts, 1960; Stanley Aronowitz, *False Promises: The Shaping of American Working-Class Consciousness*, New York, 1973; and Andre Gorz, ed., *The Division of Labour*, Atlantic Highlands, New Jersey, 1976。

[3]　参见 Alvin Gouldner, *Patterns of Industrial Bureaucracy*, New York, 1954; Richard Edwards, "The Social Relations of Production in the Firm and Labour Market Structure", *Politics and Society*, no. 5, 1975, pp. 83–108。

样活动着。"[1]

最后，一些人指出，资产阶级意识形态渗透到无产阶级的意识之中，阻碍了无产阶级认识到自身作为与资本对立的阶级的能力。卢卡奇讨论了"资产阶级意识形态对无产阶级思想的潜在影响"以及"资本主义系统对（无产阶级）阶级意识的毁灭性和退化性影响"。[2]列宁也有同样的观点："读者会问，为什么自发性的、阻力很小的运动会导致资产阶级意识形态的统治？原因很简单，资产阶级意识形态比社会主义意识形态的起源早得多，发展更完全，拥有不可估量的更多传播手段……工人阶级自发地倾向于社会主义；但是，最广泛的（并且不断多样化地再生的）资产阶级意识形态在更大程度上自动地将自己强加在工人阶级身上。"[3]

这种说法帮助不大，但这已是列宁所能提供的最好论述了。每个阶级都有自己的意识形态（假定是自发的），这些意识形态将会彼此斗争。我们所提及的所有作品都没有尝试探讨在生产现场产生的一种特殊形式的意识或意识形态，它的作用是掩盖剩余价值和生产关系。

攫取剩余又如何？马克思主义理论将剩余的存在看作是理

34

---

[1]　Braverman, *Labour and Monopoly Capital*, pp.124–125. 布雷弗曼还写道："此后，技术能力是在严格的'需要了解'的基础上分配的。从那时起，对生产过程的知识在其所有参与者之间的普遍分配不仅成为'不必要的'，而且成为资本主义生产方式运作的积极障碍。"（Braverman, *op.cit.,* p82.）

[2]　Lukács, *History and Class Consciousness*, pp.24, 80.

[3]　"What is to Be Done?" in Lenin, *Selected Works*, 3 vols., Moscow, 1963, vol. 1, p.152.

所当然的，因而主要关注它的数量。[1] 比如布雷弗曼写道："众所周知，人类劳动能够生产比其消费要多的产品，这种'剩余劳动'的能力有时被当作人类或其劳动的一种特殊的神秘天赋。事实并非如此，剩余劳动不过是工作时间超出了劳动自身再生产的部分，换句话说，就是形成自己的生活资料或其等价物。"[2]

这是一个跨历史的概括，不一定适用于所有情况。但更重要的是，谈论生产超过消费的潜力是一回事，而实现这种潜力则是另外一回事。[3] 这正是"控制"的问题，它面向所有的统治阶级，并根据不同的生产方式采取不同的形式。在封建主义

---

[1] 例如，马克思写道："剩余价值的生产或利润的产生，是这种生产方式的绝对定律。劳动力只能在这个程度上出售：它维护和维持了作为资本的生产资料，再生产其自身作为资本的价值，并以无偿劳动的形式提供了额外的资本来源。因此，出售它的条件，无论对劳工是否有利，包括其不断转售的必要性以及财富作为资本的扩大再生产。正如我们所看到的，工资本质上暗示着工人将总是提供一定数量的无偿劳动。即使我们忽略了工资上涨伴随着劳动力价格下跌的情况，很明显，在最好的情况下，工资上涨仅意味着工人必须提供的无偿劳动在数量上的减少。这种减少绝不会威胁到系统本身。"（Marx, *Capital*, Volume 1, pp.618–619）但是问题仍然存在：劳动过程是如何组织的，以防止威胁到系统的减少的发生？在发达资本主义下，无偿劳动如何可能？这不仅与"生产关系"的再生产有关，而且与"生产中的关系"的再生产有关。再一次，马克思和马克思主义者倾向于认为这是理所当然的。

[2] Braverman, *Labour and Monopoly Capital*, p.56.

[3] 马克思本人在关于工作日斗争的分析中指出"力量"在确定资本家可以规定的无偿劳动时间量上所起的作用。"于是这里出现了二律背反，权利同权利相对抗，而这两种权利都同样是商品交换规律所承认的。在平等的权利之间，力量就起决定作用。所以，在资本主义生产的历史中，建立工作日规范本身就是对工作日界限的斗争，这是全体资本家即资本家阶级和全体工人即工人阶级之间的斗争。"（Marx, *op.cit.* p.344）。理解资本主义发展的关键在于零和冲突向非零和冲突的转化，其中斗争围绕着使用价值边际增量的分配被组织起来。

下，这种潜力是通过超经济要素的干预来实现的。在资本主义下，不仅这种可能性被排除了，而且剩余本身还被掩盖了。

因此，布雷弗曼将"封建控制"的逻辑应用于资本主义的劳动过程是错误的。在评论泰勒的"公平的日工作量"（fair day's work）概念时，布雷弗曼写道："为什么'公平的日工作量'应该被界定为生理极限，从不是清楚的。为了给抽象的'公平'以具体的含义，将'公平的日工作量'表述为把一份等于工人工资的价值加到产品中去所必需的劳动量，那样才会讲得通；当然在这些条件下，利润是不可能的。"[1]

但是工人们并不是先为自己生产，而后才为资本家生产，如封建农民和领主之间那样。必要劳动时间和剩余劳动时间在经验层面上是无法区分的。

还有一个理由使得将公平的日工作量与工资对等的看法毫无意义，此即个体劳动者对资本的依赖。无产阶级的存在不仅依靠今天的工资，也依靠明天和后天的工资。与独立于领主来生产和消费自己剩余的封建农奴不同，资本主义劳工依赖于利润的生产。在资本主义生产方式的组织下，劳工的未来利益依赖于剩余价值的生产。[2] 这就是资本主义霸权的物质基础，资

---

[1]　Braverman, *Labour and Monopoly Capital*, p.97.

[2]　在这方面，资本主义可以与奴隶制相提并论，因为奴隶的生存与奴隶主的生存紧密地联系在一起。而且，正如尤金·吉诺维斯（Eugene Genovese）在《约旦河奔腾不息：奴隶创造的世界》（*Roll, Jordan, Roll: The World the Slaves Made*, New York, 1974）一书中所示，主从关系的家长制特征提供了一种机制，使奴隶能够通过该机制将特权转化为权利，即获得让步。

本的利益正是据此被呈现为所有人当下和未来的利益。[1]

让我总结一下到目前为止的论点。由于采取了资本主义之内的视角，布雷弗曼无法解释资本主义劳动过程的实质。相反，他将概念和执行的分离等同于资本主义控制的基本结构。这使得他将资本主义控制的单个面向当成了它的实质。通过将另一种生产方式作为出发点，我试图建构所有形式的资本主义劳动过程的共同特征。我已根据需要完成的任务，即掩盖和攫取剩余价值，来定义这些特征。在接下来的章节中，我提出掩盖和攫取剩余价值只能通过工作的意识形态的、政治的以及"经济"的领域来理解。换言之，布雷弗曼只关注工作的"客观"要素，这使我们无法理解控制的实质——因为根据定义，控制包含着布雷弗曼所称之为工作的"主观"方面，而我将其称为政治和意识形态过程。只有这些过程被理解了，我们才能继续考察资本主义劳动过程的多样形式、从一种形式向另一种形式的过渡，以及概念和执行的分离与掩盖和攫取剩余价值之间的关系。

---

[1] 葛兰西为这一观点奠定了基础。毫无疑问，霸权这一事实的前提是要考虑到行使霸权的群体的利益和倾向，并且应该形成某种折衷的平衡——换句话说，领导群体应该作出经济上的牺牲。但同样毫无疑问的是，这样的牺牲和这种妥协无法触及实质，因为霸权虽然是伦理政治的，但它也必须是经济的，必须以领导群体在经济活动的决定性核心中发挥的决定性作用为基础。（Gramsci, *Selections from the Prison Notebooks*, edited and translated by Quintin Hoare and Geoffrey Nowell-Smith, London, 1971, p.161.）普热沃尔斯基在 "Material Bases of Consent: Economics and Politics in a Hegemonic System"（*Political Power and Social Theory*, no. 1, 1980, pp.21–66）一文中，将葛兰西的这一观点和其他观点作为资本主义社会持久性理论的出发点。

3. 阶级：自在还是自为？

在本节，我将开始建立一个框架，在此框架中，我们可以提出资本主义控制的问题，也就是攫取和掩盖剩余的问题。但是首先需要做的是证明为什么布雷弗曼的概念，而不仅仅是他使用这些概念的方式，是不足以完成这一任务的。

工作的经济、政治和意识形态面向

布雷弗曼的"批判"指向工作的退化和沦为监狱的工厂。通过将工人描绘为"一般用途的机器"和"抽象劳动"，并声称科学技术革命将"劳动过程的主观因素"移到"毫无生命的客观因素之地"[1]，布雷弗曼抓住了《资本论》的关键点："以种种标准化动作模式为形式的劳动，是作为一种可以互换的部件来使用的劳动，这种形式的劳动在实际生活中，越来越符合马克思在分析资本主义生产方式时使用的那种抽象。"[2] 所以，在坚决保留这一批判的前提下，他拒绝认同工作的人的方面——对退化的适应。因为这些是"传统的社会科学"关注的对象。[3] 布雷弗曼宣称，工业社会学不但没有谴责工业工作内在的剥夺，反而还试图理解并在可能的情况下帮助工人应对这种剥夺，这种剥夺被描绘为不可避免的，并且或多或少是

36

---

[1]　Braverman, *Labour and Monopoly Capital*, pp.180, 182, 171.

[2]　同上书，p.182。

[3]　同上书，p.27。

必需的。[1]"这就把与人事管理相似的任务留给了社会学：不是分析工作的本质，而是分析工人适应的程度。很明显，对工业社会学而言，显现的问题不是工作的退化，而是工人明显的不满迹象。从这一点来看，唯一重要的和值得研究的不是工作本身而是工人对工作的反应，并且在这方面社会学才是有意义的。"[2]

或许布雷弗曼的反驳有些草率和轻易。[3]因为如果有一点是马克思和埃尔顿·梅奥（Elton Mayo）达成共识的，那就是在由工作组织中的"客观"因素——尤其是技术——实施控制

[1] Braverman, *Labour and Monopoly Capital*, p.141.

[2] 同上书，p.29。

[3] 布雷弗曼与工业社会学的关系值得研究。但是，让我做一些评论。毫无疑问，布雷弗曼在解开许多普遍存在的假设（例如，工业职业技能提高的历史趋势）方面完成了至关重要的任务。（Braverman, *op.cit.,* chapter 20.）不用说，他关注透过技能和知识的剥夺而呈现的控制，这是一个主要贡献。他善用管理者、实践者（来自工业或商业学派）的著作来支持他的分析，尽管毫不奇怪，他对劳动过程的看法具有自上而下的偏见。他从"商业科学"中提取了理性的内核，从而认识到它**既掩盖又表达了一个隐藏的现实**。

然而，与此同时，他采用了工业社会学和马克思主义之间非常粗糙的意识形态—科学二分，或者用他自己的话说是"批判的"马克思主义。当然，这可能归因于他作为工人的个人经历，但他的立场是不幸的。通过提取其"理性内核"，他本可以充分利用许多著名的工业社会学的著作，例如受埃尔顿·梅奥影响的哈佛大学关于人际关系的研究，受罗伯特·莫顿（Robert Merton）影响的哥伦比亚大学关于官僚制的研究，受埃弗里特·休斯（Everett Hughes）和威廉·富特·怀特（William Foote Whyte）的参与观察法影响的芝加哥大学的职业研究，甚至受克拉克·克尔（Clark Kerr）影响的伯克利大学对工业主义的研究。不管其意识形态偏见为何，它们都是具有持久意义的研究。它们详尽地记载了布雷弗曼所主张的许多内容，即使结论趋于自满，它们仍具有强大的解放潜力。对学院社会学的解放潜力的陈述，参见 Alvin Gouldner, "A Reply to Martin Shaw: Whose Crisis?", *New Left Review*, no. 71, January-February 1972, pp.89–96。我曾经试图在马克思主义框架内重置工业社会学的主要研究，参见 "The Anthropology of Industrial Work", *Annual Review of Anthropology*, vol. 8, 1979, pp.231–266。

的过程中，意识的调节作用的重要性。[1] 在《资本论》的三卷中，马克思坚持认为资本主义的生产方式不仅是物的生产，同时也是社会关系和有关那些关系的**观念**（idea）的生产，是一种生活经验或那些关系的意识形态。这个观点从第一卷第一章关于拜物教的讨论一直延伸到第三卷结论中关于三位一体公式的讨论。[2] 西方电气公司的研究提供了相似的结论，即当男人和女人生产产品时，在生产中创造的关系（非正式群体）和产生的特定意识（合作、恐惧、不合逻辑的规则等）的重要性。[3] 要点在于，资本主义的控制，即使在最具压制性的技术条件下，也是基于意识形态结构的，而意识形态结构框构和组织了"我们与世界的生动关系"，因而构成了我们的利益。可

[1]　Elton Mayo, *The Human Problems of an Industrial Civilization*, New York, 1933, and *The Social Problems of an Industrial Civilization,* London, 1940. 梅奥是工业社会学诞生的指导灵感，因为他对车间的人际关系研究，将关注点从考察工作的客观条件转移开来。无论是以回应还是详尽阐述的形式，他的哈佛大学团队的工作都对组织（包括工业界和其他领域的组织）的研究产生了深远影响。在受涂尔干和帕累托（Vilfredo Pareto）影响的这一思想流派中，最重要的实证研究是弗里茨·罗斯利斯伯格（F. Roethlisberger）和威廉·迪克森（William Dickson）所著的《管理与工人》（*Management and the Worker*, Cambridge, Massachusetts, 1939），它总结了西方电气公司研究的结果。

[2]　另参见 Norman Geras, "Marx and the Critique of Political Economy", in Robin Blackburn, ed., *Ideology in Social Science*, New York, 1973, pp.284–305; Lucio Colletti, *From Rousseau to Lenin*, NAB, London, 1972, chapter 2。

[3]　关于西方电气公司研究的文献很多，除了梅奥、罗斯利斯伯格和迪克森的著作，还有许多批判性研究，参见 Clark. Kerr and L. H. Fisher, "Plant Sociology: The Elite and the Aborigines", in M. Komarovsky, ed., *Common Frontiers of the Social Sciences*, Glencoe, 1957, pp.281–309; H. A. Landsberger, *Hawthorne Revisited,* Ithaca, 1958; L. Baritz, *The Servants of Power: A History of the Use of Social Science in Industry*, New York, 1965; A. Carey, "The Hawthorne Studies: A Radical Criticism", *American Sociological Review*, no. 32, 1967, pp.403–416。

以肯定的是，工业社会学根据自身的关注来解释"回应"、"非正式群体"和"游戏"——通常用产量边际变化、合作或诸如此类的术语来解释。而我们关注的，是它与资本主义控制之恒定、共同的特征，也就是掩盖和攫取剩余价值之间的关联。

由于优秀研究的范围如此之广，我将主要关注一个能适用于多种工作环境的适应性模式所给与的启发。或许最一般的形式可以在威廉·巴尔达穆斯（William Baldamus）的《效率与努力》（*Efficiency and Effort*）中找到。巴尔达穆斯认为工业劳动可以通过特定的"工作现实"来定义，"工作现实"代表了剥夺（或者他所称的努力）的内在形式。于是，物理条件引起了"损伤"，重复劳动引起了"厌倦"，而强制性的常规引起了"消沉"。当工人们认为这些形式的努力不可避免时，他们就会尝试通过达成相应的"相对满足"来进行补偿。随着时间的流逝，损伤，即因工作条件比如长时间劳作、酷热、寒冷、噪音、照明不好等造成的身体不适，渐渐地由于"适应""驯化"或"习惯"而丧失了它的一些影响。厌倦，即重复或单调的工作经历，可能部分地通过节奏以及被特定活动固有的惯性所拉动（巴尔达穆斯将其称为牵引）的感觉而得到减轻。由于工业工作的强制性造成的消沉或倦怠，在"有工作的心情"的态度表达中寻求到补偿，巴尔达穆斯将其称为满足。惯性对应于特定的工作条件，满足对应普遍的工作强制。但是这些补偿机制的关键在于"它们是在特定的工作现实的不适中得到的暂时放松的感觉，这种感觉出现在这样的时候：这些因素已经成为了工人对其处境的惯常解释的一部分。在这个意义上，它们只是表象上的满足，其实际来源是剥夺"。[1]

巴尔达穆斯关于工人与工作之间关系的洞察可以延伸到社会领域中相对满足的创造。比如大多数工作环境下的工人都会发起关于技术和彼此关系的"游戏"。甚至在流水线上，工人们也设法获得属于他们自己的空间，在其中引入不确定性并实行最小程度的控制。[2] 这些游戏是适应的模式，是从令人生厌的资本主义工作中得到舒缓的途径。在工业社会学文献里有一些关于游戏重要性的争论。一方面，游戏提供了吸纳敌意与沮丧、分散冲突与攻击，并在一般意义上促进"工

---

[1]　William Baldamus, *Efficiency and Effort*, London, 1961, p.53. 在写到霍桑实验中的咨询师试图操控不满意工人的"参考框架"时，丹尼尔·贝尔（Daniel Bell）回忆起一个民间故事，该故事阐释了巴尔达穆斯的"相对满足"的概念："一个农民向他的牧师抱怨说，他的房子太小太挤了。牧师建议他把奶牛放进屋，第二周把羊放进屋，第三周把马放进屋。农民现在对自己的房间抱怨更多了。然后，牧师建议他把牛放出去，第二周把羊放出去，第三周把马放出去。最后，农民感谢牧师减轻了他繁重的生活担子。"（Daniel Bell, *The End of Ideology*, New York, 1960, p.423.）当然，工人看穿了这种操纵，他们认识到在寻求相对满足时，他们正在适应工业工作的强制性。正如麦克斯·霍克海默和狄奥多·阿多诺在谈到文化产业时所说的那样："广告在文化中的胜利之处在于，即使消费者看穿了产品，也会感到被迫购买和使用产品"（Max Horkheimer and Theodor Adorno, *The Dialectic of Enlightenment*, New York, 1972, p.167.）更普遍地，赫伯特·马尔库塞将相对满足称为"压抑性满足"或"虚假需求"。"这些需求具有社会内容和功能，而这些内容和功能是由个人无法控制的外部力量决定的；这些需求的发展和满足是不同的。无论有多少这种需求已成为个体自身的，并因他的生存条件而得以再生产和强化；无论他多么认同这些需求，并在它们的满意中找到自身，它们仍然是其从一开始就所是——社会的产品，它们的主导利益要求压制。"（Herbert Marcuse *One-Dimensional Man*, Boston, 1968, p.5.）

[2]　参见 Huw Beynon, *Working for Ford*, London, 1973; Harvey Swados, *On the Line*, Boston, 1957。

作调整"的渠道；[1]另一方面，它们倾向于破坏管理者的目标，降低生产率并浪费时间。威廉·富特·怀特（William Foote Whyte）令人钦佩地用问题表述了这一困境："在玩计件工作游戏时得到的满足能否在我们的工厂中保留下来，同时减少随之而来的冲突？"[2]那些对"产量限制"和"军事化"感兴趣的人倾向于强调其负面影响。麦克·克罗齐埃（Michael Crozier）提出游戏采用的是权力斗争的形式，在任何劳动过程中存在不确定性的地方都会发生。因此他认为如果想要工作更有效率，管理者应该消除这种不确定性。[3]乔治·霍曼斯

38

---

[1]　参见 Peter Blau, *The Dynamics of Bureaucracy*, Chicago, 1963; Chester Barnard, *The Functions of the Executive*, Cambridge, Massachusetts, 1938。彼得·布劳（Peter Blau）将工作游戏称为释放地位焦虑。切斯特·巴纳德（Chester Barnard）谈到非正式群体是工业组织的一个组成部分。当然，从那时起，非正式群体的概念就受到很多抨击，伴随的非正式组织的概念也是如此。尽管如此，由于它根植于管理意识形态，并表现了假定的对劳动过程单方面控制的管理特权，因此它仍然保持了相当的韧性。

[2]　William Foote Whyte, *Money and Motivation*, New York, 1955, p.38. 唐纳德·罗伊可能是首次对工作游戏开展广泛研究的人，他的论文现已成为工业社会学的经典著作之一。他认为，游戏是适应工业劳动的一种必然且无所不在的形式，它提供了各种社会的、心理的和生理上的酬赏，并对产出产生了不利影响。参见 Roy, "'Banana Time': Job Satisfaction and Informal Interaction", *Human Organization*, no. 18, 1958, pp.158–168; "Work Satisfaction and Social Reward in Quota Achievement", *American Sociological Review*, no. 18, October 1953, pp.507–514; and "Quota Restriction and Goldbricking in a Machine Shop", *American Journal of Sociology*, no. 57, March 1952, pp.427–442。

[3]　Michael Crozier, *The Bureaucratic Phenomenon*, Chicago, 1964. 另一方面，杰森·迪顿（Jason Ditton）认为，由于不确定性或不明确的规范而产生的游戏增强了管理者的权力，但损害了工人的利益。参见 Ditton, "Perks, Pilferage, and the Fiddle", *Theory and Society*, no. 4, 1977, pp.39–71; 及 "Moral Horror versus Folk Terror: Output Restriction, Class and the Social Organization of Exploitation", *The Sociological Review*, no. 24, August 1976, pp.519–544。

（George Homans）在对银行接线工作室实验的评论中，提出游戏是一种反抗管理者的非正式情绪表达。[1] 所有这些视角的共同点是他们对游戏的边际效应的关注，包括对增加或减少产量、权力的分配以及减轻沮丧的效应。他们将剩余的存在、积累的条件等等看作是理所当然的，而且其分析关注的主要是多少剩余被占有的数量问题。

我希望采取一种不同的路径。在这个路径中，游戏将被看作为掩盖和攫取剩余提供意识形态的前提条件。更具体而言，我将提出，参与游戏具有在协调工人和管理层之间利益的同时掩盖生产关系的效果。一个游戏是由一套规则、一套可能的结果以及一套结果偏好来界定的。[2] 游戏的诱惑性源于结果的不确定性以及对结果进行某种表面控制这二者的组合，控制则是通过在不同策略之间进行"理性的"或"慎重的"选择来实现的。自然地，能施予的控制量和允许结果的实际变化都受到了严格的限制。但是，这正是重要之处。在任何其他

---

[1]　George Homans, *The Human Group*, New York, 1950. 埃尔顿·梅奥在撰写"非逻辑社会规范"或"与经济逻辑相对立的较低层次的社会规范"的出现时也采取了类似的立场。（Mayo, *The Human Problems of an Industrial Civilization*, p.116.）詹姆斯·奥康纳（James O'Connor）从相似的脉络但是不同的理论视角出发，将游戏视为关于劳动时间的阶级斗争的一种表达。"它们是去积累（dis-accumulation）的过程的一部分。"（O'Connor, "Productive and Unproductive Labour", *Politics and Society*, no. 5, 1975, pp.297–336.）

[2]　一个关于偏好排序的本身的起源的问题出现了。它们是内在于游戏还是从外部输入的？人们该对那些下棋"输"了的人说些什么？它显然变成了一个不同的游戏！如果不同的玩家有着不同的效用曲线会怎样？或者，在一个普通的价值系统中，效用曲线是在生产之际形成的吗？

事物都显得不可改变的车间日常生活中，它们显得尤为突出。的确，参与游戏的意识形态效应就是将"外在"条件（比如必须来上班）看作是无法改变也不会改变的，同时对工作环境中提供的少量选择和不确定性予以补偿强调。也就是说，游戏变成了一种意识形态机制，通过它，必然（necessity）呈现为自由。[1]

让我来解释一下！参与游戏行动本身生产和再生产了对规则以及某种预期结果的同意。于是，人们不能在下棋的同时质疑它的规则和目标。参与游戏确立了那些界定游戏规则和目标的条件的合法性。[2] 在资本主义工作环境下，那些条件如果不是生产关系——必须去工作、对无偿劳动的占有，等等，

---

[1] 通过强调工作强制的"客观的"特征，布雷弗曼错过了这些"相对"自由的重要性以及自由性质的改变。正如霍克海默所说："对于一般人而言，自我保护已经取决于他的反应速度。理性本身变得与这种调整能力等同。如今的人似乎有比祖先自由得多的选择，从某种意义上说，确实如此……这一历史发展的重要性不可低估；但是，在将选择的多样性解释为自由的增加（如流水线生产的狂热分子所做的那样）之前，我们必须考虑到与这种增加以及与这种新选择相对应的质量上的变化息息相关的压力。压力在于现代社会条件对每个人的持续胁迫，变化也许可以通过过去的工匠和今天的工人之间的差异来进行说明：过去的工匠为了完成精致的作品而选择合适的工具，今天的工人则必须迅速决定应该拉动许多杠杆或开关中的哪一种……自由的增加带来了自由的特质的变化。"（Horkheimer, *Eclipse of Reason*, New York, 1974, pp.97–98.）

或正如马尔库塞所说："个体选择的范围不是决定自由度的决定性因素，而是个体可以选择什么和什么被选择"。（Marcuse, *One-Dimensional Man*, p.7.）尽管由于人类需求的实现，"选择"可能会减少，但批判理论强调它仍然存在。确实，我们被迫做出选择。正是"选择"行为塑造了资本主义社会内部的参与并产生了对资本主义关系的同意。

[2] 两种立场之间存在基本的区别：一些人相信帕森斯的观点，认为玩游戏、建立交换关系等都基于事先达成的共识；但是这里采取的立场是，对游戏的参与才产生了对其规则的同意。

　　　　　　　　　　　　　　　　生产的政治

又能是什么呢？此外，工人在那些规则和目标中形成了自己的利益，这一点可以在管理层插手以改变或破坏这些规则与目标之时看出来。

但是一开始是谁建立了游戏以及它的规则和目标呢？诚然，这是斗争的问题。当目标确实威胁到生产时，比如有时工人们在流水线上挤在一起，管理层就会介入，毫不含糊地取缔游戏。[1] 不过在大部分情况下，车间管理人员（如果不是更高层的管理人员）会积极地参与组织和协助车间内的游戏，尤其是在游戏以产量为中心展开之处。正是通过保留工作游戏上的共同利益，工人和车间管理人员的利益得以协调起来。工人感兴趣的是游戏能够提供的相对满足感，而从主管到部门负责人到管理层关注的则是获得合作和剩余。

----

39

[1] 通常，在车间组织的游戏都有其自身的发展动力，这些动力往往会破坏管理目标。因此，唐纳德·罗伊（Roy, "Restriction of Output in a Piecework Machine Shop", Ph.D dissertation, University of Chicago, 1952）和我都观察到在机械车间开展的"超额"游戏如何逐渐导致工作组织朝着混沌的方向发展。在玩"超额"游戏的过程中，在工头模棱两可的态度甚至纵容之下，不断增加的压力导致规则的松解，直到更高的管理层介入以重新实施原来的规则，然后再开始新的循环。布劳描述了国家雇佣机构中工人回应的类似趋势。他展示了新规则的引入如何在工人之间产生竞争以增加个人产出，而集体的效果则是降低效率。也就是说，游戏本身会产生使游戏变得更加困难的条件。这种矛盾被铭刻在工作的组织中。布劳写道："这提出了一个在此无法回答的有趣问题：什么条件决定了这一过程最终趋平还是达到从竞争结构向合作结构进行革命性转型的高潮？"（Peter Blau, *The Dynamics of Bureaucracy*, Chicago, 1963, p.81.）换句话说，虽然在车间构建的游戏可能会产生对规则的同意以及对界定规则的条件的同意，但同时它们也可以通过与管理者进行更多的斗争来撒播自身毁灭的种子。根据我自己的经验和研究，车间游戏的存在和形式成为斗争的对象，斗争不仅发生在工人和管理者之间，也发生在管理者的不同层级和不同部分之间。

这一题外话的要点是为了说明工人日常的适应[1]如何创造了他们自己的意识形态效果，而这成为实施资本主义控制的焦点要素。人们不仅不能忽略"主观"的维度，"客观"和"主观"的区分本身也是武断的。任一工作环境都包含有经济维度（物的生产）、政治维度（社会关系的生产）以及意识形态维度（关于那些关系的经验的生产）。这三个维度是无法分离的。不仅如此，只要它们独立于特定的工作者和生产要素，它们

---

[1]　在本节中，我始终将工人的反应称为"适应"而不是"抵抗"，两者都必须与布雷弗曼的"习惯"区分开来。"习惯"意味着没有创造性的反应，而只是对环境的机械性地吸收，这是一种极端的客观化形式，消除了"适应"和"抵抗"所隐含的关键的主观的面向。在某些方面，我的立场与吉诺维斯在《约旦河奔腾不息》一书中强调的观点相似：奴隶通过在奴隶制范围内操纵父权制来塑造自己的世界。但是吉诺维斯故意谈论抵抗而不是适应，以便为奴隶制的早期研究予以纠正。像布雷弗曼一样，这些研究者强调奴隶制的破坏性和退化作用，奴隶制被认为是"总体性的"或"极权主义"制度，没有为创造的主观性留下出路。吉诺维斯进一步区分了构成对奴隶制的适应的抗争形式，例如发生在南部内战前地区的抗争；以及那些通过奴隶暴动构成对奴隶制排斥的抗争形式，这种形式在拉丁美洲和加勒比海地区更为常见。吉诺维斯认为，奴隶所能为自己创造的宗教信仰是从抵抗转向反叛的关键因素。我们可以对资本主义制度下工人的抵抗进行类似的探索。在什么条件下抵抗会导致与资本主义的和解？在什么条件下导致反对它的斗争？
　　但是，在本章中，我更愿意从适应的角度来讨论工人的反应，吉诺维斯、爱德华·汤普森和其他人可能会使用"抵抗"一词。言语不是中立的。我们已经注意到工业社会学在关于游戏是适应形式还是抵抗形式上所表现出来的矛盾。从资本主义的转变来看，我认为所描述的工人的反应是一种意识形态机制，通过这种机制，工人被卷入去接受那自然的、不可避免的事物。我发现很难说这些是对资本主义的抵抗方式，尽管它们对抵抗来说可能是必要的。相反，正如保罗·皮科内（Paul Piccone）所指出的那样，它们是主体性的场域，缺了它，发达资本主义就无法有效地运作。（"Trom Tragedy to Farce: The Return of Critical Theory", *New German Critique*, no. 7, Winter 1976, pp.91–104.）那么，吉诺维斯的问题就变成了，这些支离破碎的主体性场域在什么条件下扩展为集体斗争，或者更狭义地说，在什么条件下适应变成抵抗？我将在以下各节中讨论围绕劳动过程形式开展的抵抗和斗争。

都可以算作是"客观"的。

这些阐述为一个问题提出了替代方案，这个问题在马克思主义传统下一直拥有坚实的根基，也是布雷弗曼著作的基石。根据传统的观点，阶级作为一种历史性的力量即自为阶级，只能从某种上层建筑（政治的和意识形态的）或"主观"因素的特别干预中产生。而"主观"因素则外在于经济领域，建立在由"客观"经济术语所界定的预先存在的"自在阶级"的基础之上。但是，正如我们已经看到的那样，并不存在一个由"客观的""经济的"术语所界定的自在阶级。所谓的经济领域无法和它的政治和意识形态作用分开，也无法和工作场所中具体的政治和意识形态"结构"分开。[1] 在工人阶级出现在历史舞台之前，是没有"客观"征兆的。在历史舞台上的行动只能被看作是阶级构成的一个面向。[2] 所以，阶级是一套经济、政治和意识形态结构的综合效果，这些结构在社会活动的所有领域都可见到。[3] 爱德华·汤普森（Edward Thompson）有同样的观点：

[1]　不仅将原材料转化为产品的行为（经济活动或实践）具有意识形态和政治效果，而且在生产场所还存在一系列生产的政治和意识形态制度或机构。在本书的后续章节中，后者的重要性将变得更加清晰。

[2]　布雷弗曼的看法截然不同，它体现在以下段落中："劳动的确定形式的多样性可能会影响意识、凝聚力或工人阶级的经济和政治活动，但不影响工人阶级作为工人阶级的存在。"（Braveman, *Labour and Monopoly Capital*, p.401.）

[3]　参见 Nicos Poulantzas, *Political Power and Social Classes*, NLB, London, 1973; Etienne Balibar, *On the Dictatorship of the Proletariat,* NLB, London, 1977; Adam Przeworski, "The Process of Class Forma-tion: From Karl Kautsky's Class Struggle to Recent Controversies", *Politics and Society*, vol. 7, no. 4, 1977, pp.343–401。

即使"基础"并不是一个糟糕的隐喻，我们也必须补充说明，不管它是什么，它都不仅仅是经济的也是人类的——一种不自觉地进入到生产过程中的典型的人际关系。这一过程被大致描述为经济性的，因此"经济运动"被证实为"最基本的和最决定性的"，对此，我无意争辩。但是如果考虑到以下两点，我对定义的考察也许不只是出于语义学的兴趣。首先，在历史或社会（还有政治的）分析的实际过程中，很重要的一点是要记住社会和文化现象不是远远地跟随着经济；它们从一开始就沉浸在同样的关系连结之中。其次，反对资本主义的一种形式是直接的经济对立，即作为生产者或消费者来反抗剥削，而另一种形式则是对资本主义将一切人类关系简化为经济含义的固有趋势进行抵制。当然，这两者是相互关联的；但是我们没法确定哪一种会被最终证明更具革命性。[1]

在接下来的章节中，我希望继续考察这两种回应——我将

---

[1] Edward Thompson, "The Peculiarities of the English", *Socialist Register*, 1965, p.356. 当然，汤普森的《英国工人阶级的形成》(*The Making of the English Working Class*, London, 1963) 是这种观点的经典作品。它提供了与普兰查斯和普热沃尔斯基截然不同的观点，因为它很少关注由现存的经济、政治和意识形态制度从上而下塑造工人阶级的方式。相反，它关注到无产阶级化的过程和对无产阶级化的抵制——劳动者与生产资料的分离，劳动与劳动力的分离——而不是资本主义的发展施予工人阶级的改革、重组和重构。汤普森的"自下而上的历史"使他强调抵抗，而集中于分析资本主义历史上一个不同阶段的布雷弗曼则强调习惯。在这方面，普兰查斯、普热沃尔斯基和我倾向于开辟一条中间道路。关于对汤普森及其"自下而上"的历史的批判性讨论，参见 Tom Nairn, "The English Working Class", in Blackburn ed., *Ideology in Social Science*, New York, 1973, pp.187–206。

　　　　　　　　　　　　　　　　生产的政治

其称为适应性和斗争——的重要意义，以理解劳动过程的变迁，尤其是以泰勒制和科学技术革命为中心的变迁。

实践中的泰勒制

布雷弗曼对泰勒制和"科学技术革命"做了区分。他认为前者不包括技术变革。在有些地方他暗示，劳动过程的根本改变即生产中的关系，也是泰勒制的一部分。[1] 然而，泰勒自己给出的例子并不支持这一结论。伯利恒的生铁处理、米德维尔的机械工厂、车铃检验、格兰特（Grant）对砌砖的分析，还有金属切割的研究都表明，科学管理的介入是将已经界定的任务完善而不是重组劳动分工。布雷弗曼将科学管理的原则总结如下："于是，如果第一条原则是收集和发展关于劳动过程的知识，第二条原则是将这种知识集中到管理者手中，为其所独有，再加上它的必要反题即工人中间这种知识的缺失，那么第三条原则就是运用这种知识垄断来控制劳动过程的每个步骤及其执行方式。"[2] 可以肯定的是，泰勒对他所获成功的描述，比如在伯利恒和米德维尔的情况，遵循了这些原则。但是我们有理由对它们的准确性表示怀疑，尤其因为泰勒本人是利益相关者。

我对第一条原则没有异议。毫无疑问，科学的管理会收集关于任务的知识并决定完成任务的"最佳方式"。但是这并不清晰地意味着因此就建构了关于劳动过程的知识的垄断（毕竟泰

41

---

[1]　Braverman, *Labour and Monopoly Capital*, pp.85, 110, 171.

[2]　同上书，p.119。

勒是通过让自己成为一名车床操作工来获取这些知识的），或者新规则能够被执行。这个图景中缺失的是工人的回应以及他们反对任务具体化的能力。[1] 管理者占有知识是一回事，垄断知识则是另一回事。布雷弗曼自己说道："因为工人们不是作为人类被摧毁，而只是被不人道地利用。他们的批判力、理解力和概念化能力无论怎么被抑制或减弱，都会一直对资本构成一定程度的威胁。" [2] 与概念和执行的分离不同，我们看到的是工人的概念和管理者的概念分离，工人的知识和管理者知识的分离。泰勒制的实行导致工人重新创造了概念和执行的统一，但是与管理规则相反。工人在击败和战胜科学管理的代理人方面显得足智多谋，无论是在"知识占有"之前、之中还是之后。[3] 在每个车间都有"官方的"或"管理者批准的"任务执行方式，也有工人们设计和修改的用以应对管理者攻势的知识。管理者不仅未能占有这些"商业机密"，而且占有它们也不一定有利，正如我将在下一节说明的那样。车间管理者通常都知道这一点。

---

[1]　可能有人会注意到，泰勒在米德维尔实施变更需要花两到三年的时间，尽管他得到了全方位的管理支持，而且他还拥有自己就是工人的优势。对于科学管理的代理人来说，这两个条件通常都不具备。此外，从已发生情况的描述来看，这一实例下的工人抵抗异常软弱。然后，当然，我们不知道实际发生了什么。像泰勒的许多描述一样，它存在一个空心环。

[2]　Braverman, *Labour and Monopoly Capital*, p.139.

[3]　布劳描述了这种情况的发生方式以及他对福利机构的研究结果，该机构受制于合理化和控制。唐纳德·罗伊（Roy, "Efficiency and the Fix: Informal Intergroup Relations in a Piecework Machine Shop", *American Journal of Sociology*, no. 60, 1954, pp.255–266）和斯坦利·马修森（Stanley Mathewson, *Restriction of Output among Unorganized Workers*, New York, 1931）对美国工业环境中工人对泰勒制的反应进行了形象的描述。

与劳动分工的变革和科学技术革命不同，泰勒制——被定义为任务绩效的规范——不能与概念和执行的分离等同起来。那么它与资本主义控制又是什么关系呢？泰勒制遭到全世界工会的抵制，并且它通过将劳工和资本组织到敌对阵营而激发了斗争。[1] 在日常工作中，工人们试图破坏泰勒制；而在更广泛的层面上，工会参与了捍卫规则中的“产量”条款的斗争。所以，科学管理可能在掩盖剩余价值以及资本和劳工的剥削关系方面破坏了资本主义控制。至于攫取剩余，则难以有明确的答案。[2] 只要泰勒制加剧了资本和劳工之间的对立，利益的协调就变得不太可行，对强制措施的依赖就更为必要了。

　　作为强化资本主义控制的实用工具，泰勒制是一个失败。

---

[1]　参见 Charles Mlaier, "Between Taylorism and Technocracy: European Ideologies and the Vision of Industrial Productivity in the 1920s", *Journal of Contemporary History*, no. 5, 1970, pp.27–61; Georges Friedmann, *Industrial Society*, New York, 1955; Milton Nadworny, *Scientific Management and the Unions*, Cambridge, Massachusetts, 1955; David Montgomery, "Workers' Control of Machine Production in the Nineteenth Century", *Labor History*, 17, no.4, 1976, pp.485–509; David Montgomery, "The 'New Unionism' and the Transformation of Workers Consciousness 1909–1922", *Journal of Social History*, no. 7, 1974, pp.509–529; Brian Palmer, "Class, Conception and Conflict: The Thrust for Efficiency, Managerial Views of Labour and Working Class Rebellion 1903–1922", *The Review of Radical Political Economics*, no. 7, Summer 1975, pp.31–49；等等。布雷弗曼本人指出，“泰勒制在工会中引起了反对的风暴”，但其意义仅限于强调泰勒制在“收集所有这些分散的工艺知识，将之系统化并集中在雇主手中，然后仅以分钟指令的形式再次分发”上的成功。(Braverman, *Labour and Monopoly Capital*, p.136.)

[2]　霍布斯鲍姆明确指出，作为科学管理的一部分，引入按结果进行支付的方式，刚开始产生了以相同的工资从劳动者那里获取更多工作的效果。但他还坚持认为，自那以后，由于操作工的抵抗，节省劳力（labour savings）暂停了。如果泰勒制有所收获，那也是短暂的。(Eric Hobsbawm, *Labouring Men: Studies in the History of Labour*, London, 1964, chapter 17.)

42 丹尼尔·尼尔森（Daniel Nelson）在近期的一项关于科学管理的历史研究中得到这样的结论：

> 如果科学管理对这些工厂的雇佣劳动者影响甚微令人惊讶，那么它在终结工人传统的限制实践上的失败则是显而易见的。后续研究记录了非正式生产规则的持续存在以及雇员反抗主管和时间研究专家的能力。泰勒和其追随者以及他们的客户相信科学管理可以终结"磨洋工"，这表明他们对工头的作用和工人的态度知之甚少。如果工头用威胁加说服都无法改变工人的行为，那么只带着一只秒表和一个激励计划的外来专家又能希望改变些什么呢？很明显，管理者的权威是有限的，工头的权威也是如此。[1]

那泰勒制的重要性又是什么？有人可能会说，恰恰因为它增强资本家对劳动过程控制的能力有限，所以需要向一种由科技革命开启的新型劳动过程转型。那么泰勒制是否是从一种劳动过程（通过具体的劳动分工最大化其潜力）过渡到另一种劳动过程（将"资本主义控制"包含在技术形式之中）的表现呢？

作为意识形态的泰勒制

布雷弗曼对工作的"客观"特征的排他性关注，不仅使他

---

[1] Daniel Nelson, *Managers and Workers*, Madison, Wisconsin, 1975, pp.7–75.

看不到泰勒制的引入是资本主义控制的一种方式，即通过播下自我毁灭的种子使得对其自身的取代成为必需，而且也使他看不到泰勒制作为一种纯粹意识形态运动的重要意义。事实上，如我将说明的那样，未能区分作为管理实践的泰勒制和作为一种合法化模式的泰勒制，阻碍了他理解发达资本主义统治的一个关键方面，即意识形态以科学的名义出现。

在关于美国情况的著作中，莱因哈特·本迪克斯（Reinhard Bendix）认为泰勒制在开放车间运动（open-shop movement）中被管理者利用了。在19世纪与20世纪之交，管理的意识形态还是与斯宾塞和齐美尔的社会哲学相联系的。他们对主动性和独立性的强调，有鼓励工会成长的作用，但不受管理者欢迎。另外，泰勒制对顺从和服膺管理者以追求共同利益的强调，可以被用作对新生工会运动的一种意识形态攻击。"但主要的一点在于，美国雇主没有将泰勒的方法看作挑战工联主义的有效方案，即使当他们决定使用这些方法来解决某些管理问题的时候也是如此。在反抗工会的斗争中，雇主使用了与试验和测量截然不同的武器，而试验和测量正是科学管理的标志。然而泰勒著作中的主要思想被广泛接受了：社会哲学而不是科学管理的技术成为普遍的意识形态的一部分。"[1]

[1] Reinhard Bendix, *Work and Authority in Industry*, New York, 1963, p.281. 大卫·诺布尔（David Noble）也认为，在一群受过学校训练的工业工程师与传统的车间管理的"经验法则"进行斗争的过程中，泰勒制和科学管理被调用为他们的一种意识形态。参见 David Noble, *America by Design: Technology and the Rise of Corporate Capitalism*, New York, 1977。

在关于不同国家对泰勒制或科学管理的接受程度的考察中，查尔斯·麦尔（Charles Maier）进一步发展了本迪克斯的论点。他展示了泰勒制是如何在面临政治危机的国家中被热烈接受的。在战后的早些年间，它成为了意大利国家工团主义和法西斯主义、德国革命保守派和保守社会主义派、苏联新领导阶层、世界产业工人联合会以及美国社会主义政党意识形态的重要支持。[1] 尽管这些社会运动完全不同，但它们都试图超越眼前的政治制度，通过调用科学主义来规划一个不需要"政治"、社会和谐的乌托邦景象。技术和麦尔所称的"非理性主义"的结合，提供了当前和未来社会的合作愿景。这发生于那个时代阶级斗争加剧的情境之中，也是对加剧的阶级斗争的一种回应。[2]

但是为什么泰勒制在那个特殊时代的危机中被如此热情地接受？那些危机有何特别之处？到底是泰勒制的哪方面使得

---

[1]　Maier, "Between Taylorism and Technocracy". 感谢杰夫·豪伊度将美国的情况指给我看。参见 Haydu, "The Opposition of Ideology: Socialist Thought in the Progressive Era", unpublished manuscript, University of California, Berkeley, 1976。

[2]　麦尔写道："通常，在战后初期，社会管理的技术统治论或工程模型吸引了欧洲政治更新的、更融合的以及有时甚至是极端的潮流。……在这十年的后期，随着美国对生产力的看法不再具有乌托邦式的含义，它开始为商业保守主义者服务。在最初的对泰勒制教条的热情和后来的为福特主义的喝彩之间，出现了美国主义的意识形态的重要演变。但是，总的来说，在代议制政府表现不佳的情况下，所有变异都具有最大的吸引力。具有讽刺意味的是，美国的生产力促进了对议会自由主义的批判态度。通过其关于生产力、专业知识和最优化的粗暴教义，美国主义者的愿景似乎承诺了可以摆脱阶级对抗和社会分工。尽管原因非常不同，但是所有科学管理和技术改革的热衷者都在寻求否认战前意识形态冲突模型必要的存在，并寻求验证一种阶级关系的新形象。"（Maier, *op.cit.*, pp.28–29.）

它有如此之多的受众？20 世纪前 30 年的危机是与从竞争资本主义向垄断（发达的或有组织的）资本主义的转型联系在一起的。[1] 作为调节资本家之间、资本与劳工之间，以及劳动力不同部分之间关系的机制，市场越来越无效。同时，国家在组织这些关系上扮演着更为重要的角色。政治和经济越发缠绕在一起。"自由和平等"交换的主流意识形态，由于是建立在市场支配的基础上，不再能够合法化资本主义的新关系。

　　哪里会出现一种新的意识形态来合法化国家对经济组织不断增长的介入？国家干预的政治面向和影响是如何被掩盖或者被公众接受的呢？哈贝马斯（Jürgen Habermas）和马尔库塞（Herbert Marcuse）认为在发达资本主义条件下，政治问题不再被市场的"自然"运作所掩盖，而是被投射为科学和技术的问题。于是科学在劳动过程中的应用不仅导致了生产力的扩展，而且同时奠定了一种新的意识形态的基础。在这种新意识形态中，资本主义关系的保留被呈现为应该与政治话语分离的技术问题。[2] 对"效率"的追求变成了一种新意识形态和

44

---

[1]　可以说，在转型最迅速和最深远的地方，危机将更加严重，而科学管理作为回应性意识形态（reactive ideology）的一部分，其力量也会更强。这可能解释了为何与英国这样的国家相比，泰勒制在美国具有更大的意识形态吸引力。在英国，向垄断资本主义的转型更多地是被引取出来的。

[2]　Jürgen Habermas, "Technology and Science as 'Ideology'", in *Toward a Rational Society*, Boston, 1970, pp.100–107; Marcuse, *One Dimensional Man*, chapters 1, 6.

新统治形式的基础。理性被颠倒为非理性。[1] 或者，用哈贝马斯的话说，自下而上的理性（科学作为对效率的追求）与自上而下的理性（科学作为意识形态）合并，而且通过这种方式，两者都掩盖了资本主义生产关系，并因其科学性而将国家干预合法化为非政治性的。[2] 由于未能清楚区分作为实践的泰勒制和作为意识形态的泰勒制，布雷弗曼仅仅只是对表象进行了描述。如我先前所述，这是因为他的理论框架使他忽视了将意识形态作为研究资本主义的重要因素。简言之，对意识形态的忽视使他成了意识形态的囚徒。

泰勒制的兴起

到目前为止，我们看到了布雷弗曼如何在评价实践中的泰勒制的效果时，做出各种关于劳动过程意识形态维度的错误假设。同时他也忽视了泰勒制的引入是一个更广泛的意识形态变换的一部分，这种变换反映了资本主义发展的一个关键转型。问题不仅仅是布雷弗曼忽略了工作的"主观"维度或者"上层建筑要素"，还在于他的概念体系——主观/客观（基础/上层建筑）——引导他对问题做出了错误的阐述。布雷弗曼在阐述劳动过程变迁、泰勒制、概念和执行的分离，以及科学

---

[1]　这当然是霍克海默著作《理性之蚀》的主题，也是霍克海默与阿多诺著作《启蒙辩证法》的主题。它也是马尔库塞对韦伯批判的基础（Marcuse, *Negations*, Boston, 1968, chapter 6）。

[2]　Habermas, "Technology and Science as 'Ideology'", in *Toward a Rational Society*, pp.98–99.

技术革命的原因时也犯了同样的错误。他对管理者和资本家的意识做了特定假设，并一直忽略反抗和斗争。[1]

让我们首先集中于对泰勒制的分析。在这点上布雷弗曼分析的功能主义逻辑特别明显。"现代管理形成于这些原则的基础之上。它作为理论构建和系统实践，兴起于劳动以最快速度从基于技术的过程向基于科学的过程转型的时期。它的角色是使之前资本主义生产的不自觉倾向转变成自觉的、系统的倾向。它要保证的是，当技艺下降时，工人会沉降到适宜于做许多简单工作的无差别的一般劳动力水平；而当科学发展时，它将集中到管理者的手中。"[2]

45

根据布雷弗曼的观点，预期的效果（对劳动过程日增的控制）也是科学管理的原因。因此，他被迫宣称，泰勒关于控制的构想是管理意识的一部分："他（泰勒）公开宣布的是目前不被认可的关于管理的个人假设。"[3]布雷弗曼关注结果而非原因，关注劳动的客观情况及其批判而非泰勒制如何运作、

---

[1] 接下来的批评与罗伯特·布伦纳（Robert Brenner）对于伊曼纽尔·沃勒斯坦（Immanuel Wallerstein）在《现代世界体系（第一卷）：16 世纪的资本主义农业与欧洲世界经济体的起源》（ *The Modern World-System: Capitalist Agriculture and the Origins of the European World-Economy in the Sixteenth Century*, New York, 1974）一书中的劳动控制的批评相似。由于沃勒斯坦假定国家或其统治阶级可以根据其在世界经济中的地位自由选择最有效的劳动控制系统，因此他的理论是新斯密主义的，因为它忽略了阶级斗争的约束。参见 Brenner, "The Origins of Capitalist Development: A Critique of Neo-Smithian Marxism" , *Introduction to the Sociology of "Developing Societies"*, 1982, pp.58–60, 81–82。

[2] Braverman, *Labour and Monopoly Capital*, pp.120–121.

[3] 同上书，p.92。

能否运作以及人们如何忍受或改变它。

此外，泰勒制为什么在特定的时间和地点出现？为什么它有自己独特的历史轨迹？如果"命令工人按精确的方式进行工作"是充分管理的绝对必要条件，[1] 那么为什么我们要等到19世纪末和20世纪初才看到泰勒制的应用？毫不奇怪，布雷弗曼的解释聚焦于生态因素，尤其是"企业规模的增长"。[2] 泰勒制之所以无法在所有行业或特定情境下使用，是因为生产规模需要足够大才能支持使之"合理化"的努力和成本。正是主要基于这一原因，泰勒制才与19世纪后半叶和20世纪的生产增长以及生产向大公司的集中同时出现。[3] 由于将注意力局限于这些因素，布雷弗曼在他的论证中引入了三个主要的、可能有问题的假设。第一，管理者和资本家的利益在于泰勒制的实行。第二，管理者和资本家分享并了解那些利益。[4] 第三，管理者和资本家有权力将这些利益强加到工人阶级身上。让我们逐一来看这些假设。

关于第一个假设，正如我已经说明的，泰勒制作为管理实践并不总是维护资本的利益。相反，它往往激发了反抗和斗

---

[1] Braverman, *Labour and Monopoly Capital*, p.90.

[2] 同上书，p.85。

[3] 同上书，p.101。但是请注意发生在中世纪之前的理性化的例子，参见 Erich Roll, *An Early Experiment in Industrial Organization: Being a History of the Firm of Boulton and Watt*, 1775–1805, London, 1930。但是，参见布雷弗曼对于博尔顿和瓦特公司（Boulton and Watt）的评论。（Braverman, *op.cit.*, p.126.）

[4] 布雷弗曼确实指出，科学管理的早期使用者"必须克服对成本敏感的经理的恐惧"。（Braverman, *op.cit.*, pp.126–127.）

争，因而破环了剩余的榨取。所以，很难说泰勒制的结果也是它的原因。然而在转向第二个假设时，我们必须质询管理层和资本家尝试引入科学管理的意图。人们可能会试图考察管理层和资本家在 1880 年至 1920 年间的意识变化，以解释对泰勒制的兴趣（以及对它的反对）。由是，埃里克·霍布斯鲍姆（Eric Hobsbawm）强调了随着工会的壮大，操作工如何学会了游戏的规则，即操控市场因素来调整努力和回报之间的关系。这带来了新的、可以更有效利用劳动时间的雇佣实践。[1] 戴维·蒙哥马利（David Montgomery）认为，直到美国的移民习惯了工业工作的纪律并习得了游戏规则后，科学管理才得到管理阶层的广泛青睐，即使它未能消除"限制性实践"。[2]

正如霍布斯鲍姆和蒙哥马利在其探索性研究中所承认的那样，这些问题是复杂的。比如，人们必然会问，公司的成长，尤其是所有权和管理权的制度性分离，对管理者的意识有何影响？难道不能说是管理功能的专业化导致了引入科学管理的尝试吗？此外，如果管理者的意识可以被视为与资本家不同，难道不能说管理者自身没有形成一个统一的群体吗？变化不仅可能出现在资本的不同部分之间，而且可能出现在公司内部。所以，人们可能推测，不同层级的管理者会专注于劳动过程的不同方面。较低层级的管理者与工人的日常接触较多，他们可能会反对泰勒制的引入以阻止冲突的发生；而

---

[1] Eric Hobsbawm, "Custom, Wage and Work Load", in *Labouring Men*, pp.344–370.

[2] David Montgomery, *Workers Control in America*, New York, 1979, chapter 2.

中间层级的管理者可能会为了降低劳动力的成本而鼓励这些变化。最高层的管理者可能只关心利润和效率，而对它们如何实现不感兴趣。他们可能更关心将泰勒制调用为意识形态。同样重要的还有，同一公司内部不同部分，也就是不同部门如工程、质量控制、生产、维护等等的管理者的关注点多种多样。因此，劳动过程的任何改变都将不仅仅是公司间竞争的结果以及资本和劳工之间斗争的结果，而且是资本的不同代理者之间斗争的结果。

　　无论这些问题的答案如何，显而易见的是，人们不能假定存在一个能自动认识到其真实利益的、紧密结合的管理者和资本家阶级。相反，人们必须考察那个阶级是如何组织起来的，以及它的利益是如何通过竞争和斗争而历史性地出现的。这将我带到了第三个假设：资本代理人足够强大到将他们的利益凌驾于其他阶级的利益之上。布雷弗曼把工人对泰勒制的反抗贬低为一种本质上属于派生物的角色，一种他们对资本无奈服从的无能体现。[1] 事实上，美国的很多工会能够抵御泰勒制。[2] 在其他国家，反抗甚至更为有效。[3] 我们必须解释

---

[1] 参见 Braverman, *Labour and Monopoly Capital*, p.136。

[2] Montgomery, *Workers Control in America*, chapters 1, 4.

[3] 我不得不指出，1904 年一份关于美国和英国劳动生产率的政府报告虽然有些幼稚但很重要："关于产出的信息，在英国比在其他任何国家也许都要更难获得。……在像英国这样的个人主义和秘密化的民族中，要在既定时间内对产品进行数量测定，几乎是不可能的。"（U.S. Bureau of Labor, Commissioner of Labor, *Regulation and Restriction of Output*, Eleventh Special Report, 1904, p.721.）因为他们以规则的形式公开定义了产出水平，所以与英国工人相比，美国的工人面对泰勒制的攻击性实践更显脆弱。而在英国，一种增强的阶级意识秘密地表现出来。

的是资本和劳工之间具体的力量平衡，正是这种平衡导致某些地方的有效反抗和另一些地方的妥协。泰勒制是资本对脆弱的无产阶级的进犯，还是资本面对日益强大的无产阶级采取的防卫措施？或许大公司的重要性不仅仅在于它们的规模，还在于它们赋予资本将其意志强加于劳工的能力。公司自由状态的出现与劳资之间的斗争是什么关系？力量平衡的改变能否用来解释工会与泰勒制相对位置的变化？[1]

科学技术革命

虽然布雷弗曼对科学管理的诱因表述可能比较含糊，但他关于科学技术革命源头的观点非常明确。与马克思一样，布雷弗曼认为资本家之间的竞争导致了通过机械化提高生产率这一结果。[2]控制变成了工作组织的次要特征，追求效率则变成了主要特征。生产中的关系以概念和执行的分离为特征，这仅仅出现在机械已经被生产率驱动所决定之后。但是布雷弗曼提出了另一个基于巴贝奇原则（Babbage principle）的观点。根据这个原则，控制与对效率的追求是无法分离的。[3]"能使操作任务在更廉价的操作人员中间进行分解的设计，正是管理层和工程师追求的设计。他们已经如此内化了这种价值，以至于在他们眼中，其拥有自然法则或科学必然

---

[1] 参见 Nadworny, *Scientific Management and the Unions*。

[2] Braverman, *Labour and Monopoly Capital*, pp.147, 170, 206, 236.

[3] 同上书，pp.79–82。

性的力量。"[1]

在第 4 小节，我们将回到关于"效率"和"控制"的关系的讨论。现在让我们假定管理者投资是为了增加劳动的生产率。时间的问题仍然存在。管理者什么时候引入新机器？它们何时能在市场上出现？是存在竞争压力之时，还是回应斗争之时？效率的概念能否独立于斗争来被考察？一个有趣的当代例子是农业中田野工作的机械化。技术已经存在或者总可以被开发出来，但只要种植者可以利用廉价的劳工储备，就没有技术应用的紧迫性。随着工联主义的增长和布拉塞洛计划（Bracero programme）*的终止，机械化迅速在番茄采摘作业中发展起来，并有望主导生菜收割。[2]机械化的推进不能仅仅被视为对增加的劳动成本的回应，也应该被视为对劳工不断增长的力量的回应。只要存在大量的劳动供给，手工采摘都是可以接受的。但随着"美国农场工人联合会"（United Farm Workers）的壮大，大量劳工群体的可得性出现了问题。因此，转向资本密集型收割是一种通过减少对劳工的需求来削弱工会力量的尝试。所有这些都表明，科学技术革命的发展不仅

---

* "Bracero programme"，也被称为"墨西哥劳工农场计划"，是墨西哥和美国针对第二次世界大战期间农业劳工的需求达成的一系列协议。

[1] Braverman, *Labour and Monopoly Capital*, p.200（亦见脚注）.

[2] Bill Friedland and Amy Barton, *Destalking the Wily Tomato*, Department of Applied Behavioural Sciences, College of Agricultural and Environmental Sciences, University of California, Davis, 1975; Bob Thomas, "Citizenship and Labour Supply: The Social Organization of Industrial Agriculture", Ph.D dissertation, Northwestern University, 1981.

取决于竞争，还取决于斗争。布雷弗曼不能无可非议地将劳工的反抗简化为"内部摩擦"。[1]斗争不仅仅是资本主义发展的衍生品，而且是资本主义发展的决定因素。[2]

资本主义劳动过程的历史趋势

我们是否可以把关于机械化发展的讨论扩展到它的出现？科学管理和机械化（科学技术革命）之间的关系是什么？布雷弗曼明确地说："科学管理和基于其现代基础的生产组织'运动'是从上世纪（译者按：指19世纪）的最后20年开始的。建立在系统利用科学以更快地将劳动力转化为资本的基础上的科学技术革命也始于……相同的时期。通过描述资本活动的这两个

---

[1] Braverman, *Labour and Monopoly Capital*, p.103.

[2] 当不同的行业或职业经历去技术化时，可以进行大量的有益的研究。布雷弗曼本人承认机械化和泰勒制无论在历史上，还是在社会结构中的扩散上，都是不平衡的。（Braverman, *op.cit.*, pp.172, 208, 282.）对那些成功抵制了技能剥夺或机械化的特殊情况的考察，可能会得出很多结论。参见 Gouldner, *Patterns of Industrial Bureaucracy*; E. L. Trist, G. W. Higgin, H. Murray and A. B. Pollock, *Organizational Choice*, London, 1963; 以及 Marglin, "What Do Bosses Do? The Origins and Functions of Hierarchy in Capital Production" *The Review of Radical Political Economics*, no.6, Summer 1974, pp.60–112; 这些讨论的是矿业的情况。关于建筑业的情况，参见 Arthur Stinchcombe, "Bureaucratic and Craft Administration of Production: A Comparative Study", *Administrative Science Quarterly*, no. 4, 1959, pp.168–187。关于服装业的情况，参见 Lupton, *On the Shop Floor*, Oxford, 1963, and Sheila Cunnison, *Wages and Work Allocation*, London, 1965。亚瑟·史汀科姆（Arthur Stinchcombe）扩展了罗伯特·布劳纳（Robert Blauner）在《异化与自由》（*Alienation and Freedom*, Chicago, 1964）中的思想，他在沉没成本、利益归属以及通过垄断竞争防止变革的观点的基础上，发展了组织持久性理论。（Stinchcombe, "Social Structure and Organization", in J. G. March, ed., *Handbook of Organizations*, New York, 1965, pp.142–169.）

面向，我们其实已经描述了垄断资本的两个主要方面。就年代顺序和功能来看，它们是资本主义发展新阶段的一部分，它们产生于垄断资本主义，并使垄断资本主义成为可能。"[1]

当然，这一断言需要大量资料来支撑。[2]通过把泰勒制和科学技术革命并列为垄断资本主义的两个方面，布雷弗曼把从竞争资本主义向垄断资本主义转型的动力学排除了出去。之前我提出了一个不同的假设。正如马克思所描绘的阶级斗争如何在英格兰通过工厂法的实施导致了从"绝对剩余价值"（通过延长劳动时间来增加利润）向"相对剩余价值"（通过提高生产力来增加利润）的转变，同样，在稍晚时期泰勒制所助长的阶级斗争，导致了从科学管理向科学技术革命的转型。[3]此外，我将提出，这一转型在劳动过程的层面上可能对应于从竞争资本主义向垄断资本主义的转型。根据这种论点，泰勒制不是垄断资本主义的婢女而是其助产士。

然而，我们可能要问，就生产过程而言，概念和执行分离的系统性发展，是否构成了唯一或者甚至是最适当的、划分

---

[1] Braverman, *Labour and Monopoly Capital*, p.252.

[2] 布雷弗曼的著作中（Braverman, *op.cit.*, pp.169-171）可能有一种替代性的观点，但他并不清楚。一部分问题在于，布雷弗曼既没有对竞争资本主义条件下劳动过程的本质多做讲述，也没有弄清楚竞争资本主义和垄断资本主义两者之间的区别。另见本章的第 5 小节。

[3] 这并不是说机械化不受阻碍地往前推进。情况恰恰相反。但是一旦克服了最初的反对（假设如此），那么问题就变成了新机械的作用是增加还是减少了斗争。当然，这将与其提升的意识形态效果联系在一起。新机械通过其破碎能力，以及增加运动的"自由度"、消除摩擦点、允许规则的引入等能力，能够减少工人中间针对管理者的团结。当然，它可以产生相反的效果。

竞争资本主义和垄断资本主义的标志？为了做出这一类的论断，需要至少对竞争资本主义的劳动过程，就美国来看是在 1880 年之前的情况，有一个最低限度的考察。但是布雷弗曼没有系统性地做到这一点。相反，他展现了他所看到的关于现实的虚假比较，即以技术剥夺为基础的 20 世纪的资本主义和被理想化的、以手工艺工人为基础的 19 世纪资本主义的比较。[1] 要理解资本主义早期普遍存在的去技能化的极端形式，并不需要大量的历史知识。只要粗略地看一看恩格斯对英国 19 世纪上半叶各种行业分支的考察，就能清楚地发现很少有工人对劳动过程有控制权。[2] 简而言之，我们很难将概念和执行的分离与资本主义的阶段划分关联起来。另一种考察生产过程变革的方式，则是关注特定的意识形态和政治结构在生产场所的出现。它们通过在车间制造同意、取代斗争，因而保证生产中的关系的再生产来帮助掩盖和攫取剩余。[3]

---

[1]　琼·蒙德斯（Jean Monds）批评凯瑟琳·斯通（Katherine Stone）的《钢铁行业工作结构的起源》，因为它以类似的误导性肖像描绘了 19 世纪的资本主义，将其描述为"工匠自主性失落的天堂"。（Monds, "'Workers' Control and the Historians: A New Economism", *New Left Review*, no. 97, May-June 1976, p.90.）工匠代表的是一小撮劳动贵族，按照埃里克·赖特的说法，他们不完全属于工人阶级，而是处于工人与资本家之间的矛盾的阶级位置。（Wright, "Class Boundaries in Advanced Capitalist Societies", *New Left Review*, no. 98, July-August 1976, pp.3–41.）

[2]　Frederick Engels, *The Conditions of the Working Class in England*, St Albans, 1969, pp.163–239. 另见本书第二章。

[3]　关于劳动过程的交替周期可以在下列著作中找到：Richard Edwards, *Contested Terrain*, New York, 1979; Andrew Friedman, *Industry and Labour*, London, 1977; Craig Littler, *The Development of the Labour Process in Capitalist Societies*, London, 1982。关于我对这些著作的批评及替代方案，见本书第三章。

最后，我们必须回到之前提出的关于资本主义控制与概念和执行分离之间的关系这一问题。我认为资本主义控制——同时掩盖和攫取剩余——对概念和执行分离的形式进行了限制。太少的分离可能会使剩余变得透明，太多的分离则威胁到剩余的攫取。资本主义劳动过程，在它所有的阶段，都被限制在这些历史可变的界限之内。全球或本土的经济危机均发生于这些界限被越过之时。因此，工作丰富化、职业扩展和工作轮换标志着概念和执行分离存在上限。虽然它们可能无法切实扭转趋势，但是这些对劳动过程的边际调整可以成为进一步去技能化的缓冲器。它们是一个警示灯：不要超出这个范围。即使仅仅因为这个原因，企业管理的新型人际关系也必须被严肃地对待，而不是作为如此之多"人事部门、工业心理学和社会学的小操控"而被忽视。[1] 我们现在必须转向资本主义条件下到底有多少操控实际可行的问题，以及这些改变在多大程度上被纯粹的技术需求和社会需求所限制。

[1]　Braverman, *Labour and Monopoly Capital*, p.150. 我并不是说，管理者试图增加意义和参与度，结果加剧了阶级斗争，正如米歇尔·博斯克（Michel Bosquet）所认为的那样。（Bosquet, "The Prison Factory", *New Left Review*, no. 73, May-June 1972, pp.23-24.）对管理实践和哲学的最新趋势产生的影响不那么乐观的看法，参见 Theo Nichols, "The 'Socialism' of Management: Some Comments on the New 'Human Relations' ", *Sociological Review*, no. 23, May 1975, pp.245-265。在一份关于工作的充实计划及人性化的概述中，詹姆斯·莱因哈特（James Reinhart）认为，这种变化常常掩盖了劳动过程增长的合理化，管理人员能够以工作人性化的名义对员工进行更大的控制，参见 Reinhart, "Job Enrichment and the Labour Process", paper presented to New Directions in the Labour Process, a conference sponsored by the Department of Sociology, State University of New York, Binghamton, 5-7 May 1978。

4. 技术：清白的还是污浊的？

布雷弗曼的"批判"倾向让他很自然地以或明显或含蓄的方式，用许多篇幅来描述社会主义下劳动过程的性质。的确，在这方面，马克思主义是唯一既不将资本主义作为历史终结，也不将资本主义下的劳动过程视为永恒不变或不可避免的主要社会理论。这开启了马克思和韦伯之间的争论，在近期则是马尔库塞和哈贝马斯的争论。[1] 韦伯以鸿篇巨制所描述的理性，究竟是以一种含蓄的形式体现出资本主义支配之特定形态的资本主义理性，还是某种纯洁、中立，基本注定要始终伴随我们左右的理性？"技术"和"效率"自身是否拥有将社会带入其中的动力和决定机制？还是它们与生产方式相关，因而由相应的生产关系决定？

很自然地，布雷弗曼选择了与粗糙的技术决定论相对立的立场，并认为劳动过程的塑造与特定的生产方式相关联。因此，他认为相同的"技术"实际上可以在两种不同生产方式下的不同劳动过程中出现，比如，蒸汽动力在封建社会和资本主义生产方式下的应用。此外，每种生产方式都创造了其自身的技术："因此，如果蒸汽动力'给予了我们'工业资本家，那么工业资本主义则反过来'给予了我们'电力，即内燃发动

---

[1]　参见 Habermas, "Technology and Science as 'Ideology'", in *Toward a Rational Society*, Boston, 1970, pp.100–107; 以及 Marcuse, *One Dimensional Man*, chapter 6。

机的动力和原子能动力。"[1]正如封建的生产关系给了我们一种类型的技术，而资本主义的生产关系给了我们另一种类型的技术，那么想必社会主义会给我们第三种类型的技术。然而实际上，以积极而非消极的方式预期技术形式就好比让一个封建社会的熟练工来预期资本主义的原子能动力。所以，问题并不是社会主义的技术是否是可能的，而是它是否是必要的。也就是社会主义能否与资本主义的机器合作，或者说这些机器是否会对生产关系和生产中的关系强加限制而使得社会主义不可能实现？[2]

这个问题并不抽象，正如当前关于苏联本质的争论所示。我们都知道——也许仅仅因为我们被无数次地如此告知——列宁热情地吸收了泰勒制和与之伴随的资本主义机器。布雷弗曼写道："无论人们对苏维埃工业化抱持什么观点，谁也不能把它的历史，即使是它最初和最革命时期的历史，认真地看作是要用根本不同于资本主义的方法来组织劳动过程的尝试，因而也是一种要在克拉克·克尔（Clark Kerr）的永恒真理的岩石上撞得头破血流的尝试。人们很难证实，哪一届苏维埃领导人曾经主张说，应该在苏维埃历史的这一阶段进行这样

---

[1] Braverman, *Labour and Monopoly Capital*, p.19.

[2] 马克思本人当然对资本主义下生产力的发展持乐观态度。它们同时为取代资本主义的必要性和社会主义加冕的可能性做出了贡献。"大工业通过它的灾难使下面这一点成为生死攸关的问题：承认劳动的变化，从而承认工人尽可能适应不同种类的劳动……只是承担一种社会局部职能的局部个人，必须被那种把不同社会职能当作依次承担的不同活动方式的全面发展的个人所替代。"（Marx, *Capital*, Volume 1, p.618）

一种尝试。"[1]

一个关键问题出现了：我们能在什么程度上，无论出于什么意图和目的，把苏联社会主义实验的失败归结为资本主义劳动过程的持续呢？列宁的立场是假定资本主义技术在其发达形式上——1917年的泰勒制就是一种发达形式——提供了社会主义的基础。他将他的任务看作是将社会主义生产关系，也就是他倾向于简化成的政治上层建筑即"无产阶级专政"，移植到资本主义的生产力上。由此，他否定了劳动过程特定的资本主义特征：碎片化的工作、异化、剥削、体力与脑力劳动的分离，以及在攫取剩余价值的同时掩盖剩余价值。但同样重要的是，他也没有认可劳动过程的资本主义组织方式对相应的生产关系的形式进行了限制，因而对整个生产方式施加了限制。[2]

生产中的社会和技术关系

对布雷弗曼而言，生产中的关系的变化是建立社会主义的必要条件。但是不太清晰的是，社会主义工程是否也涉及一种新技术，一种社会主义技术。这个问题可以表达如下。资本主义生产中的关系至少部分地由资本主义生产关系（掩盖和攫取剩余，或者布雷弗曼所说的概念和执行的分离）所形塑。　52

---

[1]　Braverman, *Labour and Monopoly Capital*, p.22.

[2]　对这些问题的讨论，参见 Ulysses Santamaria and Alain Manville, "Lenin and the Problem of Transition", *Telos*, no. 27, Spring 1976, pp.79–96。

我们可以称劳动过程的这个方面为生产中的社会关系。同时，生产工具可能表现出它们在劳动过程的组织中是不可或缺的。也就是说，机器无论在哪种生产关系下被使用，都可能对工作的组织有特定的限制，我将此称为生产中的技术关系。[1] 于是出现了关于社会主义机器必要性问题的两个方面。第一，资本主义的机器会产生生产中的技术关系吗？第二，如果会，那么这些关系能否与社会主义共处？换言之，流水线或者数控车床是否需要等级制、异化等与社会主义相矛盾的特定形式？如果资本主义机器的确强加了这些限制，那么社会主义的开启也需要社会主义的机器。

　　布雷弗曼大致认为不存在生产中的技术关系，并且资本主义机器可以在社会主义下被使用。"机器来到这个世界并不是作为'人类'的侍者，而是作为通过资本积累取得了机器所有权的人的工具。人类通过机器控制劳动过程的能力，在资本主义一开始就被管理者作为主要的手段所占有，借此生产受到所有者或资本代理者而非直接生产者的控制。所以，机械

---

[1]　正如埃里克·赖特在谈话中指出的那样，技术要求可能采取否定的形式，即排除而不是规定生产中的关系的某些特征。与塔维斯托克研究所（Tavistock Institute）相关的"社会技术系统"学派已经探索了技术和生产性关系之间的契合度的变化。他们所做的最有趣和最详尽的研究之一是在英国煤矿行业进行的研究，该研究展示了机械化如何与基于自我管理小组的传统工作组织形式不相容，并导致了生产率的下降。他们的结论是，可以按照二选一的方式组织采矿活动，或者是以自我管理工作组为基础，或者是以极端惩罚性的科层制为基础。参见 Trist, et al., *Organizational Choice*。在发达的资本主义国家，矿工设法抵制第二种选择，而南部非洲国家中的殖民主义或种族隔离的政治环境则促进了压制性军事化工作组织的出现。当黑人与白人之间的政治权力随着民族"独立"的获得而改变时，这样的工作组织将发生何种改变？这样的研究将是很有趣的。参见本书第五章。

除了具有提高劳动生产力的技术功能——这是任何社会系统下机械的标志——在资本主义体系下，它还有剥夺工人对其劳动控制的功能。"[1]

更清楚的表述是："在工厂里，有错的不是机器，而是资本主义生产方式的条件"；"不是机械的生产力量，而是它在资本主义社会关系中被使用的方式，削弱了人类。"[2]不过，在其他地方，布雷弗曼对机器的中立性显得迟疑："这些需要被称为'技术需要'、'机器特性'以及'效率要求'，但是它们**总体而言**都是资本而不是技术的迫切需要。"[3]此外，一些资本主义机器由于它们强加的技术限制，可能在社会主义下确实是不可思议的。其中一个例子就是流水线，布雷弗曼将其称为"野蛮遗迹"。他意味深长地写道："从技术的观点来说，它非常原始并且与'现代机器技术'没有半点关系。"[4]结果是，对布雷弗曼而言，"先进的"资本主义技术仅仅产生了微不足道的生产中的技术关系，因此资本主义机器对社会主义的实施并不构成一个障碍。[5]

---

[1]　Braverman, *Labour and Monopoly Capital*, p.193.

[2]　同上书，pp.281–282, 229; 亦可参见 pp.194–195, 199, 227。

[3]　同上书，p.230。

[4]　同上书，p.232。

[5]　请注意，列宁在五十年前说过同样的话，当时泰勒制和流水线是资本主义技术的最先进的形式。那么，人们想知道，五十年后我们会说什么？在未来的社会主义下，人们凭什么宣称当代的先进技术比早期的机器更可行，尤其是机器本身是中立的情况下？

社会主义机器和资本主义效率

但是我们只能通过参考一些明确的社会主义概念，才能论证说生产中的技术关系不重要。对布雷弗曼来说，工作场所的"社会主义的社会化"似乎意味着概念和执行的再度统一。[1]"事实上，机械包含着一系列的可能性，其中很多可能性是被资本系统化地阻挠而非加以发展。机械自动化系统提供了一种可能：由相对少数工人组成的团队对高产工厂实施真实控制，前提是这些工人因工程知识对机械达到精通的程度，并且他们彼此分享从最技术化到最常规的操作程序。这种社会化劳动以及由此建立技术高度发展的工程企业的趋势，被抽象地认为是机械在充分发展状态下比任何其他特征更加突出的特征。但是自工业革命以来，随着每一次技术发展而重复持有的这种希望，因为资本家努力重构甚至深化劳动分工至最糟糕的程度而挫败了，尽管事实是这种劳动分工随着时间流逝越来越过时。"[2]

几乎没有人会不同意概念和执行的重新统一是社会主义或共产主义到来的必要条件。可以肯定的是，考虑到布雷弗曼关于职业结构如何倚赖于这一原则的分析，它的消除也将包含一场社会的大转型。然而对许多人而言，尤其是法兰克

---

[1] 关于"社会主义社会化"的替代性论述，参见 Santamaria and Manville, "Lenin and the Problem of Transition", *Telos*, no.27, Spring 1976, pp.89-94; and Karl Korsch, "What Is Socialization?", *New German Critique*, no. 6, Fall 1975, pp.60-81。

[2] Braverman, *Labour and Monopoly Capital*, p.230, 445.

福学派的领袖们，向社会主义转变的障碍不能被归结为概念和执行的分离，而是资本主义技术的建构。[1] 无论机器多么先进，但如果它们是为提高资本主义效率而建造的，就可能与社会主义不相容。《劳动与垄断资本》中有一个论点可以用来反驳资本主义机器的无辜性，它是基于巴贝奇原理的。对技能的攫取不仅增强了资本家的控制，也降低了他所雇佣的劳动力的价格："在一个以购买和出售劳动力为基础的社会，将技艺分割导致单个部分变得廉价"，"于是，为了保障管理者的控制并贬低工人的价值，概念和执行必须被分离在工作的不同领域。"[2] 换言之，在资本主义下被设计用以提高生产效率的机器正是增加控制的机器；效率变成了统治。[3]

54

　　虽然这种立场可以在布雷弗曼的著作中找到，但他更经常论述的是效率和统治是劳动过程的不同方面，并且资本主义机器未被资本主义控制的需求所腐蚀。"机器的使用形式——围绕它组织和部署劳动的方式——是被资本主义生产方式的趋势决定的。机械化驱动本身则由增加劳动生产率的努力所

[1]　法兰克福学派在这一点上并不完全一致。在霍克海默和阿多诺的《启蒙辩证法》和马尔库塞的《单向度的人》中，资本主义技术体现了人民对人民的统治，并且不可挽回地受到了这种统治的污染。马尔库塞在《爱欲与文明》（*Eros and Civilization*, New York, 1972），霍克海默在《理性之蚀》中的对生产力发展的解放潜力表达了某种程度的乐观。

[2]　Braverman, *Labour and Monopoly Capital*, pp.80, 118.

[3]　由于巴贝奇原理在机器的设计和工作的组织中得到了体现，所以它无视各种试图将效率与控制区分开的尝试，诸如斯蒂芬·马格林（Stephen Marglin）和斯通所做的。

决定。"[1]机器本身是无辜的；它们是增加劳动生产率的工具，是为了"以更少的劳动时间来创造更多的产品"；[2]在资本主义下提高劳动生产率和在社会主义下提高劳动生产率因此并无二致。[3]

这将我们带回到之前讨论的问题，即资本主义控制的实质。资本主义能够而且已经在概念和执行统一的条件下存活。概念与执行的分离并不是资本主义劳动过程的核心，而是随着资本主义的发展以不均衡的样式浮现和消失的。手工艺工人曾经是，而且在某些地方的确仍然是资本主义的一部分。所以，将概念和执行的重新统一与社会主义等同起来，就是混淆了工作控制和工人的控制，[4]混淆了生产中的关系和生产关系。它有可能走得不够远，并且在这个过程中，错把对过去的缅怀当成对未来的缅怀。

---

[1] Braverman, *Labour and Monopoly Capital*, p.206; 亦可参见 pp.193, 227.

[2] 同上书，p.170。

[3] 耶鲁·玛格拉斯（Yale Magrass）启发我，应把技术和机器区别开来。他还提出，布雷弗曼接受在社会主义下使用资本主义技术，但认为这会产生社会主义机器。因此，计算机技术可以跟准备数据和编码数据的不同类型的机器一起使用，其中一些有利于概念和执行的分离，另一些则不能。（Braverman, *op.cit.,* pp.331–332.）换句话说，尽管技术可能是无辜的，但它在机器上的体现却受到了污染。

[4] 参见 Carter Goodrich, *The Frontier of Control*, New York, 1920, pp.3–50；以及 Monds, "Workers, Control and the Historians: a New Economism", *New Left Review*, no.97, 1976, pp.81–104. 将个体层面上的概念和执行的统一（工作控制或工匠的恢复）与集体层面的这种统一（可能更接近于工人控制）区分开来是有用的。而且，只有在某些类型的技术下，集体统一才可能被证明与个体统一相兼容。

5. 总体：表达的或结构的？

在第 2 小节，我们看到布雷弗曼如何因为把概念和执行的分离看作是资本主义劳动过程的决定性特征而将表象误认为实质；在第 3 小节，我们看到布雷弗曼如何将概念和执行的分离放在资本主义的历史长河中考察其动态，却把反抗抛到九霄云外；在第 4 小节，我们看到当概念和执行的分离被推至极限时，这种分离如何必然最终招致自身的否定，并像奥德修斯（Odysseus）返乡一样，终要回到将手工艺工人的恢复作为社会主义的原则。布雷弗曼的资本主义总体性，是从社会生活的商品化渗透的整个社会结构中构建出来的，与社 55 会生活商品化伴随的是以概念和执行相分离表现的工作退化。如癌症扩散一般，商品化和退化带着自身的动力出现，它们从资本主义经济的中心扩展到最远的角落。在使整个社会生活都屈从于它们之前，它们是不会停止的。对特定原因的关注，比如它们在广阔的历史长河中为何在这里而非那里产生，为何在现时而非以后出现，是无关痛痒的。既然商品化和退化是资本主义社会的决定性原则，是它的实质、它的真实自我，是一种无法抗拒的力量，那么原因和结果其实是同一个。

资产阶级个体的毁灭

布雷弗曼用富有魅力的清晰度和想象力，描述了一种表达的总体，其中每个部分都是单一支配原则的表现。"在历史性的解释中，构成马克思主义和资产阶级思想的决定性差异的，并不是经济动机的首要性，而是对总体的观点，即无所不在的整体高于局部的现象，这是马克思从黑格尔那里传承过来的方法的实质"。[1]

韦伯将理性化作为资本主义初期的和普遍的实质，与之比较是很有启发性的。尽管韦伯把理性化看作是所有未来社会的原则，但布雷弗曼和卢卡奇将他们的表达的总体局限于资本主义，他们三人都未能提出推动社会向前发展的机制。韦伯假定工业主义不断追求更高的效率，而这种效率包含着自身不可逆的动量，理性化就是它必然和唯一的实现模式。他完全没有考察它将为了谁、由谁，以及如何被执行，还有它可能引起的斗争，或是它可能采取的不同形式。

但是韦伯对理性化的另一面向也是很敏感的：支配。"这一（现代经济）'秩序'现在却深受机械和机器生产基础上的技术及经济条件的制约，今天这一秩序决定着所有生于斯的个人的生活方式，而不仅仅是那些直接参与进来谋生的人。这一脉动机制以压倒一切的威力如此运作。也许它将一直持续到最后一吨矿物燃料燃成灰烬的时刻。根据巴克斯特的说法，对圣徒来说，对物质财货的关注只应是'披在肩上的一件随时可以甩掉的轻飘飘的外套'。然而命运却注定从这一外套

---

[1]　Lukács, *History and Class Consciousness*, p.27.

锻造出一件钢铁般坚硬的外壳。"[1]

56

韦伯的个体就是布雷弗曼的工人，他们"每日工作以给自己建造更'现代'、更'科学'以及更不人道的劳工的囚笼"。[2]手工艺工人被摧毁和被改造成空洞的资本的附属。同样的主题主导了批判理论："资产阶级对生活过程组织的原始成果因此变成了麻痹的荒芜（paralyzing barrenness）。人们自身的辛苦工作维持了这样一种现实的存在，即他们在更大程度上被奴役。"[3] 这种聚合不是巧合。布雷弗曼作为被剥夺的手工艺工人、韦伯作为不抱幻想的自由主义者、霍克海默（Max Horkheimer）作为孤独和绝望的马克思主义学者，他们每个人都为资产阶级个体的消逝而悲哀，只是形式不同。[4] 他们都以

---

[1]　Max Weber, *The Protestant Ethic and the Spirit of Capitalism*, New York, 1958, p.181.

[2]　Braverman, *Labour and Monopoly Capital*, p.233.

[3]　Horkheimer, "Traditional and Critical Theory", in *Critical Theory*, New York, 1972, p.213. 与韦伯不同，批判理论家至少在原则上认为这种形式的统治不是必然的，而是资本主义或更普遍的"自然统治"的产物。然而，他们像布雷弗曼一样，为它的替代没有提供什么希望。确实，在一篇与《劳动与垄断资本》有显著相似之处的文章（"The Authoritarian State", *Telos*, no. 15, Spring 1973, pp.3–20）中，霍克海默追忆了作为潜在解放运动的议会共产党员，这与布雷弗曼对工匠传统追忆的脉络大致相同。有趣的是，议会共产党员通常也是有技能的工人。

[4]　正如约翰·迈尔斯（John Myles）向我启示的那样，布雷弗曼的个人主义源于他对人类和人类工作的构想："人类的工作是有意识和有目的的，而其他动物的工作是本能的……在人类工作中，指导机制是概念思考的力量……因此，在智力的指导下，作为有目的的行动的工作是人类的特殊产物。"（Braverman, *op.cit.*, pp.30–31.）从这些前提出发，布雷弗曼能够得出其著作的中心主题："因此，在人类中，与动物不同，劳动的动力与劳动本身之间的统一是不能破坏的。概念和执行的统一性可能会消失。概念必须仍然先于执行并且支配着执行，但是一个人想出来的主意可能会被另一个人执行。"（Braverman, *op.cit.*, pp.41–49.）（转下页）

未来的名义复活了一个神话般的过去，作为拒绝铁笼、劳工囚笼和麻痹的荒芜的基础，以及反抗资本主义总体的基础，即各种各样伪装下的极权主义。但是在这三个人中，布雷弗曼提供了最丰富的关于表达的总体的具体阐述，我们现在就转向这一话题。

布雷弗曼的总体

与先驱者们类似，布雷弗曼的分析并非粗糙的历史主义：它既细腻又令人信服。布雷弗曼提出的远不是一个流畅的线性趋势，而是证明了工作的退化如何持续创造了它自己的反趋势，它将这些障碍建立起来，又将之弃置一边。所以，资本主义随其扩张和对社会生活更多方面的征服，创造了新技术以及体现概念和执行统一的新的手工艺工人。但以同样的一致性，资本主义会继续将工艺（craft）碎片化，再次将工艺分

（接上页）因此，从一开始，个人主义就体现在布雷弗曼的"去技能化和工作退化"的观念中。相比之下，我自己的出发点是，人类工作的独特之处是男人和女人在改变自然的过程中所进入的社会关系。这就引出了马克思的一个不同的强调："语言和意识一样，只是由于需要，由于与其他人交往的迫切需要才产生的。凡是有某种关系存在的地方，这种关系都是为我而存在的：动物不与任何事物发生关系，它根本不进入任何关系之中。对于动物而言，它与他物的联系并不是作为关系存在。因此，意识从一开始就是社会的产物，并且只要人类存在，它就依然是这种产物。"（Marx, *The German Ideology*, p.42.）布雷弗曼关注支配以及工人身上概念和执行之统一的破坏，我则考察掩盖和攫取剩余的社会关系的再生产。

这些差异与最近关于批判理论盗用精神分析的争论并行。正如阿多诺、霍克海默和马尔库塞的著作所示，批判理论包含了弗洛伊德关于个体固有的攻击性和自我利益的基本假设，并将个人与社会之间的关系作为中心。这种立场一方面引致了个体被吞蚀的主题，另一方面又使得对社会主义可能性的幻想破灭。（转下页）

　　　　　　　　　　　　　　　生产的政治

解为细微的和去技能化的任务。[1]

当布雷弗曼描述资本对家庭和社区的渗透时，他将"表达的总体"概念发展到了最纯粹的形式。在这里他最明确地采用了批判理论的隐喻：工厂和办公室外日常生活的解体、破坏、原子化和非理性；友好感觉和感情纽带的消逝。家庭必须"为了在市场社会生存和成功而采取行动。"[2]"只有在垄断时代，资本主义生产方式才接管了个人、家庭和社会需求的总体，并且通过使它们屈从于市场，重塑了它们以服务于资本的需要。如果不理解这个发展过程，就无法理解新的职业结构，进而也就无法理解现代的工人阶级。资本主义如何将社会的所有方面转变成一个巨大的市场，是一个很少被研究的过程，尽管它是理解所有近期社会历史的关键之一。"[3]

57

罗莎琳·巴克森达尔（Rosalyn Baxendall）、伊丽莎白·伊文（Elizabeth Ewen）和林达·戈登（Linda Gordon）将概念和执行分离的概念扩展到了家庭生活中。[4]同时，在形成诸如

（接上页）杰西卡·本杰明（Jessica Benjamin）揭示了正统批判理论的精神分析预设与整体悲观主义之间的联系。她利用客体关系理论，以男女内在的社会性（他们对相互承认的需要）的假设取代了弗洛伊德本能理论的个人主义，并研究了资本主义下，这些如何被扭曲。自然，她的立场指向了对未来的社会主义的更加乐观的图景。参见 Jessica Benjamin, "The End of Internalization: Adorno's Social Psychology", *Telos*, no. 32, Summer 1977, pp.42–64。

[1]　Braverman, *Labour and Monopoly Capital*, pp.60, 120, 172.

[2]　同上书, p.280; 亦可参见 chapter 13。

[3]　同上书，p.271。

[4]　Baxendall, Ewen and Gordon, "The Working Class Has Two Sexes", *Monthly Review*, no.28, July–August 1976, pp.1–9.

保洁、私人广告、食品、保护服务等新工业时，以前在家庭中行使的职能被资本主义取代了。"对之前由农场家庭或各种家庭实施的劳动过程的征服，通过增加经营的范围和被其剥削的'劳动力'规模，很自然地给了资本新的能量。"[1] 这样的故事被不断重复——资本摧毁了旧职业，创造了新职业，然后使这些新职业受制于概念和执行的分离。

人们从哪里出现来填补这些新职业呢？在此布雷弗曼对马克思"积累的一般法则"进行了富于想象力的运用。[2] 积累不仅涉及剩余价值的扩张和资本对新生产分支的征服，也涉及相对过剩人口的创造。资本对家庭和农业工作的渗透，释放了迄今为止尚未开发的劳动力储备，他们大规模地步入到工人阶级群体当中。此外，劳工被排挤出高度机械化的行业，集中在欠发达的和机械化程度较低的服务与零售部门。活劳动的运动和创造遵循着死劳动的前进顺序。"但是由于（工人阶级的）永久存在，它正是资本的活的部分。它的职业结构、工作模式以及在社会产业中的分配都是由持续进行的资本积累的过程决定的。它被抓取、释放，投入到社会机器的各部分并被其他部分驱逐的过程，并不与其自身的意愿或活动相一致，而是与资本的运动相一致。"[3]

我们可以对布雷弗曼表达的总体做一个总结。资本主义生

---

[1] Braverman, *Labour and Monopoly Capital*, p.275.

[2] 同上书，pp.377–390。

[3] 同上书，p.378。

产方式的生产关系方面（占有和分配剩余价值）推动资本进入到家庭和社区生活，释放了劳动力并创造了新产业。资本主义生产方式的生产力方面（生产中的关系、机械化和劳动过程）推动劳动力从一个部门向另一个部门流动，同时通过概念和执行的分离扩散了工作的退化。新产业和职业的兴衰在时间或空间上并不统一，而是遵循着一种联合与不均衡发展的规律。

尽管存在发展的不均衡，布雷弗曼似乎假定垄断资本的劳动过程会最终征服整个经济。拥有独特劳动过程的竞争性资本必然会屈从于垄断资本。不过，事实上，垄断资本持续地将竞争性资本再造为它自身扩张的一个条件。于是，无法通过增加规模来控制的市场不确定性，被外包或外部化了，这成为竞争性资本的基础，比如在服装行业就是这种情况。由于竞争资本和垄断资本相互再生产对方有坚实的经验基础，所以将垄断资本主导的时期即垄断资本主义，和垄断资本等同起来是一种误导，而这正是布雷弗曼倾向去做的。

当然，错将局部当作整体，是采用表达的总体的一个结果。鉴于此，考察垄断资本主义时期一些竞争性行业劳动过程的变化是很有趣的。这些变化是如何被市场调节的资本相互依赖的功能关系塑造的？又是如何被垄断部门为了回应斗争或追求效率所开发和采用的资本主义控制的新形式所塑造的？在上个世纪（译者按：指19世纪），竞争性和垄断性经济部门的劳动过程都发生了变化，在此期间，它们采取的形式是倾向于分离还是合并呢？国有部门的发展方向又如何？这些研究同样需要考虑围绕着劳动过程发展起来的政治和意识形态机制。

从以上论述可以清楚地看到，布雷弗曼只为我们展现了资本主义社会的一个方面，即经济如何越来越支配社会结构，也就是总体。但是这个总体是什么？它由什么组成？被什么决定？由于他理所当然地认为总体的存在，布雷弗曼让我们对这些问题一无所知。也许是有原因的。因为提出这些问题会把他带入一种很不一样的分析的类型，一种旨在发现支配的前提条件的分析：一切如何运作；劳动力、资本和对新商品的需求事实上如何在时间和空间上同时发生；在发达资本主义下，生产的商品如何也被消费掉；等等。为了探索资本主义事实上如何运作、它存在何种可能，我们必须摆脱《劳动与垄断资本》所建基的简单功能主义逻辑，以及一般性的历史主义分析。也就是说，我们必须识别原因和后果（consequence）、意图和效果（effect），以及目的和结果（outcome）。[1]

59

资本主义生产方式的特点，从马克思主义的角度来看，是经济领域既支配了社会结构的各部分，也决定了那些部分存在的形式以及相互之间的关系。虽然在通常情况下，经济决定了社会结构中具有支配地位的方面，但只有在资本主义下，

---

[1] 我在这里用的"功能主义"（functionalism）一词指的是因果分析的一种形式，其中结果决定了原因。发生这种情况的机制的最简单形式尚未被阐明。更复杂的形式规定了机制和条件，在这些机制和条件下，它们或能够或不能有效地将原因与结果联系起来。参见 Arthur Stinchcome, *Constructing Social Theories*, New York, 1968, chapter 3。

生产的政治

经济才决定了它自身就是支配性的。正如马克思所写的："生产方式决定了整个的社会生活、政治生活和精神生活的特征；这一切提法固然适用于物质利益占统治地位的现今世界，却不适用于天主教占统治地位的中世纪，也不适用于政治占统治地位的雅典和罗马。……但有一点很清楚，中世纪不可能靠天主教生活，古代世界不可能靠政治生活。相反，这两个时代谋生的方式解释了为什么古代世界政治起着主要作用，而在中世纪天主教起着主要作用。"[1]

因此，由于将其注意力局限于经济的支配性，布雷弗曼屈从于表象而忽略了决定那种支配并使之成为可能的条件。

结构的总体

我现在要发展另一种总体的概念。在最一般的层面上，历史被视为一系列的生产方式，我们就由此入手。一种生产方式如何随着时间推移存续下来，而不是崩溃或被不同的方式取代？换言之，一种既定生产方式的再生产条件是什么？或者由"生产关系和生产中的关系"的组合所界定的生产方式的再生产条件是什么？

在第 2 小节，我论述了封建主义的生产关系只能通过超经济因素的干预得以再生产。这种超经济因素，比如宗教，就变成了支配性的，因为它是封建生产方式再生产的必要条件。相

---

[1]　Marx, *Capital,* Volume 1, Moscow, 1954, p.82.

形之下，在资本主义生产方式下，由于生产关系和生产中的关系（大体上）再生产了它们自身，政治、法律和意识形态的干预是有限的，而经济本身成为了支配性的。[1] 此外，由于政治、法律和意识形态的实体并未与生产方式本身密切纠缠，我们可以将它们作为分离的活动领域加以谈论。我们甚至可以谈论它们的相对自主性。比如法律结构就有自身的连贯性和动力，它的规则不能被外部力量随意改变。此外，它通过掩饰生产关系行使了"合法化"功能，尤其是通过创造人与物之间的区别，模糊不同类型的物之间的区别（生产性消耗的物即机器，和非生产性消耗的物如衬衫）以及不同类型的人之间的区别（那些必须出卖劳动力的人和那些拥有生产资料的人），还有将生产者重新构建为"自由和平等的"公民等一系列手段。[2] 关于政治和意识形态领域，我们可以得出类似的论点。

这足以说明，通过从资本主义生产方式的再生产需求中构建一种社会结构的尝试，人们将达至一种由不同部分组成的总体。每一个部分都有其自身的结构，这些结构既表现又掩

---

[1]　由于我在两种不同的情境下使用政治、意识形态和法律，所以这里有些混乱：一方面是关于生产关系的再生产，另一方面是关于生产中的关系的再生产。除非另有说明，否则在本节中，我指的是第一方面和更大情境中的政治、意识形态和法律。当我谈论生产方式或经济时，我将它自身的政治和意识形态领域置入其中。

[2]　Balibar, "The Basic Concepts of Historical Materialism", in Louis Althusser and Etienne Balibar, eds., *Reading Capital*, NLB, London, 1970, pp.226–233, *On the Dictatorship of the Proletariat*, NLB, London, 1977, pp.66–77; Poulantzas, "L'Examen Marxiste du Droit et de I'Etat Actuels et la Question de l'Alternative", *Les Temps Modernes*, no. 20, 1964, pp.274–302; Poulantzas, *Political Power and Social Classes*.

　　　　　　　　　　　　　生产的政治

饰了经济关系，每一部分都按照自身的"历史"动力进行相对独立于经济的运动。虽然这是简短的题外话，但它奠定了一种完全不同类型的总体的基础：一种结构的总体而不是表达的总体。正如我以下将要论述的，两种总体的概念都是必要的，但是结构的总体必须被认为先于表达的总体。[1]

首先，让我用几个凸显两类总体区别的例子来具体化这些问题。我以上所述，只在非常一般的层面上是正确的。在实践中，尽管政治、法律和意识形态实体并未嵌入在资本主义生产方式内，但它们对于生产关系的再生产是必要的。所以，詹姆斯·奥康纳（James O'Connor）讨论了国家的市场补充功能，即国家如何通过提供社会投资（个体资本家无法负担的基础设施建设，比如高速公路和研究）和社会消费（通过国家教育、房屋补贴等降低劳动力再生产成本，即工资）来组织资本家之间的关系。[2] 国家的运行不仅提供了积累的条件，也提供了合法化的条件。后者涉及诸如福利和社会保障一类的社会支出。奥康纳还表明了为何将合法化和积累的功能结合起来既是必要的，又是成问题的。但是布雷弗曼没有发现关于资本主义生存的问题，因而他只用了六页篇幅来论述"国

[1] "结构的总体"的概念来自阿尔都塞的《保卫马克思》(*For Marx*, London, 1969)，尤其是第三章；以及阿尔都塞和艾蒂安·巴里巴尔（Étienne Balibar）所著《读〈资本论〉》(*Reading Capital*)。与"表达的总体"形成鲜明对比的是，"结构的总体"的典型特征是其组成部分的"相对自主性"，以及它们通过彼此再生产的条件而相互决定，从而产生了阿尔都塞所称的"多元决定"（overdetermination）。

[2] James O'connor, *The Fiscal Crisis of the State*, New York, 1973.

家的角色"也就毫不奇怪了。[1]

然而，对资本主义国家的认真考察会揭示布雷弗曼视为
没有问题的问题的本质，并表明矛盾往往具体化到国家层面。
于是，克劳斯·奥菲（Claus Offe）和沃尔克·龙格（Volker
Ronge）看到了发达资本主义的一个主要危机趋势，即剩余
资本**无能力**匹配剩余劳动力。[2] 只有通过国家干预，即他们
所说的行政的再商品化，闲置的资本才能与失业劳工连接起
来。所以，哈贝马斯也将发达资本主义的独有特征定位于市
场的崩溃以及因此引起的"合法性"危机。[3] 随着市场的重要
性不断下降，商品的分配不再显得自然和必然，而是变成了
政治斗争的对象。国家必须寻求新的方式使既存的分配方式
合法化，于是我们发现了价格和收入政策的出台。对于欧内
斯特·曼德尔（Ernest Mandel）而言，与马克思在《资本论》
第二卷中的论述一样，问题在于生产的交换价值和生产的使
用价值之间的**匹配**。[4] 在发达资本主义以交换价值为逻辑的运

[1] 布雷弗曼确实在社会协调的情境下触及了国家的角色（Braverman, *Labour
and Monopoly Capital*, p.269）。可能有人争辩说，保罗·巴兰（Paul Baran）和
保罗·斯威齐已经在《垄断资本》（*Monopoly Capital: An Essay on the American
Economic and Social Order*, New York, 1966）中充分论述了国家理论，因此，布雷
弗曼不想重蹈同一领地。然而，缺乏对国家的分析或没有提及这种分析，展现了
一幅并非没有政治含义的社会的特定画面。

[2] Claus Offe and Volker Ronge, "Theses on the Theory of the State", *New German
Critique*, no. 6, Fall 1975, pp.137–148.

[3] Jürgen Habermas, *Legitimation Crisis*, Boston, 1975.

[4] Ernest Mandel, *Late Capitalism*, NLB, London, 1975. 米歇尔·阿格莱塔（Michel
Aglietta）的著作是将劳动过程分析置于使用价值和交换价值逻辑之中的最重要尝
试，参见 *A Theory of Capitalist Regulation-The U.S. Experience*, NLB, London, 1979.

作方式下，资本家如何生产与社会消费能力一致的使用价值？再一次地，国家被召唤来保障这种一致性。布雷弗曼明确地假定这种一致性是不成问题的。

安德烈·高兹（André Gorz）指出了教育的扩展及内容与布雷弗曼所称的去技能化过程之间的张力。普兰查斯和葛兰西关注的问题虽然不同，但逻辑是一样的。考虑到西欧和地中海地区阶级斗争的历史，资本主义如何持续地吸纳或抵制了那些斗争？两位作者以不同的方式试图理解阶级斗争如何在资本主义之内被组织、国家如何与不同的阶级相联系，以及不同的阶级如何在政治场域被组织起来。[1]布雷弗曼则想当然地认为资本主义具有在阶级斗争中存活的能力，并将阶级斗争作为表现资本主义非人道的无效爆发而不予理会。

对布雷弗曼而言，表达的总体指的是社会对资本的从属，以至于一切事物似乎都对资本起作用。不存在失调的要素、张力或危机，只存在现实和可能之间不断增大的鸿沟。[2]的确，以上引用的相反的分析是比较机械的：一种"矛盾"被发现了、一种危机倾向被揭露了，于是国家像一个水管工人一

[1]   André Gorz, "Technology, Technicians and Class Struggle", in *The Division of Labour*, pp.159–89; Poulantzas, *Political Power and Social Classes*; Gramsci, *Selections from the Prison Notebooks*, London, 1971.

[2]   这并非完全正确。布雷弗曼确实提到了"生产工具的发展与资本主义生产的社会关系之间存在不可解决的矛盾"。但是即使在这里，他所指的也是资本主义的非理性，而不是对资本主义动态的具体分析。他一度断言生产性劳动有下降的趋势，但他没有给出任何含义（Braverman, *Labour and Monopoly Capital*, pp.280, 423；另见 pp.206, 282）。然而，有趣的是，他没有提及巴兰和斯威齐在《垄断资本》一书中将生产和非生产性劳动作为"关键"概念使用。

样被召唤来修补功能缺口。但即使如此，这些分析也是对表达的总体的功能自动主义（functional automatism）的重要发展，表达的总体宣告原因和结果的同一性。普兰查斯、哈贝马斯、奥菲和奥康纳都将原因和结果分解开来。他们认为特定的结果是成问题的，这些结果在资本主义下并非是自然或必然的，并且它们只能通过激活国家内的某些机制才能予以保障。

62

　　未来的研究可以尝试以四种方式来发展这个本质上属于功能主义的范式。第一，需要一个更仔细的关于资本主义生产方式的实际趋势的分析——它引发的矛盾和危机。我们已经有一种选择，比如利润下降、剩余的吸收，以及交换价值与使用价值的匹配。第二，那些稳定、容纳、控制、吸收或缓冲所引发的危机或矛盾的机制必须被识别出来。第三，必须说明在什么条件下那些机制会被激活来抵消发展中的危机或矛盾，这是一个与斗争以及斗争被政治和意识形态所形塑的方式密切相关的问题。第四，我们必须探讨在何种情况下，这些机制确实具有化解危机或矛盾的能力。很显然，这不是一个简单的研究议程！但是如果我们想要理解变革的潜力以弥合现实和可能性之间的鸿沟，它就是必不可少的。

　　现在，人们可能不会同意布雷弗曼只重写了《资本论》的第一卷而不是全部三卷。但是人们无法避免从布雷弗曼对表达的总体的单一关注中汲取政治的含义。正如我反复论述的，表达的总体忽略了那种支配所存在的条件，因而也就忽略了支配不稳定的可能性。[1] 具有讽刺意味的（或荒谬的）是，我们在此注意到批判理论和"传统"理论的融合。批判理论由于接受了表达的总体，所以仅仅提供了关于世界的片面观点。也正是基于这个原因，卢卡奇和霍克海默详细阐释了传统理论或资产阶级科学，但是只能得出资本主义世界本质上持久的结论。两类理论都忽视了资本主义世界的前提，即结构的总体的联接。[2]

但是批判理论至少在这一点上与传统理论相区别：一个理论褒扬之处，另一理论却予以谴责。于是批判包含了这样一种主张，即资本的统治系统地创造了一种替代性社会出现的潜力，但在同样的程度上它也系统地阻止了这种社会的实现。但是，这种说法，以及伴随它的所有悲观主义、宿命论和绝望，都嵌入在了它采取的片面立场中。这不仅是一个选择总

---

[1] 没有在资本主义生产关系的广泛参数之外检验统治条件，不仅会导致不公正的悲观主义，而且会在社会动乱之时导致同样不公正的乐观主义。在两级之间的摇摆表明了无力将表象与其潜在力量联系起来，或者将前者误认为后者的倾向。采用一种或另一种总体可以带来什么其他含义？在对阿罗诺维兹（Stanley Aronowitz）的《虚假承诺》（*False Promises*）进行批判性检查时（从许多方面来看，这与我自己对布雷弗曼著作所处理的方式相似），让·科恩（Jean Cohen）认为，表达的总体的形成"从逻辑上导致了阿罗诺维兹所厌恶的结论——政党的必要性。"（Cohen, "False Promises", *Telos*, no. 24, Summer 1975, p.138.）当然，在这一点上，科恩与卢卡奇有相似之处。由于布雷弗曼坚持无产阶级是唯一的革命主体，所以科恩的论点大概也适用于他。关于结构的总体，它已经被一些人与科学主义和斯大林主义的危险联系在一起。但是再一次，就其本身而言，在没有注入某些政治前提的情况下，它本身没有明确的意识形态含义。

[2] 当然，布雷弗曼确实假定了资本主义社会关系继续存在的条件下，资本统治的条件。（Braverman, *Labour and Monopoly Capital*, p.22.）无疑，这是相对于"传统理论"的明确的进步，但这无助于我们考查这种统治力如何结束。

63

体立场的问题，而且是在两种总体，即统治和统治的条件，实质（essence）和决定（determination）——简而言之，即表达的总体和结构的总体之间进行选择的问题。

关于穿透必然性和持久性的表象来揭示其条件的重要性，让我用葛兰西的话进行总结："人们也许会说没有一项真正的运动会突然感知到它的整体特征，而只是通过经验逐渐感知——也就是在这样的时候：它从现实中认识到没有任何存在之物是自然的（非本词的惯常意义），其存在是因为特定条件的存在，而这些条件的消失是有其后果的。所以，运动会完善自身，洗刷掉随意、'共生'的特质，变得真正独立。之所以是真正的独立，是因为，为了生产特定的结果，它创造了必要的前提条件，并确实将所有的力量投入到这些前提条件的创造之中。"[1]

所以，《劳动与垄断资本》的优势和合理性是对意识形态的力量给与了意味深长的证明：在正常情况下，否定表象比解释表象更有说服力。很明显这些不是独立的任务。

6. 美国的特殊性

在指出布雷弗曼的分析缺陷时，我也提出了一种替代性

---

[1]   Gramsci, *Selections from the Prison Notebooks*, p.158.

的方案。在第 2 小节，我提出了同时掩盖和攫取剩余，而不是概念和执行的分离，构成了资本主义劳动过程的实质。在第 3 小节，我提出客观—主观的框架对于考察资本主义控制是不合适的。作为其替代，我呈现了区分生产过程三种领域的框架。[1] 我说明了这些领域如何共同定义了劳动力向劳动的转化即劳动过程以及如何形塑了斗争形式，而斗争形式反过来又（在一定限度内）重塑了劳动过程的性质。在第 4 小节，我提出布雷弗曼基于工匠自主性的理想对资本主义进行的批判，导致了他关于社会主义的狭隘见解。我提出，生产中的关系的转变和向社会主义的过渡，是不能在生产关系转变之外被理解的。在第 5 小节，我提出布雷弗曼表达的总体未能确定那种总体实际上是什么以及它是如何联结在一起的，因而屈服于表象的幻觉和持久性的幻觉之下。作为一种替代，我认为首先需要建立这样一种总体：先考察一个部分——生产方式——存在的条件，然后才能考察整体对部分的支配。也就是，首先考察局部如何决定（determine）总体；之后才能研究局部如何支配（dominate）总体。

　　但是呈现一个替代方案还不足够。如果一个理论要超越布雷弗曼，它必须解释布雷弗曼。按照马克思对古典政治经济学的处理方式，这包括两个阶段。第一，该理论必须有能力发现《劳动与垄断资本》作为一系列特定的社会和历史条件

---

[1]　生产过程的三个领域当然是经济、政治和意识形态，其中包括工作本身的政治和意识形态方面，以及调节斗争的生产的政治和意识形态机构。

（特定的时间和地点）产物的局限性。第二，它必须能解释这些条件。

美国主义和福特主义

布雷弗曼研究的偏向，即它专注于工匠被摧毁以及资本对全社会的统治，反映了美国资本主义的独特性。在"美国主义和福特主义"一章中，葛兰西预示了诸如布雷弗曼等人的研究的重要性，并把它置于一个更广阔的情境下。

> 美国的现象……是……直到目前为止所完成的、旨在以空前的速度并通过历史上罕见的对目的的认识，来创造新型的工作者和人的集体努力之中的最大的一种努力。凡是记住泰勒关于"受过训练的猩猩"的说法的人，对于这种"目的意识"至少会觉得滑稽可笑。泰勒确实用一种无情的玩世不恭的态度表达了美国社会的目的：在劳动者中间发展机械的和自动的态度至于最大程度，打破要求一定程度地发挥劳动者智力、幻想和主动精神的专业劳动中原有的心理生理连结，把一切生产作业都缩减到身体的和机械的方面。但是实际上，这里并没有任何独创的新东西，它们代表的只不过是工业主义以来就已经开始的漫长过程的一个最新阶段。这一阶段不同于以前各个阶段的地方在于更为紧张，而且表现的形式更为粗野。但是这一阶段也将随着不同于以前类型且无疑比以

前更高级的新的心理生理连结的创造而被打破。一种强制的选择将是不可避免的：旧的工人阶级的一部分将被无情地从劳工队伍中消除，或许将根本从生活中勾消。[1]

这段话已经对布雷弗曼的论点有一个概括：概念和执行的分离、工匠被摧毁、泰勒制和机械化的影响，工人的适应——简而言之就是资本对劳工的不受限制的统治。

65

葛兰西在其他文章中谈到了泰勒制对家庭、性生活以及社区生活的侵犯，比如禁令。简言之，他讨论了一种新形劳动力的再生产。但是葛兰西将它看作是纯粹的美国现象，而对它在欧洲的出现态度含糊。"美国没有'伟大的历史和文化传统'；可是正因为这样，它就不受这顶大帽子的压制。这也是这个国家积累大量资本的主要原因之一（当然，比所谓的自然财富更为重要），尽管它的普通大众的生活水平比欧洲的要高。由于没有过去各个历史阶段遗留下来的寄生的渣滓，美国的工业，尤其是商业，得以在稳固的基础上发展起来。"[2]

因此，葛兰西已经奠定了美国社会形态的特征，即前资本主义生产方式的相对缺失。但是它与资本对劳工的统治以及对一般意义上的社会的统治有何关系呢？"由于有了这些已经被历史过程合理化了的先决条件，把生产和劳动合理化就

---

[1]　Gramsci, *Selections from the Prison Notebooks*, pp.302–303.

[2]　同上书，p.285。不幸的是，葛兰西忽视了奴隶制的重要性以及它所煽动的种族主义的持久遗产，尽管可以认为，种族主义促进而不是阻碍了资本的积累。

比较容易了，其途径在于巧妙地把力量的运用（取消地域性的工人阶级工联主义）同诱导的方法（高工资，各种社会福利，巧妙的政治和思想宣传）配合起来，从而使国家的全部生活围绕生产运转。霸权产生于工厂，并且其实现仅仅需要最小数量的在政治和意识形态方面的职业中间人。使罗米耶（Romier）大吃一惊的'群众'现象不是别的，而是这种'合理化了的'社会采取的形式，在这种社会中'基础'更为直接地统治着上层建筑，而上层建筑也得到'合理化了'（简单化以及在数量上减少了）。"[1]

但是霸权是如何在工厂中产生的？经济如何统治社会结构的其他领域？那使得布雷弗曼高举资本力量却不强调对泰勒制和机械化的斗争或反抗的阶级统治，其性质是什么？

劳动过程和国际资本主义

66　　一些著名的理论关注到了布雷弗曼视为资本主义一般属性的地域特殊性。其中就有详述统治阶级与国家之间关系的公司自由主义理论。该理论认为，在美国，一个开明的"霸权"群体从统治阶级中出现，它通过将自身利益呈现为所有人的利益来指导国家的运作以发展垄断资本。此外还有关于开放边境和移民人口的理论，它们解释了美国工人阶级的"解体"以及它在面对资本主义扩张时的脆弱性。

---

[1]　Gramsci, *Selections from the Prison Notebooks*, pp.285–286.

尽管两种理论明显地阐释了美国的特殊性，但我仍然想概述一种替代性的论述。这种论述可能对理解不同时期不同地方的资本主义劳动过程具有更直接的适用性。简言之，我的假设是，在既定的社会形态下，资本主义开始巩固自身的时期（period）决定了斗争的相对时机（timing），以及特别地，决定了工会化和机械化的相对时机。这一时间序列反过来支配着劳动过程的发展。我将用日本、美国和英国的例子来阐明这个观点。[1]

罗纳德·多尔（Ronald Dore）在他关于英国和日本的相似公司的研究中，勾画了生产组织的基本差异。他的结论可以概括为：英国电气公司（English Electric）的工人是个体化和有阶级意识的，而在日立公司（Hitachi），工人们认为自己的利益在很大程度上与企业的利益一致。英国工人也比日本工人对劳动过程行使更多的控制。多尔把许多差异归因于日本的晚生性发展。这里我想提取出他理论中两个对决定企业崛起具有特别重要作用的要素：晚生性发展对阶级斗争和技术的影响，以及它们之间的时间关系。在英国，一个强大的工人阶级锻造于反抗过度工业革命的斗争——在某种程度上是反抗资本主义本身——以及为争取政治权利的斗争之中。这些

---

[1] 下面的讨论来自罗纳德·多尔的著作《英国工厂—日本工厂》（*British Factory-Japanese Factory*, Berkeley, 1973），以及戴维·布罗迪（David Brody）在伯克利的一次研讨会上提出的观点。另参见 Brody, "The Rise and Decline of Welfare Capitalism", in J. Braeman, R. Bremner and David Brody, eds., *Change and Continuity in Twentieth-Century America: The* 1920s, Columbus, Ohio, 1968。

斗争为一个强大的工会运动奠定了基础，这一运动发生在从竞争资本主义向垄断资本主义过渡之前，也就是在大公司和科学技术革命兴起之前。从工联主义兴起至今，英国工人通过激进的车间组织反抗对劳动过程控制权的攫取，他们在抗争上表现非凡，尽管抗争不一定成功。

67 　　在日本，资本主义生根要晚得多。先进技术已经在其他国家得到开发，同时政治和经济权利被视为资本主义的组成部分。尽管在日本围绕着工会发展也有重大的阶级斗争，但是工会仅仅在大公司出现之后作为有效的组织在大公司内部存在。换句话说，工会是在技术被夺走后才将自身巩固起来。劳动过程的发展更多地是通过集体协商的制度化形式，而非激进的车间斗争。被自上而下控制的生产的政治机构，协调了劳工与资本之间的利益。此外，由于劳动过程的资本密集性，劳动成本相对较低，相应地，在不危及利润的条件下作出让步也比较容易。

　　由于在国际资本主义发展史的中间阶段出现了资本主义的巩固，美国处于日本和英国的连续统之间。在美国，政治权利很少成为激进抗议的主题，所以经济斗争虽然又暴力又激烈，却没有像在英国那样锻造出强大的工人阶级。

　　工会化（unionization）的时机不仅在垄断部门，也在竞争性部门形塑了劳动过程的发展。布雷弗曼描绘了资本对整个经济的渗透，却很少提及劳动过程的具体的部门形式，除了指出这些形式也同样遭受了技能剥夺。在那些从竞争资本主义转变到垄断资本主义之后工会化得到巩固的地方，工会化在垄断部门最为根深蒂固，正如在日本和美国的情况。在那个部门，对劳工的让步可以转嫁给消费者以及更弱势的竞争资本家，而这些资本家反过来会通过压榨其工人以保护自己的边际利润。一个部门里上涨的工资、工会化以及就业保障在其他部门制造出反向效果。美国和日本典型的二元性（dualism），可以归因于大公司出现前强大的产业工会的缺失。

　　相比之下，在英国和其他欧洲国家，二元性不太明显，因为在向垄断资本主义转型之前，产业工联主义（industrial unionism）就已经很强大了。由于工会的有效反抗，竞争性部门不太能够吸收被垄断部门外化了的成本。[1]

　　透过这些极具猜测性的论述，我只是试图提出：第一，在既定的资本主义社会之内和不同的资本主义社会之间，存在着劳动过程的差异，尤其是其政治政体的差异；第二，这些差异可以通过世界资本主义体系中形成的一系列斗争和竞争来理解。由于将第一点简化为概念和执行的分离在发展上的滞后，布雷弗曼错失了第二点的重要性。也就是，由于布雷弗曼把资本主义呈现为一个整体（monolith），他否定了不同部分的重要性，并预先阻止了去考察那些维持或破坏工作组织既有形式的力量。由于掩盖了资本统治的前提条件，布雷

68

---

[1]　这并不是说英国经济各部门的劳动过程和工作条件之间没有区别，但是它们之间的区别并不那么明显。在比较两家英国公司（一家为竞争性部门的服装工厂，另一家为垄断部门的变压器公司）时，汤姆·卢普顿提出，劳动力过程的差异可能部分归因于两家公司的市场环境。

弗曼的分析所表述的只是美国经验。但是在资本的力量更强而反抗力量更弱的地方，如果我们想避免屈从于表象，那么穿透统治的意识形态以达至统治的前提条件就更加重要了。仅仅绝望地指出现实和潜在可能性之间日益扩大的差距是不够的，我们也必须知道如何能缩小这一差距。要实现这一目标，部分可以通过直接的政治实践，部分可以通过扩展我们的研究以包含差异的条件和限度。这就是葛兰西从马基雅维利（Machiavelli）那里所看到的。

> 相对于马基雅维利，圭恰迪尼（Francesco Guicciardini）代表了政治科学的一种倒退。这正是圭恰迪尼更强的"悲观主义"的含义。圭恰迪尼退回到纯粹的意大利政治思想，而马基雅维利达至欧洲思想。如果不考虑马基雅维利将意大利经验融合进欧洲经验（在他所处的时代，欧洲的相当于国际的）的事实，我们就不可能理解马基雅维利：他的"愿望"如果不是基于欧洲经验，则可能是乌托邦式的。[1]

到头来，不管葛兰西和马基雅维利怎么说，布雷弗曼的著作是否还立得住？可以肯定的是，他促进了悲观论，但也许不是宿命论。可以肯定的是，他非但没有连通现实和潜在的可能性，反而激发了人们对此的抵触。他提出的是一个压制

---

[1] Gramsci, *Selections from the Prison Notebooks*, p.173.

可能性的悲剧愿景，而不是压制不可能的意识形态愿景。不存在虚假的承诺。布雷弗曼没有呈现一种新的革命福音、一种新的革命战略、一种新的革命危机、一种新的革命矛盾，甚至是一种新的革命主体。资本主义不是一个互相连结的各部分的集合体，在其中一个部分的死亡暗示了所有部分的死亡。它是这样一种总体，其中每一部分都卷入到其他每一部分之中。摒弃（rejection）不能是部分的或策略性的，而必须像资本主义自身一样，是整体性的。

第二章

卡尔·马克思与魔鬼工厂

　　本章试图通过探讨一个理论悖论，来解决历史上的一个异例。这个异例已经被许多人观察到：马克思原本预期第一场社会主义革命会爆发在英国，而事后看来英国工人阶级在政治上是改良主义的；另一边，当时的人通常预设俄国的落后性会推迟在那里超越资本主义的步伐，但俄国的工人阶级最终被证明是最具革命性的。[1] 虽然已经有许多人尝试过在马克

---

[1]　我在此对以上论断做三个说明，其中两个是理论层面的，一个是历史层面的。第一，我承认马克思——尤其是在他晚年——对通向社会主义的替代性路径提出了猜想。但是，他唯一曾经加以理论化的那条路径——即使他的理论化存在问题——是基于生产资料私有制和社会化的生产力之间不断加深的矛盾。这意味着，随着资本主义变得越来越成熟，其矛盾也越发尖锐。科恩（G. A. Cohen）最近澄清了这一立场所包含的预设和论点（见 Cohen, *Karl Marx's Theory of History: A Defense*, Oxford, 1978）。第二，我并不想声称俄国的工人是革命的创造者或领导力量。我所感兴趣的事实是，工人在其行动和诉求中变得有革命性。第三，英国和俄国工人之间的对比也不应该被过分夸大。英国工人在 1850 年前和——比如在金属工人当中——一战之后，曾迎来过他们自己的革命情势。而反过来，俄国工人在 1895 年之前和 1917 年之后表现得很被动。但问题依然存在：为什么英国工人 1850 年之前的激进主义后来被消解了，而俄国工人 1905 年的激进主义最终深化为 1917 年的革命运动？这第三个说明，使得任何一种用简单的本质主义观点或文化因素去解释两国工人运动不同轨迹的尝试注定失败。

思主义框架内解释这一异例，但这些解释通常具有以下两个缺陷中的一个：它们要么是基于俄国或英国的特殊性、而不是提供一个统一的框架来同时解释英国工人阶级的改良主义和俄国工人阶级中革命势头的散播，要么忽视了生产过程对塑造工人阶级特点的重要作用。在本章中，我试图通过将这历史异例和一个理论悖论联系起来，以此来回应以上两个缺陷。这一理论悖论是：对马克思来说，资本主义生产既是阶级斗争的源泉，也是资本对劳工实行绝对支配的场域。[1]

在《共产党宣言》中，马克思和恩格斯写道："工业的发展——资产阶级是其不情不愿的推动者——使得劳动者从基于竞争的相互隔绝状态走向了革命性的、基于结社的联合。""无产者组织起来形成阶级、进而形成政党的过程，不断被工人之间的竞争关系所阻碍。但无产阶级永远会重新站起来，而且变得更强大、更坚定、更勇敢。"[2] 而在《资本论》中，马克思写道："随着那些掠夺和垄断这一经济转型过程的全部好处的资本巨头的数量不断减少，惨境、压迫、奴役、恶化和剥削也在增加，但与此同时，工人阶级的反抗也在增长，这一阶级的人数不断增加，而且恰恰被资本主义生产过程本身所不断训练、统一和组织起来。"[3]

86

---

[1]　这是科恩（Jean Cohen）在《阶级与市民社会》（*Class and Civil Society*, Amherst, Massachusetts, 1982）中强调的悖论之一，尤其在其第二章和第六章。她对马克思的批判导向了对马克思主义的拒绝，而不是对马克思主义的重构。

[2]　Karl Marx and Frederick Engels, *The Revolutions of 1848*, London, 1973, pp.76, 79.

[3]　Marx, *Capital*, Volume 1, p.929.

但工人阶级到底是如何从竞争、相互隔绝、惨境、压迫、奴役、剥削走向联合、结社和斗争的？要回答这一问题，不能以辩证手法加以回避，或者将其视作黑格尔的流毒而遗弃。

这一悖论通常有四种解决方式。第一种解决方式为工人阶级赋予推翻资本主义的历史使命，这一使命基于工人所经历的状况恶化和其承载的普遍利益。在这一框架中，阶级斗争无处不在，是一个原始的给定恒量和历史进程的首要动力。这一解答思路将工人阶级被支配和内部分裂的现实视作暂时的表面想象，将其搁置一旁。而第二种解答方式恰恰将这些现实视作核心。在这一框架中，工人阶级必须等待资本主义的固有铁律催化出最后的系统崩溃，到那个时刻，向社会主义的转型就是自然而然的了。这是一种缺乏主体的历史。这两种解决方式都称不上严肃，因为它们实际上是否定了悖论的存在——第一种答案无视资本主义生产对工人动员的负面作用，而第二种答案模糊了工人阶级作为历史主体的出现过程。

更加成熟的解答方式则认为，工人阶级既不是天然就具有革命性，资本主义也不会因为某种内在逻辑就注定灭亡。因此，工人阶级必须经由某种外在力量启蒙。在这些解答的最正统版本中，这个外在力量是一个对内高度统合、对外有统合作用的先锋党。在这一叙事中，因为支配性意识形态的腐蚀作用，工人阶级无法自行意识到他们应具有怎样的革命目标。政党的干预则能揭开支配性意识形态的神秘面纱，使工人阶级意识到自身的历史主体性。这一叙事对工人阶级改变自我意识的准备程度做了过高的预计。毕竟，工人阶级的意识并不是随着主流意识形态的风向摇摆，而是牢固地扎根于生产过程之中。这一解答方式对历史的解读也是错误的。许多马克思主义和非马克思主义史学家都认为，俄国革命是政党外在干预功能的最经典表现。但是晚近的社会史研究对这一解读提出了许多质疑：1917 年的布尔什维克尚不是一个铁板一块的组织；恰恰相反，它的成功实源自于其分散性、异质性，以及对动荡汹涌的工人阶级中不断涌现的冲动、战斗性和不满的及时反应。[1]

社会史学者转而探究工人阶级动荡汹涌的势头是如何源自于工人阶级在生产过程之中和之外的日常体验的。他们提供了将支配和抵抗连接起来的第四座桥梁，这基于对资本主义生产方式与资本主义系统的区分，[2] 以及对资本逻辑和资本主义的区分。[3] 在生产场域之上，存在着家庭、教会、社区、酒馆、会社和政治团体等组织与制度，它们提供了将经济压迫转化为政治斗争的组织资源。前工业时代留下的文化、政治

87

---

[1] A. Rabinowith, *The Bolsheviks Came to Power*, NLB, London 1976; R. Service, *The Bolshevik Party in Revolution: A Study in Organizational Change, 1917–1923*, New York, 1979; R. G. Suny, "Toward a Social History of the October Revolution", *American Historical Review*, Vol. 88, no. 3, 1983, pp.31–52.

[2] W. Lazonick, "The Subjugation of Labour to Capital: The Rise of the Capitalist System", *The Review of Radical Political Economics*, vol. 10, no. 1, 1978, pp.1–31.

[3] Edward Thompson, "*The Poverty of Theory*" and Other Essays, London, 1978, pp.247–262.

和社群遗产，为工人将自己塑造成一个阶级提供了素材。[1]

正如克雷格·卡尔霍恩（C. Calhoun）[2]在谈及爱德华·汤普森的研究时所说（他的观点也适用于其他研究），作为工人抵抗堡垒而出现的社区和传统，与资本主义给传统生产方式带来的威胁，尤其是给直接生产者对生产过程的控制权带来的威胁密切相关。邦内尔（V. Bonnell）指出，在俄国等工匠或社群传统薄弱的案例中，车间本身成为了抵抗的大本营。[3]以上两种观点都说明，工作场所本身是工人阶级斗争的重要决定因素。当然，许多对工厂生产的研究明白无误地承认了这一点。肖特（E. Shorter）和蒂利（C. Tilly）的研究，以及汉纳根（M. P. Hanagan）的研究，都将法国罢工与政治动员的特征和工作组织形式及其转型联系起来；摩尔（B. Moore）则发现工人反抗的根源在于雇主违反了其与工人订立的合同规章；福斯特（J. Foster）则将英国奥德汉姆（Oldham）工人阶级激进性的兴衰追溯到棉纺产业面临的危机和生产过程经历的变迁；蒙哥马利揭示了工作场所如何为美国工人抵抗管

---

[1]　Thompson, *The Making of the English Working Class*; W. Sewell, *Work and Revolution in France*, Cambridge, 1980; R. Aminzade, *Class, Politics and Early Industrial Capitalism*, Albany, New York, 1981; A. Dawley, *Class and Community*, Cambridge, Massachusetts, 1976; H. Gutman, *Work, Culture and Society in Industrializing America*, New York, 1977.

[2]　C. Calhoun, *The Question of Class Struggle*, Chicago, 1982, 尤其见第四章。

[3]　Victoria Bonnell, *Roots of Rebellion: Workers' Politics and rganizations in St Petersburg and Moscow*, 1900–1914, Berkeley, 1984.

生产的政治

理者支配的斗争提供了大量资源。[1]

虽然这些研究都指出，生产本身存在除经济效果之外的意识形态效果和政治效果，但这一洞见常常被一种试图对工人阶级的体验做多方面挖掘的努力所掩盖。许多社会史学者——虽然也有一些值得注意的例外——都试图将形塑工人阶级斗争的场域扩大而非缩小。本章呈现了一个对生产环节的核心性进行理论化的尝试，这一核心性已经蕴含在许多社会史研究当中。我们将把劳动过程（即将原材料变为有用产品的一系列相互协调的活动和关系）与生产的政治机构（即规制和塑造工作场所斗争的一系列制度）两相区分开来。我将这些工作场所的斗争称为"生产的政治"。工厂政体则指生产的整体政治形式，包括劳动过程的政治效果和生产的政治机构。马克思本人并非对这些概念区分没有察觉。但他没能专门讨论工厂政体如何通过塑造工人的利益和能力而将支配与斗争连接起来，也没能讨论工厂政体独立于劳动过程的变化而变化的可能性。通过回到马克思所分析的场景——19世纪兰开夏的棉纺产业——我们将会看到：马克思所分析的工厂政体的典型形式，即市场专制主义，不仅是罕见的，而且对工人阶级

88

---

[1] E. Shorter and C. Tilly, *Strikes in France, 1830–1968*, Cambridge, 1974; M. P. Hanagan, *The Logic of Solidarity: Artisans and Industrial Workers in Three French Towns, 1871–1914*, Urbana, Chicago and London, 1980; B. Moore, *Injustice: The Social Bases of Obedience and Revolt*, White Plains, New York, 1978; J. Foster, *Class Struggle and the Industrial Revolution*, London, 1974; David Montgomery, *Workers' Control in America*.

斗争的发展有针锋相对的抑制作用。我们在早期资本主义的纺织行业中恰恰发现了许多与之不同的工厂政体类型：兰开夏的企业国家和父权制、家长制的政体；新英格兰的家长主义和市场专制主义；以及俄国的企业国家。

因此，我们的第一个任务是考察各种不同工厂政体的存在条件，主要包括四个元素：劳动过程、企业间的市场竞争、劳动力的再生产以及国家干预。而第二个、也是更艰巨的任务则是将工厂政体对工人斗争的影响分离出来。我将指出，不同工厂政体之间的区别可以充分解释英国的工人阶级改良主义和俄国的革命运动。其他元素都是作为工厂政体的决定因素出现在分析中的。这并不是说这些其他元素对工人斗争的作用都是间接的（通过生产政体施加），而是说关于那些直接作用的描述对我们理解两国工人运动的路径分歧而言，并不是必须的。

1. 马克思的典型分析对象：市场专制主义

马克思和恩格斯对现代工业中逐渐出现的社会规制形式有十分确定的理解。马克思这样形容纺织产业——即他那个年代最先进产业——的工厂政体：

> 资产阶级平时十分喜欢分权制，特别是喜欢代议制，

但资本在工厂法典中却通过私人立法独断地确立了对工人的专制。这种法典只是对劳动过程实行社会调节的资本主义讽刺画，而这种调节是大规模协作和使用共同的劳动资料，特别是使用机器所必需的。奴隶监督者的鞭子被监工的罚金簿代替了。自然，一切处罚都简化成罚款和扣工资，而且工厂的莱喀古士们立法的英明，使犯法也许比守法对他们更有利。[1]

工厂政治中的这个专制政体被认为是唯一与资本主义发展的迫切需要相适应的政体。这一政体的对应物，是迫使资本家为了避免自己被消灭而不断引入新技术和加大工作强度，从而和其他资本家互相竞争的市场压力。市场中的无序状态导向了生产环节的专制主义；市场建构了生产机构，因此我们将这一政体称作"市场专制主义"。

企业间竞争只是市场专制主义得以存在的四个条件中的一个。第二个条件是工人对资本的真实从属关系，即概念与执行的分离。在马克思对工业生产发展的三阶段刻画中，马克思指出了从属关系的不同形式。[2]在第一阶段即手工业生产中，工人自己控制和占有生产工具，但要承受来自商人的剥削和来自更有生产力的工厂的竞争压力。在第二阶段即劳工对资本的形式从属中，工人们被聚合到同一个屋檐下，仍然

---

[1]　Marx, *Capital,* Volume 1, pp.549–550.

[2]　同上书，p.645.

控制生产过程，但不再占有生产工具——那已经成为了资本的财产。当工人失去对生产过程的控制时，这一雇佣劳动的阶段最终转化为工人对资本的真实从属。工人从生产中的一个主体元素变为一个客体元素。

> 过去是终身专门使用一种局部工具，现在是终身专门服侍一台局部机器。滥用机器的目的是要使工人自己从小就变成局部机器的一部分。这样，不仅工人自身再生产所必需的费用大大减少，而且工人终于毫无办法，只有依赖整个工厂，从而依赖资本家。[1]

市场专制主义的第三个条件，是工人对雇主的依赖、对出售劳动力的依赖。这以工人和其生存资料的完全分离为前提。大量剩余劳动力的存在则强化了工人对特定资本家的依赖。马克思比较细致地考察了英国的"原始积累"过程，但太轻易地假设了工人与生存资料的完全分离将成为所有资本主义社会的常态。最后，马克思想当然地认为——这是市场专制主义的第四个条件——国家的作用仅限于维护生产的外在条件（或者说使市场力量独立发挥作用的条件）；他认为国家不会直接规制资本家之间的关系或生产过程及其机构。但更细致地考察起来，我们发现这第三个和第四个条件不仅有问题，而且

---

[1] Marx, *Capital,* Volume 1, p.547.

它们的不同面貌对不同的工厂政体有着重要的决定作用。

正如马克思所看到的，市场专制主义有效地削弱了工人阶级对管理者支配的抵抗。"当资本主义生产过程彻底发展起来之后，它便击溃了所有抵抗。不断生产的相对剩余人口将劳动力的供给需求定律——以及工资定律——限制在和资本的增殖需要相对应的狭小范围内。经济关系的无声强迫彻底确立了资本家对工人的支配。"[1]那如此一来我们怎么解释棉纺工人的英勇斗争，尤其是在纺织业处于工业化最前沿的19世纪前半叶？答案很简单：我们发现，还存在其他类型的工厂政体，比市场专制主义更有利于工人斗争的发展。

事实上，使市场专制主义存在的四个条件很难同时达成。如果我们将其视作四个变量，我们就能通过一系列比较从而看清它们对工厂政体形式的独立塑造作用。第一对比较即兰开夏的翼锭纺纱和走锭纺纱，说明了劳动过程对工厂政体的重要性。前者体现的劳工对资本的真实从属关系与企业国家紧密相连，而后者体现的劳工对资本的形式从属关系则与父权制专制主义相连。第二对比较即动力驱动的走锭纺纱和自动走锭纺纱，同时显示了劳动过程和企业间竞争对父权制政体向家长制政体转型过程的重要意义。第三对比较即新英格兰工厂中的家长制政体和市场专制主义政体，揭示了工人与生存资料的分离是形塑工厂政体的重要因素。而关于俄国的

---

[1] Marx, *Capital,* Volume 1, p.899.

第四对比较为我们的模型添加了国家干预这一因素。因此我们的自变量可以按照一个因果层级来排列（见图 1）：前两个变量（市场力量和劳动过程）在后两个变量（工人与生存资料的分离和国家干预）设定的限制内发挥作用。当然，这一模型显然是很粗糙的。它不能解释工厂政体的所有差异，但它确实强调了决定工厂政治瓦解和转型的那些重要因素。

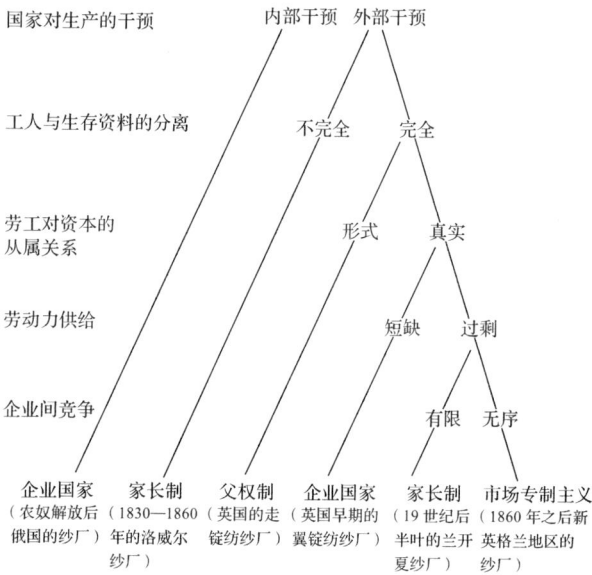

91

图 1　早期棉纺产业中工厂政体决定因素的层级结构

2. 兰开夏：从企业国家到父权制

工业革命的核心是棉纺织制造业的转型。1760年后，飞梭被引入到织布过程中，刺激了对纱线的需求。一直到18世纪中期，纺纱一直是一个缓慢而费力的过程，主要使用纺锤和绕线杆，有时也用简易纺车。1770年代珍妮纺纱机的使用，让一个工人可以同时操作几个纺锤。这些技术创新并未改变家户生产中的劳动分工。虽然珍妮纺纱机可以在家户中使用，但随着纺锤数量增加，机器必须依靠水力，一些使用珍妮纺纱机的工厂就此出现。虽然珍妮纺纱机大大提升了人工的效率，但是"人手的握力和手臂的推拉依然是不可或缺的"。[1] 阿克莱特（Arkwright）的水力纺纱机——也被称为翼锭纺纱机——则按完全不同的方式工作。与人手操作不同，机器靠两排滚筒拉出粗棉纱，然后将其持续不断地、同步地缠绕在线轴上。这是第一台自动纺纱机，但其需要的动力来源远超人力，因此常常建造在靠近溪流的农村地区。查普曼（S. Chapman）告诉我们，"水力纺纱机是人工技能的替代品。从而将一类更低等级的工人召唤到棉纺产业当中……但它并没有明显地取代棉纺行业的技术工人，因为这种机器主要用于生产之前用亚麻或羊毛制作的经纱"。[2]

操作的工人主要是妇女或儿童，"工厂主经常雇佣一家之

92

---

[1]　S. Chapman, *The Lancashire Cotton Industry*, Manchester, 1904, p.53.

[2]　同上书，pp.53–54。

主去修建道路、桥梁或工厂，同时在工厂中雇佣其妻子和孩子"。[1] 贫民学徒正是被招募到这些早期工厂中，这在18世纪末、19世纪初尤为明显。如果雇主能使用家庭劳工的话，就更倾向于不使用贫民学徒，虽然这些贫民学徒不会给雇主带来那些成年男性家长常会带来的问题。不管怎么说，贫民学徒的重要性被夸大了；他们从未超过任何一家工厂的雇佣劳力的三分之一，并且在19世纪早期被渐渐淘汰。[2]

当机器运转的速度由工厂管理者决定，而操作员只是机器的看护者时，劳工对资本的真实从属就在工厂中出现了。这一真实从属关系为工厂主对整个工人社区的支配奠定了基础。通过对住房、物资供给、企业商店、教育、宗教的全方位控制，工厂主得以在工人生活的各个领域强化其支配。斯梅尔瑟（N. Smelser）区分了两种早期水力纺纱工厂："一种工厂被凶残无情的资本家运营，这些资本家鞭鞑他们的工人、尤其是学徒工；另一种工厂被那些人道主义的工厂主当作'模范'社区来运营。"[3] 这种工人聚居在工厂周围的工厂村社，成为拥有独立镇压机构的国中之国——我将其称为"企业国家"。"如果我们在雇主所拥有的经济和政治权力之上，再加上其控制教育、住房和其他再生产环节的权力，那么很明显，对一

[1] Neil Smelser, *Social Change in the Industrial Revolution*, Chicago, 1959, p.185.

[2] M. Morris, "The Recruitment of an Industrial Labour Force in India, with British and American *Comparisons*", *Comparative Studies in Society and History*, no. 2, 1960, pp.305–328.

[3] Smelser, *op.cit.*, p.105.

　　　　　　　　　　　　　生产的政治

个厂矿的管理就可能意味着对一整个社区的行政管理。"[1]企业国家超越了市场专制主义，在劳动力的再生产环节强制地进行干预，同时通过市场和非市场关系将社区与工厂绑定。

在英国，水力纺纱机很快就被走锭纺纱机取代了，后者更有效率，纺出的纬纱也更细密。[2] 走锭纺纱机综合了珍妮纺纱机和水力纺纱机的原理即滚筒牵拉，再加上同时伸展、弯折、缠绕纱线，这需要操作者具备很高的技巧并付出大量的劳动。但早期的走锭机能在家户中靠人力操作。而当走锭纺机被引入工厂，开始用非人力能源驱动时，工厂主便对家户生产组织形式加以调整，以适用于其自身的需要。工厂主招募了成年男性纺纱工并计件付薪，这些成年男性纺纱工再招募自己的帮工——女工和童工，这些人通常是男性纺纱工的家庭成员。在这一内部包工安排中，工厂主实际上将监工和组织生产的责任转交给了男性纺纱工。因此，与水力纺纱工厂相比，走锭纺纱工厂中的专职监工要少得多。[3] 两种工厂的付薪体制也不同。在走锭工厂中，帮工（拼补工和清洁工）拿固定工

93

---

[1]　S. Pollard, *The Genesis of Modern Management*, Cambridge, Massachusetts, 1965, p.206.

[2]　Smelser, *Social Change in the Industrial Revolution*, p.121.

[3]　科恩（Isaac Cohen）从国会文件中采集了以下数据，来说明 1833 年的情况。18 岁以上的男工占了走锭纺纱业雇员的 35% 和翼锭纺纱业雇员的 10%。在 18 岁以下的童工当中，88% 受雇于走锭纺纱业的纺纱工，而在翼锭纺纱业工作的只有 1%。监工和工人的比例，在走锭纺纱业中是 1∶84，而在翼锭纺纱业中高达 1∶14。（Cohen, "Industrial Capitalism, Technology and Labour Relations", *Political Power and Social Theory*, no. 5, 1984.）

资，而包工头（纺纱工）拿计件工资；因此，后者对前者驱使得越狠，后者拿到的红利就越多。而且，当雇主以压低每件单价工资的方式向工人施压时，这一压力可以被包工头以增加劳动强度的方式转嫁给帮工。而在翼锭纺纱工厂中，工人拿的是小时固定工资而不是计件工资，因为劳动过程完全被管理者所控制。[1]

因此，在翼锭工厂中，劳工对资本的真实从属关系为企业国家奠定了基础，而在走锭工厂中，劳工对资本的形式从属关系为父权制工厂政体创造了条件。所以走锭工厂中的生产机构是建基于，或者说仿效于家庭中的父亲对其他家庭成员的控制。更具体而言，父权制政体涉及包工头和雇主之间的合作，前者负责将其家庭成员或类似家庭成员的劳动组织起来提供给雇主，以获取薪水，并从雇主那里获得一些支持，便于其对帮工的妇女和儿童施加父权制控制。资本仿佛对一

---

[1]　翼锭纺纱和走锭纺纱之间的区别，与西雷丁地区精纺毛料生产和一般羊毛生产之间的区别类似。（P. Hudson, "Proto-Industrialization: The Case of the West Riding Wool Textile Industry in the 18th and Early 19th Centuries", *History Workshop*, no. 12, 1981, pp.34–61.）早期的精纺毛料生产是通过包出制组织起来的。家户劳动力自己仅掌握通常很贫瘠的小块土地，因此用任何标准来看，都构成无产阶级化了的劳动力，受商人的驱使。这一领域中早期的工厂由商人出资和运营，和家户生产毫无关系的妇女和儿童构成了劳动力中很大的一部分。而在一般羊毛产业中，工匠们自己掌控生产。他们独立性强得多，这不仅是因为他们生产完整的产品，而且也因为他们掌控可观的生存资料。这一领域中早期的工厂是由小制造商运营的，这些小制造商常常自己也曾经是家户工人。劳动力也主要由这一类近乎工业化的工人组成。精纺毛料生产和翼锭纺纱一样，在家户生产和工厂生产之间存在断裂。而在走锭纺纱和一般羊毛生产中，家户和工厂之间是连续的。我们也可以预料，在生产的政治机构中也存在相应的区别，虽然哈德逊（P. Hudson）没有提及这方面。

家之主说："你得让你的人遵守我们的规矩，作为交换，你可以随心所欲地使用你的人，如果他们不听你的话，我们可以帮你降服他们。"[1]

从工厂主的角度看，父权制生产机构的优点在于依靠家庭关系将包工头和帮工之间的矛盾限制在一定范围内，同时，男性帮工也生活在有朝一日成为包工头的希望之中，这也有助于弱化冲突。与此同时，没有任何证据表明男性纺纱工对自己或他人孩子的关心阻碍了他们对帮工的最大限度压榨。[2]另外，只要这一生产政体不阻碍劳动过程的进一步演变，它也符合工厂主的利益，因为工厂主希望将关于直接控制劳动过程的风险和责任转嫁出去。至少在英国，企业家起初没有意愿、后来没有资源（在棉纺行业）去强行建立一个市场专

94

---

[1] J. Donzelot, *The Policing of Families*, New York, 1979, p.50.

[2] W. Lazonick, "Industrial Relations and Technical Change: The Case of the Self-Acting Mule", *The Cambridge Journal of Economics*, no. 3, 1949, pp.236, 247, 252. 马克思对童工论述颇多，但几乎没有提及成年男性家长对妇女和儿童的直接奴役。他聚焦于女工和童工取代男工这一过程带来的后果。"机器使儿童和妇女以压倒的多数加入结合劳动人员中，终于打破了男工在工场手工业时期还进行的对资本专制的反抗"（Marx, *Capital*, Volume 1, p.526）。生产过程中的父权制被摧毁了，父亲能做的只剩下出卖他的妻子和孩子的劳动力。"他成了奴隶贩卖者"（Marx, *op.cit.,* p.526）。更有甚者，父权制的毁灭为一种"更高级形态"的家庭奠定了基础："然而不是父母权力的滥用造成了资本对未成熟劳动力的直接或间接的剥削，相反，正是资本主义的剥削方式通过消灭与父母权力相适应的经济基础，造成了父母权力的滥用。不论旧家庭制度在资本主义制度内部的解体表现得多么可怕和可厌，但是由于大工业使妇女、男女少年和儿童在家庭范围以外，在社会地组织起来的生产过程中起着决定性的作用，它也就为家庭和两性关系的更高级的形式创造了新的经济基础"（Marx, *op.cit.,* pp.620–621）。马克思并未考虑资本主义将父权制动员起来为其自身利益服务的可能性。

制主义系统。[1]

学术界总体上已经达成一个共识，认为在 1790—1820 年这一时间段，棉纺和其他行业的招工、分工和监工经常依赖于家庭。早期的纺纱工行业工会大都规定，纺纱工人只能在有限的亲属关系中招募帮工。[2] 但在 1820 年之后，技术革新，尤其是纺锤数量的快速增长，使得纺纱工对拼补工的需求大大增加，因此家庭作为生产的组织单位就逐渐瓦解了。用斯梅尔瑟的话说——汤普森和斯泰德曼－琼斯（G. Stedman-Jones）也在一定程度上印证了他的说法——对家庭体制的这一扰乱是 1830 年代工厂工人斗争背后的主要动力。[3]

---

[1] Lazonick, "Industrial Relations and Technical Change", *The Cambridge Journal of Economics*, no.3, 1949.; Pollard, *The Genesis of Modern Management*, pp.38–47; Isaac Cohen, "Workers' Control in the Cotton Industry: A Comparative Study of British and American Mule Spinning", *Labour History*, 1985, 26 (1), pp.53–85. 棉纺行业中大工厂和小工厂之间的区别，应该是值得考察的。大量证据表明，大制造商支持由国家负责执行的工厂立法，以求削弱来自小型血汗工厂的竞争。但我尚未能挖掘足够的信息，来说明工厂政体方面也存在相应的差异，或是说明这些差异对工人参与工厂运动的影响。这方面有待进一步研究。

[2] Smelser, *Social Change in the Industrial Revolution*, Chaptr 9; M. Anderson, *Family Structure in Nine-teenth-Century Lanca-shire*, Cambridge, 1971, chapter 9; M. Edwards and R. Lloyd-Jones, "N. J. Smelser and the Cotton Factory Family: A Reassessment", in N.B.Harte and K.G.Ponting, eds., *Textile History and Economic History*, Manchester, 1973, pp.304–319.

[3] *The Making of the English Working Class*, pp.222, 231, 373; G. Stedman-Jones, "Class Struggle and the Industrial Revolution", *New Left Review*, no. 90, 1975, pp.35–70. 由于斯梅尔瑟的分析引起了不少争议，而且其与本章的论点之间有交叉，因此我们需要简单考察斯梅尔赛的批评者们。在爱德华兹（M. Edwards）和罗伊德－琼斯（R. Lloyd-Jones）所撰文章的基础上，安德森（M. Anderson）对斯梅尔瑟的评价最为细致（见 "Sociological History and the Working-Class Family: Smelser Revisited", *Social History*, no. 3, 1976, pp.317–334）。安德森的观点如下：首先，从纺纱工的角度来看，从基于家庭的耕织系统向基于家庭的工厂雇佣转变（转下页）

在 1818 年、1824 年和 1829 年爆发了几次大罢工，这些罢工的目标之一是捍卫男性纺纱工的垄断地位不被女工取代。[1] 曼彻斯特纺纱工的领袖、大总工会（Grand General Union）和全国

（接上页）过程中出现的变化（父母的缺席、父亲不再掌控全局、父子关系被削弱），比斯梅尔瑟所强调的 1820 年代、1830 年代那些变化要显著得多。其次，纺纱工事实上常常并非来自基于家庭的耕织系统，而是更可能来自之前的农业工人或农场仆工。这一过程中，向工厂的转型实际上会将家庭重新聚合，会导向"去分化"过程而不是"分化"过程。相应的，之后进一步出现的"分化"，不过是重新回到了原初状态而已。再次，还是从爱德华兹和罗伊德琼斯的工作出发，安德森认为，即使是在基于家庭的雇佣系统最鼎盛时期，最多也只有 30% 的拼补工是其纺纱工的同居亲属，所以 1825 到 1835 年间任何弱化家庭雇佣制的趋势都不会像斯梅尔赛所说的那么重要。进而，即使技术变迁带来了家庭分化，这也不见得会导致纺纱工为改革而斗争，因为他们的孩子依然在他们的掌控之下，他们的家庭并不会被分化所威胁。最后，安德森认为 1830 年代的斗争可以被解释为不断降低的工资引发的维持家庭收入的斗争。纺纱工希望其雇佣的子女增加工作时长，以此增加收入，而不是在家庭的结构性变化面前捍卫其自身的地位。科尔比（R. G. Kirby）和穆森（A. E. Musson）也认为，纺纱工这一时期的罢工应被理解为对压低价格的抵制，而不是对家庭"分化"的抵制（*The Voice of the People: John Doherty 1798–1854*, Manchester, 1975, pp.147–148）。这些批评意见是重要的，它们指出了斯梅尔瑟的分析中存在的致命缺陷：他试图发展出超历史的模型——结构分化导致无效的抗议。在他对普遍性的关心中，他未能（或者说"不愿"）去把"分化"的意义具体化，指出家庭中涉及的具体利益关系。他的模型如此追求普适性、如此模糊，以至于它可以同时被证实和证伪。不过，如果斯梅尔瑟能够将家庭作为带有再分配功能（见 J. Humphries, "The Working-Class Family, Women's Liberation, and Class Struggle: The Case of Nineteenth-Century British History", *Review of Radical Political Economics*, vol. 9, no. 3, pp.25–41）的男性支配场域（见 Heidi Hartmann, "Capitalism, Patriarchy, and Job Segregation by Sex", in M. Blaxall and B. Reagan, eds., *Women and the Workplace*, Chicago, 1976, pp.137–170）的重要性刻画出来的话，便可以回应安德森的批评了。在这两种利益之中，男性支配是更加根本的一种，但其再生产取决于对其他家庭成员的某种物质妥协。因此，安德森正确地指出了维持家庭收入的重要性，但维持家庭收入只是维护父权制的一种手段。我们可以看到，不管在安德森的哪个模型中，向工厂的过渡都不会威胁父权制；但拼补工数量相对于纺纱工的增长，的确威胁到了父权制，因为童工所赚的钱开始逐渐超过父亲。

[1] Smelser, *Social Change in the Industrial Revolution*, p.252; H. A. Turner, *Trade Union Growth, Structure and Policy*, London, 1962, p.142.

劳动保护协会（National Association for the Protection of Labour）
的总设计师达赫提（John Doherty）就谴责工厂主雇佣女工为
纺纱工：“1830 年 3 月 6 日，协会刊物的第一期刊登了一封来
自‘一个可怜人、一个有妻子和五个孩子的纺纱工’的来信，这
封信的作者失去了他每周 25 到 35 先令工资的工作。达赫提评
论道，这一行为既侵害了被替代的男纺纱工的利益，也侵害了
取男工而代之的女工的利益，这些女工现在必须在恶劣条件下
进行高强度劳动，劳动强度高到即便是男纺纱工也会在四十来
岁就衰老的程度。因为雇主的贪婪，男女的自然角色被反转了，
‘悲惨的父亲现在必须承担起母亲的角色来’，在家照顾孩子而
不是靠工作挣钱养家。”[1] 对父权制即“自然角色”的捍卫，以捍
卫家庭工资制、维护道德伦理以及保护女性的形式出现。有利
于父权制的就是有利于所有人的，而且确实存在一些确定的物
质利益使得女性和父权制能够被绑定。[2] 正如男纺纱工成功地在
女性的入侵面前捍卫了自身的垄断地位，他们也能够对拼补工
的工作施加限制，以避免在罢工时被乘虚而入。

　　父权制政体不仅直接塑造了生产政治，或者说局限在生
产领域的斗争，而且它也在国家场域的更广阔斗争中留下印
记。工厂运动，即关于缩短工作日的斗争，显示了生产政治

[1]　Kirby and Musson, *The Voice of the People*, p.109.

[2]　Humphries, "The Working-Class Family, Women's Liberation, and Class
Struggle: The Case of Nineteenth-Century British History", *Revew of Radical Political
Economics*, vol.9, no.3, 1977.

如何塑造阶级利益。虽然要求 10 小时工作日的斗争被描述成是为了保护妇女和儿童，但是这一保护实际上最利于缩短父权制下男性的工作时间。在自由放任时期，男性被认为是不需要立法保护的自由、负责的主体，而作为被监护人的妇女和儿童则被认为是需要保护的。1833 年的英国工厂法禁止 9 岁以下的儿童工作，而 9 到 13 岁的工人每天最多工作 8 小时，再加上 2 小时的受教育时间。工人中的缩短工时委员会认为 1833 年的法律是一个重大挫败，因为儿童如今能够被安排倒班工作，使得男纺纱工的工作时长和原来一样，甚至有所增加。男性纺纱工和雇主合谋违反法律，让童工超时劳动或伪造童工年龄。换句话说，当男性纺纱工无法缩短自己的劳动时间时，他们也不想依照法律缩短他们孩子的劳动时间。事实上，在 1835 年，纺纱工开始试图推动 12 小时工作日，其目的是为其自身的工作时长设置上限，虽然 12 小时工作日将增加儿童和年轻工人的工作时长。[1] 这些以争取男工、女工、

---

[1]　Smelser, *Social Change in the Industrial Revolution*, chapter 10; C. Drive, *Tory Radical: The Life of Richard Oastler*, New York, 1946. 雷迪（William Reddy）对世纪之交的亚麻纺织城镇阿尔芒蒂耶尔（Armentieres）的刻画（"Family and Factory: French Linen Weavers in the Belle Epoque", *Journal of Social History*, no. 8, 1975, pp.102–112）也强调了家庭作为生产整合单位的重要性。当技术变迁有可能带来学徒数量的下降时，站出来保卫父权制政体的是动力织工。通过 1899 年到 1903 年间反复的罢工，总罢工最终爆发，结果是织工们成功地维持住了学徒的数量，这样一来他们就可以继续雇佣他们的家庭成员作为帮工。织工的罢工成功动员了整个社区，但纺纱工的罢工却没有收获什么支持，很快就偃旗息鼓了。解释这一现象的主要因素是社区和工作之间的纽带。在织布业中，一个家庭通常都有多于一名成员被雇佣，因此技术变迁对家庭收入造成了威胁。而纺纱业则被看作是次要的工作，对家庭的稳定没有那么重要。雷迪进一步指出，在法国（转下页）

童工工作日一样长为目的的斗争，其核心是一家之主对生产的控制。更准确的说，是对于父权制生产机构的捍卫。

从这一过程中我们看到几点。第一，男性纺纱工是如何试图捍卫、而不是去改变现有的父权制工厂政体。第二，这一捍卫行动是如何扩展到更广阔的政治场域中。生产政治和国家政治之间这一相对直接的联系是被初级形式的公民社会所推动的，尤其是被尚未充分发育的、排除工人阶级代表性的政党系统所推动。

3. 兰开夏：从父权制到家长制

为了削弱父权制政体中纺纱工享有的控制权，雇主试图让走锭纺纱机变得全自动化。[1] 1832 年，理查德·罗伯茨（Richard Roberts）克服了一些技术难题，研发出第一台全自动纺机。虽然一些雇主试图引入"一人多机"系统，即一名监理工操作六到八对走锭纺机，这些纺机由拼补工维护，但这

（接上页）的棉纺织产业中，动力织机更容易操作，所以女工一开始就被雇佣为操作工，正如在纺纱环节女工后来也取代了男工一样。我必须要再次指出，劳动过程并不能完全决定生产机构的形式，但后者对形塑阶级斗争来说是极其重要的。佩罗特（M. Perrot）的文章（"The Three Ages of Industrial Discipline in Nineteenth-Century France", in J. Merriman, ed., *Consciousness and Class Experience in Nineteenth-Century Europe*, New York，1979, pp.149–168）将法国工厂政体（或者说"产业规训的形式"）看作是对斗争的回应、而不是决定斗争的因素，给出了对法国工厂政体的一般性描绘和历史分期。

[1]　H. Catling, *The Spinning Mule*, Newton Abbot，1970, p.63.

96

些尝试并不成功。[1] 纺纱工即后来也被称为自动走锭机的监理工的斗争，针对的并不是这些带来去技能化和低工资的机器，而是工厂主试图削弱由纺纱工控制拼补工之招募、付薪和管理的包工体制的尝试。[2]

为什么在英国，内部包工系统没有像其他国家那样被工厂管理方的直接控制或者市场专制主义所取代？ 1830 年代和 1840 年代，当自动纺纱机开始被引入时，由监理工和拼补工构成的系统之所以能完好地继续存在下去，是因为资本的弱势；这一弱势既源于资本之间的竞争，也源于纺纱工组织的强势。[3] 将父权制政体继续维持下去也符合工厂管理方的利益，因为这样能将风险最小化、将劳动监督和管控最大化，尤其是考虑到自动纺纱机还远不能良好运转，而且是被逐渐引入的。1842 年，监理工和纺纱工将其组织力量整合起来，成立了纺纱工、缠线工和自动纺纱机监理工联合会。虽然这一组织只存在了几年，但它为之后更强大的工会组织铺平了道路，帮助纺纱工和

[1] Lazonick, "Industrial Relations and Technical Change", *The Cambridge Journal of Economics*, no.3, 1949, p.237.

[2] 到 19 世纪末，最为重要的斗争当中很大一部分是关于内部分包系统，而不是关于去技能化本身：可参考 Craig Littler, "Deskilling and Changing Structures of Control", in S. Wood, ed., *The Degradation of Work*? London, 1982, pp.122-145; D. Clawson, *Bureaucracy and the Labour Process*, New York, 1980。霍布斯鲍姆和佩林（Henry Pelling）之间关于英国工人贵族的辩论实际上是围绕着生产机构（霍布斯鲍姆所强调的）和技能（佩林所强调的）之间的区别展开的。

[3] Lazonick, *op.cit.*, p.245; Cohen, "Workers' Control in the Cotton Industry", *Labor History*, 1985, 26 (1).

监理工通过限制劳动力供给来捍卫自身的特权地位。[1] 在 1853 年普雷斯顿（Preston）罢工中劳资双方的尖锐对抗之后，兰开夏的大多数棉纺城镇中出现了工资合约制度的巩固，这为一种相对稳定的阶级妥协奠定了基础，使得这一新型的工联主义不同于之前那些试图扩展工人对生产的直接控制的激进运动。[2] 纺纱工和监理工这一封闭的工联主义不同于之前动力织机工人那种开放的工联主义，那些工人通过集体谈判、罢工和立法手段，以包容性的方式、而非排斥性的方式争取工人条件的改善。恰恰是充满限制的封闭式工联主义阻碍了开放式工联主义的进一步发展，直到 1890 年代后者再次勃兴 [3]。

19 世纪后半叶，兰开夏纺织城镇中出现的这种以纺纱工和监理工的宗派主义为特点的产业工联主义，恰恰是一种新型家长制生产政治的重要组成部分。"在这些年里，所有棉纺产业工会的特征是一种宣称雇主和工人利益一致的妥协性态度。" [4] 在乔伊斯（Joyce）看来，这一新型生产政治的基石，是棉纺产业中所有主要生产过程均已完全实现劳工对资本的真实从属关系。自动纺纱机监理工的身份被提升为"手工匠人"，但这并非基于其所掌握的技术；而内部包工制度的存留也并不能掩盖"工人已

97

---

[1] Lazonick, *op.cit.*, p.246.

[2] 在工厂系统出现之前，就已经存在着无数关于工资合约的斗争。但在那一时期，工资合约并不具备如 1850 年代到 1870 年代那样广泛的合法性、区域可操作性和执行机制。

[3] Turner, *Trade Union Growth, Structure and Policy*, pp.139–232.

[4] P. Joyce, *Work, Society and Politics*, New Brunswick, New Jersey, 1980, p.65.

完全丧失对生产环节的控制"这一现实，尽管纺纱工仍保留着对拼补工及其招募环节的控制。科恩（Isaac Cohen）提供的视角与上面的论断相互补充，他认为监理工在工厂劳动过程中的真实从属关系伴随着另一种转变过程：监理工的主要责任从一个操作工变成了一个监工，这一转变算是对真实从属关系的一种补偿。[1] 监理工得以在劳动体系中上升到某种更具权威的位置上，这也在一定程度上使得这些工人对雇主的态度更具妥协性。

兰开夏棉纺产业的聚集和集中使一些大型工厂主得以出现，这些工厂主在之前的竞争与危机中存活下来，并在无序的市场中获得了某种控制权。[2]19世纪50年代到70年代的繁荣更是为工人的物质生活条件提供了某种保障。在许多棉纺城镇中，工厂主已经存在多年，逐渐成为社区的象征。他们的权威和影响不仅渗入公共生活，而且也渗入工人在工厂之中和之外的日常生活。虽然工厂主从未能够掌控大多数工人的住房，但他们以工厂为中心，通过开设游泳池、学校、周末学校、餐厅、体育馆、图书馆，尤其是教堂，渐渐组织起工人的社群闲暇生活，以此实现自身的影响力。他们组织当地的体育比赛和郊游活动，还邀请工人到工厂主的住处吃晚餐。他们用公共仪式和假期来纪念工厂主家庭中的婚姻、

---

[1] Isaac Cohen, "Craft Control, Immigrant Labour and Strikes: British Cotton Spinners in Industrial America 1800–1880", unpublished manuscript, 1983, p.25.

[2] G. Schulze-Gaevernitz, *The Cotton Trade in England and on the Continent*, London, 1895, pp.65–85.

新生和过世，或者庆祝工厂主在政治上的胜利。[1] 在这些影响下，工人开始将雇主的利益视作自身的利益。仅有的一些产业冲突，尤其是罢工，也变得平和起来，充满了仪式感。[2]

这一逐渐出现的家长制根植于工人对单一雇主的依赖。当一个家庭中多人都受雇于同一工厂时，依赖更是得到强化。乔伊斯就指出，在很多棉纺社区，家庭变成了维护尊卑等级、吸纳工人的有效工具。[3] 家庭不是像斯梅尔瑟所说的那样，展现出一种线性的演变趋势，而是在家长制情境中被重构了。即使是在历来都由女工占主要地位的动力织布领域，一种新的父权制也被渐渐组织起来并被整合到更广泛的家长制当中。"虽然在1840年代以前童工在动力织布领域也存在，但毕竟程度有限。技术进步极大地促进了工作角色和家庭角色的趋同，这意味着在1840年代，单个工人能操作的织布机数量增加了。正是在这段时间，动力织布工为了完成不断增长的工作量，开始越来越多地使用帮工，就像走锭纺纱工使用拼补工一样。"[4]

家庭制度使得一种唯我独尊的家长制得以巩固，这一制度在管理层至高无上的权威下重构了工厂社区，为工人既扩充了权利，也扩充了义务。家长制的具体风格随工厂主的党派身份或宗教认同的不同而变化。[5] 工人需要对工厂主的教会和政党

[1] Joyce, *Work, Society and Politics*, pp.90–157.

[2] Joyce, *Work, Society and Politics*, p.68.

[3] 同上书，pp.111–116。

[4] 同上书，p.58。

[5] 同上书，pp.201–239。

展现绝对忠诚，才能从工厂主那儿获得相应的"福利"待遇。最后，家长制的兴起也伴随着一种新的企业家意识形态，这一意识形态不再像之前一样，认为企业主对穷人不负有责任，而是宣称企业主是一个由雇主和工人共同组成的道德社群的领袖。[1]

在新型家长制下，也有一些重要的例外。在小雇主和大雇主之间首先就应划出界限。前者并不能如同地方"领主"一样建立"新封建主义"的家长制，因此更倾向于建立专权的、以个人为中心的工厂政体。在有限责任公司繁多的奥德汉姆，工厂规模更小，工厂主对社区也没什么认同。家长制并没有像在布莱克本（Blackburn）、阿仕顿（Ashton）、普雷斯顿和博尔顿（Bolton）一样发展起来。在棉纺产业新兴资本众多的伯恩利（Burnley），阶级统治并没有被雇主和工人之间历史上共有的认同感所软化。在曼彻斯特和利物浦等大城市，不可能建构出与外界隔绝的社区。不管怎么说，家长制在任何时候都建立在劳动过程中劳工对资本的真实从属关系上。正因为此，在机械化进展缓慢、工厂规模也更小的约克夏，家长制较为薄弱，独立劳工运动也更为强大。[2]

我们现在可以总结出工厂机构的变迁对兰开夏棉纺工人战

---

[1] Bendix, *Work and Authority in Industry*, pp.99–116.

[2] Joyce, *Work, Society and Politics*, pp.76–79, 226. 乔伊斯对工厂政治的细致描绘，大体而言追随了舒尔茨－戈夫尼茨（Gerhart von Schulze-Gaevernitz）的经典著述所采用的路径。后者和马克思一样，认为兰开夏的棉纺织业体现了 19 世纪后期最先进工业的特点。但和马克思不同的是，他认为中心化、集中化和机械化的趋势会导致对工人阶级的吸纳。他的研究显示，更落后的地区——比如约克夏和他的祖国德国——孕育了更为激进的政治，与兰开夏棉纺城镇中那种和平、保守的产业关系迥异。

斗性的兴衰有何重要影响。在父权制政体下，家庭相对于雇
主而言保有较多的自主性，而在家长制政体下，家庭被雇主
塑造、规制并被密切监视。父权制依靠家庭来管理；家长制
通过家庭来管理。社区的自主性也逐渐消失了，不再是抵抗
的大本营，而变成了支配的工具。在父权制政体下，抵抗从
工作场所一直发展到更广阔的政治场域中，而家长制政体则
将工人斗争局限和规制在狭窄的范围内。在 19 世纪下半叶的
兰开夏棉纺地区，对父权制生产机构的顽强抵抗不见了，取
而代之的是一种特殊的工人阶级消极态度。当然，其他一些
因素，比如棉纺产业遭遇的经济危机和国家政治的形式，[1] 也
推动了工人阶级斗争特点的变化。但是对于解释纺纱工即劳
动力中最主要部分的利益、能力和斗争中所发生的变化而言，
工厂政体的变迁这一因素是足够充分的。

4. 新英格兰：从家长制到市场专制主义

我们已经看到，恰恰是在马克思认为促成市场专制主义的
条件最为成熟的地方，这一生产政体是缺位的。在从翼锭纺纱
过渡到走锭纺纱的过程中，我们发现劳动过程也出现相应的转
变（从真实从属关系到形式从属关系），工厂政体亦出现相应

---

[1]　Foster, *Class Struggle and the Industrial Revolution*.

的转变（从企业国家到父权制专制主义）。第二个转变过程是从走锭纺纱到自动纺纱，这一转型凸显了市场力量对工厂机构的塑造作用。从形式从属关系再次转变为真实从属关系的过程，伴随着资本的集中化，最终形成的不是市场专制主义，而是家长制政体。本章剩下的部分试图展示，劳动过程和市场力量这两个因素加在一起还是不能完全决定工厂政体的形式；我们还需要考虑无产阶级化过程的特征和国家干预。

　　资本主义发展的混合与不平衡特征，或者说，工业化进程相对于世界资本主义历史进程的出现时间，以及资本主义生产模式和之前存在的既有生产模式之间的结合，为多种工厂政体的发展提供了条件。当我们越过大西洋，把视线从英国转到美国，便能看到这一点。虽然美国借用了英国的生产技术，但并未经历英国在前工业时代所走过的外包制的多个阶段，而是直接从阿克莱特的水力纺纱机时代开始。翼锭纺纱在美国所获得的统治地位是前所未有的：到 1811 年，英国棉纺产业中翼锭纺锤和走锭纺锤的比例是 1∶12，而在美国这一比例是 1∶1。这一差异背后的原因包括：英国出口大量的细棉布，这是翼锭纺机不能生产的；英国棉纺行业使用的原材料更廉价，因此需要更复杂的技术；英国存在大量能操作走锭纺机的技术工匠；以及在英国的工厂成本环境下走锭机更高效。[1] 另外，在常见的走锭纺机被引入新英格兰地区仅仅

100

---

[1] 参见 Cohen, "Workers' Control in the Cotton Industry", *Labour History*, 1985, 26
(1); D. J. Jeremy, *Transatlantic Industrial Revolution: The Diffusion of Textile Technology between Britain and America, 1790–1830s*, Cambridge, Massachusetts, 1981, chapter 10。

二十年之后，它就被自动纺机取代了。同样的转型在英国用了四十年。[1] 因此，当波士顿的资本家和其工厂管理者从海外引入新机器时，无需面对兰开夏工人那种根植于过往工作组织和生产政治留下的深厚遗产的抵抗。[2]

机械化发展的动力来自于周边经济提供的条件。新英格兰的工厂系统是在与运转良好的小商品生产和家户自给农业的共生关系中发展的。所以在这一地区，有技术的劳动力稀少且昂贵。因此，与技术工匠众多的英国相比，[3] 新英格兰地区的工厂更倾向于引入较少依靠人工的机器。另外，在英国，

---

[1] 参见 Cohen, "Workers' Control in the Cotton Industry", *Labour History*, 1985, 26 (1).

[2] 究竟是什么原因导致了美国纺织业——以及更宽泛意义上的美国工业——更迅速地机械化，这一问题一直以来都是争议焦点。这一富有启发性的争议是由哈巴库克（H. J. Habakkuk）的观点引起的。哈巴库克认为，劳动力的短缺导致节省劳动力的机械设备被引入。（H. J. Habakkuk, *American and British Technology in the Nineteenth Century*, Cambridge, 1962.）在理论层面上，特明（P. Temin）对这一观点提出了异议。他认为，劳动力短缺不可能引发这样的后果，资本投资的利息率才是更重要的（"Labour Scarcity and the Problem of American Industrial Efficiency in the 1850s", *The Journal of Economic History*, vol. 26, no.3, 1966, pp.277–298）。在更实证的层面上，伊尔（C. Earle）和霍夫曼（R. Hoffman）试图瓦解哈巴库克的论点。他们的研究显示，在美国的许多地方，廉价的非技术劳动力十分丰裕，这种丰裕比英国更甚（"The Foundation of the Modern Economy: Agriculture and the Costs of Labour in the United States and England, 1800–1860", *American Historical Review*, no. 85, 1981, pp.1055–1094）。他们的观点是，机械化是两个过程的结果：更高的资本回报率（由更低的工资导致）导致更高的再投资率，而技术劳动力的短缺使得雇主引入可由低薪、半技术劳动力操作的机器。最后，如科恩坚称的那样，机械化和雇主对生产过程的直接控制也基于工人阶级——技术劳工和非技术劳工都算上——的集体弱势（参见 "Industrial Capitalism, Technology and Labour Relations", *Political Power and Social Theory*, no.5, 1984）。

[3] R. Samuel, "The Workshop of the World: Steam Power and Hand Technology in Mid-Victorian Britain", *History Workshop*, no. 3, 1977, pp.6–72.

前工业时代和工业生产以外的资源互相结合，形成工匠的集体组织，这成了机械化的巨大阻碍。而在新英格兰地区，劳工的集体组织需求不太迫切，组织难度也大，因为当工人不满意的时候，他们可以直接把工作辞掉。这更进一步鼓励新英格兰的工厂去技能化、缩短劳工学技术的时间。[1]总而言之，对新英格兰的工厂主来说，掌握工作组织的直接控制权既是一种更可行的方式，也能提升利润。[2]

但工厂主实现转型的具体方式既取决于资本的供应，也取决于非技术劳工的供应。在新英格兰南部和更南边的各州，被称为罗得岛体制（Rhode Island system）的系统出现了。在这些地方，面临资本短缺的工厂主得以从贫困的务农家庭中招募劳动力。这一系统更接近于英国小企业相互激烈竞争之下形成的模式，非常适合生产不同种类的粗细布料。虽然罗得岛体制一开始是一种父权制政体，但它很快就蜕变成市场专制主义。在其中，监理工向拼补工发号施令。[3]但在新英格兰北部，出现了一种特殊的沃尔瑟姆体制（Waltham system），为动力织布机和耐用粗纱的大众市场提供纱线。在这里，资本的丰裕鼓

[1] Jeremy, *Transatlantic Industrial Revolution*, p.214.

[2] Lazonick, "Production Relations, Labour Productivity, and Choice of Technique: British and U.S. Cotton Spinning", *Journal of Economic History*, no. 41, 1981, pp.491–516.

[3] 参见 A. Wallace, *Rockdale: The Growth of an American Village in the Early Industrial Revolution*, New York, 1978, pp.177–180; Cohen, "Workers' Control in the Cotton Industry", *Labour History*, 1985, 26 (1); C. Ware, *The Early New England Cotton Manufacture*, New York, 1931, chapter 8; Jeremy, pp.210–212。

101

励工厂不断扩张，引入规模效应。[1] 工厂主不再以家庭为单位雇佣劳力，而是从周边地区招募单身女工。一种非常不同的工厂政体转型过程便出现了：从家长制到市场专制主义。沃尔瑟姆体制需要我们更仔细地探究，因为它凸显了不同的无产阶级化过程如何影响生产的政治机构。我们的叙事主要来源于托马斯·都柏林（Thomas Dublin）对洛厄尔（Lowell）工厂的研究，[2] 这个地方的工厂为整个地区设立了标杆。

洛厄尔的工厂是在 1820 年代开始运营的，资金主要来自于波士顿的少部分资本家。这些工厂的劳工主要是来自新英格兰农民家庭的年轻女性。雇佣劳动和充满独立性的生活前景吸引了那些单身女性在结婚之前离开家。当然，她们的家庭不需要这一份额外收入，这些女性自己决定如何使用它。她们住在企业提供的带有价格补贴的宿舍中，受到工厂管理层派驻舍监的严格管束。宿舍将工人与工厂紧紧捆绑在一起，让她们受制于"道德警察"。在工厂中，男性监工有大量机会行使专断的强权。雇主有绝对的开除权力；如果女工自己辞工，那么她将被列入黑名单，不可能再进入这一地区的任何一家工厂。[3]

1840 年代，洛厄尔的工厂渐渐不再垄断最先进的技术。随着对布料需求的增长以及来自其他工厂的竞争增加，产品价格开

---

[1] Jeremy, *Transatlantic Industrial Revolution*, chapters 10, 11.

[2] Thomas Dublin, *Women at Work*, New York, 1979.

[3] Ware, *The Early New England Cotton Manufature*, pp.265–267; C. Cersuny, "'A Devil in Petticoats' and Just Cause: Patterns of Punishment in Two New England Textile Factories", *Business History Review*, no. 50, 1976, pp.133–152.

始下跌。在工厂里，工人的工作速度和强度大大增加，工作时间更长，工资却变低了。随着自动走锭纺机取代翼锭纺机，劳动过程本身也发生变化。根据一项估计，从 1836 年到 1850 年，工人平均产出增加了差不多 49%，但日平均工资仅增加了 4%。[1] 随着工厂中的条件恶化，这些"自由民"家庭的女孩渐渐离开工厂，工厂管理层转而从 1840 年代后期来到新英格兰地区的爱尔兰移民和法属加拿大移民中招募工人。当然，洛厄尔一直存在着外来移民，但只有当面对激烈竞争的工厂主需要更便于管理的劳动力时，移民才被允许招募到工厂中工作。例如，在汉密尔顿制造公司（Hamilton Manufacturing Company），1836 年时只有 3.7% 的工人是外国出生的，而到了 1860 年这一比例达到了 61.8%。[2]

为了适应技术的变化、劳动强度的增加，以及劳动力来源的变化，工厂管理层使用了新的策略。一开始，低工资是依据单身女工的生活成本计算的。但现在，工资数额是在一个完整家庭的劳动框架内计算的，其中儿童也被要求为家庭贡献可观的收入。汉密尔顿工厂中学龄儿童占工人的比例从 1836 年的 2.3% 提升到 1860 年的 6.5%。在 1860 年，家庭中的成年子女和学龄子女加在一起，平均为家庭贡献了 65% 的收入；而在女性为一家之主的家庭中，这一比例高达 80%。[3]

劳动力的转型，尤其是劳动力再生产规律的变化，催生了工

102

---

[1]　Dublin, *Women at Work*, p.137.

[2]　同上书，p.138。

[3]　同上书，pp.172–174。

厂政体的转型。单身女性是通过家长制政体被控制的。这一控制方式恰恰体现了这些女工的独立性，因为她们拥有随时离开、回归家庭的能力。这一家长制政体和兰开夏的家长制很不一样，后者直接规制劳动力的日常生活与再生产，而且是通过家庭而非祛除家庭以实现管理，其崛起回应了棉纺工人（尤其是纺纱工）的强大组织力、日益减弱的企业间竞争以及劳工对资本的真实从属关系。来自爱尔兰和法属加拿大的移民工人和兰开夏的工人一样，都无法在家户自给经济中找到依靠，其完全依赖于雇佣劳动，这和扬基（Yankee）地区的青年女工不同。但和兰开夏工人不同的是，这些移民工人没有强大的集体组织，无法在工作中抵抗管理层无孔不入的控制。他们不是围绕着内部包工制而组织起来的。他们也没有赢得工资合约，无法让雇主保证不降工资。恰恰相反，管理层随心所欲地雇佣和解雇他们，不同工厂的管理者还联合起来，单方面设定计件工资率。在这里，我们的确找到了马克思所说的市场专制主义的一个例证。

生产的政治机构同时还形塑了工人斗争的模式。来自扬基地区农民家庭的年轻女工以宿舍为中心，以共和传统为依托，建立起具有团结感的工人社区。她们通过罢工来挑战雇主削减工资的行为，积极参与到争取10小时工作日的运动中。当她们斗争失败时，她们就选择辞工。而来自爱尔兰和法属加拿大的移民工人，一开始面对的就是一个将工人四分五裂的强制性政体。他们不得不相对平和地接受他们所面对的条件和待遇，因为他们没有其他生计来源，而且在来打工之前过得更惨。

5. 俄国：移民工人和企业国家

19 世纪兰开夏棉纺产业的转型说明：市场因素以及工人在劳动过程中对资本的从属关系的具体特征，为生产机构的具体形式设限。从企业国家到父权制再到家长制的转型，说明了以上两个因素是如何具体设限的。而对新英格兰的比较分析，让我们关注一个新的因素，这个因素在兰开夏的案例中是不变的，因此当时看不出其作用。这个因素便是工人和其生存资料相分离的程度，其作用体现在新英格兰地区从家长制向市场专制主义的转型中。对俄国工厂政体的审视则将以类似的方式解释另一个因素的重要性。这一因素在兰开夏和新英格兰的案例中均是不变的，此即国家的干预。在兰开夏和新英格兰，国家干预都停留在"外部"，以支持资本积累的自我规制为目的。而在俄国，我们将看到：国家不仅规制劳动力的再生产，而且直接建构了工厂机构。但首先，我们还是需要考察劳动过程对俄国工厂政体的影响。

在俄国，滞后的发展重组了工业化的各个阶段，这比在美国体现得更明显。[1] 棉纺织产业进入俄国的时间尤其晚近，直到 19 世纪前半叶才得到快速扩张。首先发展起来的是在进口布料上印花，然后是把廉价进口纱线织成布，最后才是纺纱。与使用农奴劳力的羊毛和钢铁产业等国企不同，棉纺织

103

---

[1] A. Gerschenkron, *Economic Backwardness in Historical Perspective*, Cambridge, Massachusetts, 1966, pp.119–142.

产业是在外国支持下发展起来的，从一开始就采用雇佣劳动模式——虽然从土地关系上来说，那些被雇佣的工人依然是农奴。织布一开始是在大企业，但当工人熟练掌握了手摇织机之后，很快就变成了村社小规模生产模式。只要技术比较简单，外包制就能从工厂模式中发展出来，而且阻碍工厂模式进一步发展。[1] 当动力织机出现之后，织布工业非常缓慢地重返工厂。而另一方面，俄国的棉纺工业是在 1840 年代英国解除了对自动走锭纺纱机的出口限制后才真正起步的。所以，纺纱从头到尾都是基于工厂的，从来没有经历过外包制阶段。

滞后发展的节奏同样形塑了纺织行业不同工种之间的相对地位，"相对于纺纱，织布手艺被认为是技术更高、更具声望，工资也更高（此处存疑）"。[2] 俄国政府甚至称织布工为工人贵族，不过泽尔尼克（Reginald Zelnik）却提醒我们要更谨慎地看待这一问题："柯兰霍姆（Kranholm）的织布工当然从来不是独立的手艺人，其自由裁量权的内容也是微乎其微的，几乎只限于速度问题。但是，如果考虑到成为织布工有多难，以及织布工更高的受教育程度……那么在工厂出现的早期，织布工享有的一点点自主权也足以让他们在其他工人眼中获得更高的地位。"[3]

---

[1]　M. I. Tugan-Baranovsky, *The Russian Factory in the Nineteenth Century*, Homewood, Illinois, 1970, pp.171–214.

[2]　Zelnik, "Kränholm Revisted, 1872: Labour Unrest on the Narva River and the Life of Vasilii Gerasimov", paper presented at the Conference on the Social History of Russian Labour, Berkeley, 1982, p.11.

[3]　同上文，p.12。

织布业中的工匠传统虽然很弱，但还是强于纺纱业，这也决定了这两个工种在俄国的相对地位。这一层级关系与英国完全相反。在英国，工厂中的纺纱工种虽然经历了去技能化，但毕竟是从手艺匠人传统中发展而来，而且还一直保留了匠人的身份。相比之下，手摇织机和动力织机之间的巨大鸿沟使得英国的织布工种不再保有手艺人的遗产和匠人的身份。而且在英国，纺纱业一直是被男性主导、织布业被女性主导。但在 19世纪末，俄国的性别分工恰恰是完全反过来的。[1]

虽然纺纱和织布这两个工种中生产机构的不同可以部分地解释两种工人参与集体抗议的不同程度，但两个工种之间的

¹⁰⁴

---

[1]　R. E. Johnson, *Peasant and Proletarian*, New Brunswick, New Jersey, 1979, pp.17, 55. 在 *Labour and Scarcity in Tsarist Russia*（Stanford, 1971, chapter 9）中，泽尔尼克提供了一个关于圣彼得堡现代涅夫斯基工厂的棉纺工人于 1870 年发起的罢工的有趣叙述。在那里存在着一个原始的内部包工系统。按道理，男纺纱工应该从他们自己获得的计件工资中，拿出一部分作为他们帮工的固定工资。一项历史悠久的传统是，帮工在复活节时有两三天的带薪休假。这一传统引发了劳工的争议。付给帮工的薪水是从纺纱工的收入中来的。1870 年 4 月，纺纱工决定打破传统，从他们付给帮工的薪水中扣除休假的部分。然而，工厂管理方一直对纺纱工与其帮工之间的互动关系颇为怀疑，当纺纱工拒绝为帮工的休假付薪时，管理方直接为帮工付薪，并在其付给纺纱工的薪水中扣除了相应的部分。当纺纱工发现他们那个月的工资变低了之后，开始向管理方讨说法。管理方拒绝回应纺纱工的诉求，纺纱工开始罢工。泽尔尼克没有告诉我们这一内部包工系统究竟有多典型，而是指出对棉纺工业的现有研究还没有充分到足够回答这一问题的程度。我们也许可以猜想，内部包工系统是随着英国管理方而一起被引入俄国的。值得注意的是，俄国纺纱工不像英国纺纱工一样拥有那么多自主性。在俄国，监工和领班一直在干涉纺纱工与其帮工之间的关系，并且单方面地决定如何分配工作任务——这绝对是英国纺纱工无法忍受的。但是在 1870 罢工期间，纺纱工成功地阻止了他们的帮工进入车间——这是靠武力、说服还是同情实现的呢？从泽尔尼克引用的数据来看，俄国纺纱工和帮工之间的工资差看起来很可能比英国要小。在英国，1823 年到 1900 年间自动走锭纺纱工的工资从来没有低于过拼补工工资的221%（Hobsbawm，*Labouring Men*, p.292）。

共同性也很惊人。在英国或德国管理层的主导下，引入了先进技术，在两个工种中都确立了劳工对资本的真实从属关系，奠定了一个共同的专制秩序的基础。这一专制政体的特点被两种国家干预所塑造：对于劳动力在资本主义工业和封建或小农经济之间来回流动的调控，以及中央政府对企业国家的直接建构。我们依次叙说。

农奴解放使大部分农民的生存状况恶化了。他们不仅需要为获得的土地交付高额赎金，而且这些土地产出的粮食根本不能满足生存的基本需要。[1]人口过剩、贫困和税费负担在19世纪的最后四十年都加重了。因此，农民不得不在自给的农业生产之外再从事非农业家户独立生产，或者将劳动力出卖给工业雇主或之前的地主。而解放农奴的法律让农民从农村永久迁徙到城市变得极为困难，因此加重了农民的困境。

为了限制城市化的程度，国家巩固了农村公社（*obshch-ina*），扩展了公社的权力和责任。公社负责征收税款和土地赎金。而村议事会（*mir*）则对村内未能按规定上交钱款的人处以强制劳动。在农民未付清税款和国家提供的土地赎金贷款一半本金的情况下，是不能将土地卖掉的。更有甚者，农民不能在未经一家之主允许的情况下永久地离开村庄。在村议事会有权按照每家劳动人口的多少重新分配土地的情况下，

---

[1] Gerschenkron, "Agrarian Policies and Industrialization: Russia 1861–1914", in H. J. Habakkuk and M. Postan, eds., *The Cambridge Economic History of Europe*, Cambridge, 1965, vol. 6, part 2, pp.741–742; T. H. Von Laue, "Russian Labour between Field and Factory, 1892–1903", *California Slavic Stuies*, no. 3, 1964, pp.34–35.

105

父母往往因为怕失去土地而不愿意让子女离开。这些"再分配公社"覆盖了绝大部分农村人口和土地。[1]国家同时授权村议事会控制内部护照的颁发——这些护照对任何超出村庄范围的人口流动来说都是至关重要的。村议事会不仅有权决定谁能获得护照，还能决定护照的时效，从半个月到三年不等。任何不在本村的农民如果被发现没带护照的话，就会马上被"遣返"。正如在改革时期大家所理解的那样，"农村公社被保留下来，意味着来自村议事会的束缚取代了来自地主（*pomeshchik*）的束缚"。[2]

护照系统只是农村公社伸向城市的漫长触角的一个方面。正如其他城市情境中的移民一样，俄国农民也经常是在亲属的引导下在城市落脚的，而且那些基于村庄和地方的网络和组织（*zemliaki*），包裹着他们在城市生活的方方面面。这些网络和组织给移民提供了安全感，帮助移民找工作，而且更重要的是，它们强化了移民与村庄的联结。[3]不过，近期的一些研究显示，

[1]　G. T. Robinson, *Rural Russia under the Old Regime*, London and New York, 1932, pp.112–113.

[2]　Gerschenkron, "Agrarian Policies and Industrialization", in H. J. Habakkuk and M. Postan, eds., *The Cambridge Economic History of Europe*, vol.6, 1965, p.753.

[3]　泽尔尼克对卡恰契科夫（Semen Kanatchikov）回忆录的分析（"Russian Bebels: An Introduction to the Memoirs of the Russian Workers Semen Kanatchikov and Matvei Fisher, Part I", *The Russian Review*, vol.35, no. 3, 1976, pp.249–289）展现了那些试图告别村庄的移民工人可能要面对的养家压力与社群压力。在1897年，圣彼得堡已成家的纺织工人中87%都需要靠乡村来维持其妻子和孩子的生计（Bonnell, *Roots of Rebellion*, p.56）。1899年对埃米尔·辛德尔（Emil Tsindel）棉纺厂工人的调查显示，两千名工人中94%是农民，男性农民中90%以上都在农村有（转下页）

技术工人和手工匠人与村庄之间的联结要远弱于非技术工人。后者不仅在城市生活的时间更短，而且在低工资和被解雇的风险面前，更需要依赖基于村庄的社会安全网。[1]

因此，在俄国出现的实际是一个劳工循环流动的系统。在这一系统中，大量的非技术工人同时保有对土地和工业、对乡村和城市的双重归属感。从资本的角度看，农村来的移民工人使得雇主仅需要支付与单个工人生活成本相对应的低工资。养育下一代、赡养老人和照料病弱者的成本则由村议事会负担——自给的农业生产补贴了资本家的利润。但这个劳工流动系统却是一把双刃剑。工人既然能够回到乡村，也就意味着他们相对于雇主来说有更大的自主性。如何让工人在工

（接上页）自己的土地（Johnson, *Peasant and Proletarian*, p.40）。但我们不能因此轻易推断认为这些工人对村庄保持着持续的归属感和纽带，因为这些工人花在工厂工作上的年数平均达到 10.4 年，50%~60% 的工人的父辈也曾是工厂工人（D. Koenker, *Moscow Workers and the* 1917 *Revolution*, Princeton, 1981, p.50）。劳厄（Von Laue）引述了另一项研究，该研究指出："最穷的、没有土地的农民中 76% 会往家里寄钱，在拥有不超过三德沙汀（德沙汀为俄国土地计量单位，一德沙汀约为 2.7 英亩——译者注）土地的农民中这一比例为 92%，在拥有三到六德沙汀土地的农民中这一比例为 62%，而在拥有超过六德沙汀土地的农民中这一比例为 91%"（Von Laue, "Russian Peasants in the Factory, 1892–1904", *Journal of Economic History*, vol. 21, no. 2, 1961, p.65）。这些寄回的款项大概说明，在城市工作的农民工对村庄的确保持着持续的归属感和纽带。在 1904 年到 1906 年间，政府的农业政策经历了剧烈变化。之后便是 1906 到 1914 年间的斯托雷平改革，这些改革措施鼓励农民工整合他们的土地、将土地卖掉、永久地移居到城市中。参见 Gerschenkron, "Agrarian Policies and Industrialization" in H. J. Habakkuk and M. Postan, eds., *The Cambridge Economic History of Europe*, vol.6, 1965, pp.783–798; Robinson, *Rural Russia under the Old Regime*, pp.208–242。

[1] Bonnell, *Roots of Rebellion*, pp.52–57; Von Laue, *op.cit.* pp.70–71; S. A. Smith, *Red Petrograd*, Cambridge, 1983, pp.14–21।

厂中待下去便成了一个问题。工人被安排居住在"宿舍小间"或"公共棚屋"中，以便管理层随时监视工人、实行军事化管理。而且工人要忍受一整套由工厂警察、雇主开的商店、计件工作、罚款、每6到12个月酌情续签合同所组成的严密系统。但这一系统要想有效地强制榨取工人的劳动，前提条件必须是工人无法"退出"。因此，国家和工厂政体紧密合作，通过护照系统来规制工人的流动。工人在合同到期之前可以辞工，但必须要冒着护照失效，因此也就不能再搬到别处或者变换工作的风险。[1]

对莫斯科和圣彼得堡的比较说明了劳动过程和劳工流动是如何共同形塑工厂政体的。因为棉纺工厂一开始就使用了先进技术、确立了劳工对资本的真实从属关系，所以工人几乎没有资源去抵抗企业国家的蹂躏。因此，与机械化尚未充分

106

---

[1] 我们可以对柯兰霍姆——当时世界上最大的几个棉纺工厂之一——在1850年代到1870年代的企业国家政体和赞比亚在二战前殖民地时期铜矿上的企业国家政体进行一项有趣的比较。(参见 Zelnik, "Kränholm Revisted", paper presented at the conference on the Social History of Russian Labour.) 在这两个案例中，我们都能发现：(1)"殖民的专制主义"，这一政体在俄国案例中基于民族，而在赞比亚案例中基于种族；(2)这一政体拥有立法、执法、裁断违规行为的随意裁量权；(3)一个基于工人当中族群对立关系(在俄国案例中基于民族，在赞比亚案例中基于部落对立)的司法—警察机构；(4)对工人代表——通常是年长工人——的选举或任命，这一过程发生在管理层监督之下，并在发生冲突时被工人拒斥或推翻；(5)大量使用罚款、扣薪，以及将薪水支付推迟到合同结束之时；(6)管理者对工人的体罚和随意攻击(虽然俄国的体罚、殴打、关禁闭系统在赞比亚不存在)；(7)对工人往来于企业场所的移动施加严格管制；以及(8)企业开设的商店，虽然其商品价格在赞比亚要更低一些。殖民国家和绝对主义集权国家积极地参与到对劳工流动的规制当中，但不愿意涉足劳资争议，除非这些争议威胁到法律与秩序。

起步的金属加工业相比，棉纺产业中的工厂政体更有强制性，也更与世隔绝。虽然莫斯科和圣彼得堡的产业构成均是混合的，但纺织业在莫斯科更集中，而金属加工业在圣彼得堡更集中。这是解释为什么企业国家政体在莫斯科而非圣彼得堡盛行的原因之一。另一个因素也同样重要：莫斯科具有与周边乡村腹地的长期共生史，所以劳工循环流动更为常见；而圣彼得堡的工业发展要更晚，进展更为突兀，所吸引工人不仅技术水平更高，而且往往来自于更遥远的地方。社区与工作之间、城市与乡村之间更为松散的联系——体现为更高的工资、更高的工人技术水平、以及专制性更弱的工厂政体——促进了圣彼得堡在 20 世纪早期的劳工抗争。

第三个因素也形塑了两座城市不同的工厂政体：国家机构对生产机构的直接规制。圣彼得堡的资本家对中央政府（以及外国资本）依赖性更强，而莫斯科的资本家更有独立性，因此能形成自主的企业国家政体。圣彼得堡的资本家使用更为资本密集的技术、支付更高的工资、需忍受更短的工作时长，因此他们更支持国家对工厂立法管制，以清除那些来自劳动密集的、雇佣更多妇女儿童的、工作时长更长和工资更低的企业的竞争。莫斯科的资本家往往就是后面这种血汗工厂的运营者，他们抵制国家对工厂政体的规制。[1]

在整个 19 世纪下半叶，国家对工厂管理方式的规制不仅

---

[1] Tugan-Baranovsky, *The Russian Factory in the Nineteenth Century*, pp.321–349; Smith, *Red Petrograd*, p.74.

生产的政治

在国家之外争议不断，而且也是国家内部矛盾冲突的焦点。所以，在世纪之交时，倾向于捍卫资本家不受干扰地管理其工作场所"权利"的财政部，与坚定支持国家出手规制工厂专制政体的内务部，两者之间的矛盾进入白热化。国家时而镇压，时而妥协，但干预程度一直在增加。一方面，罢工从来不是资本和劳工之间的私人事务，而是关涉公共秩序的问题。它为国家提供了仪式性地彰显自身存在感的契机，使国家铁腕出手镇压无助的工人。[1]但另一方面，国家的法律，尤其是1885 年的法律，的确试图建立一个资本的行为准则，并为工人确立书面的合同和薪资表。国家还任命了工厂视察员负责执行这些法律；但是，由于这些视察员既不能有效辖制雇主，也无法取得工人的信任，所以在改善工作条件方面基本无能为力。[2]更重要的是，1886 年的法律扩大了警察对工厂城镇的监视，让工厂和国家联系得更为紧密。[3]

当直接镇压和工厂立法均不奏效时，国家便开始自上而下构建自己的一套工厂机构。内务部在一定程度上受到1896 和1897 年纺织业罢工的触动，开始鼓励那个被滑稽地称为"警察社会主义"的系统。由国家支持的工厂机构意在让工人有机会表达关于经济议题的不满。国家希望这样一来，工人就不会和

[1]　G. V. Rimlinger, "The Management of Labour Protest in Tsarist Russia: 1870–1905", *International Review of Social History*, no. 5, 1960, p.245.

[2]　Rimlinger, "Autocracy and the Factory Order in Early Russian Industrialization", *Journal of Economic History*, no. 20, 1960, pp.82–87.

[3]　Rimlinger, *op.cit.*, pp.231–237.

社会民主党人走到一起了。这一系列实验中最著名的是祖巴托夫协会（Zubatov societies），以其创始人、1896 年被任命为莫斯科暗探局局长的谢尔盖·祖巴托夫（Sergei Zubatov）命名。但在国家对祖巴托夫协会的支持中也显示出矛盾和张力——秘密警察们发现，他们需要在那些不服从指挥的工厂管理者面前捍卫自己的组织。[1] 虽然祖巴托夫协会确实在圣彼得堡出现过，但真正在工人中收获最多关注和支持的是"加邦大会"（Gapon Assembly）。加邦神父（Father Gapon）是祖巴托夫的门徒，也是于 1903 年成立的全俄工厂工人大会的灵感来源和领导者。为了获得法律许可，加邦大会自称是互助互惠组织，但其组织者的真实意图却超出互助的范围，而是为工人争取经济和公民权益。[2] 从一开始，加邦神父就将大会视作为会员争取利益的手段，而不是实现国家规制的工具。加邦大会和政府之间的关系一直不很顺畅，直到一些加入了加邦大会的工人被普提洛夫工厂（Putilov plant）解雇，使得大会和厂方发生冲突。冲突迅速从具体的解雇问题升级为要求基本的经济和政治权利，包括 8 小时工作日、最低工资、结社自由和立法保护劳工。这一冲突最终导致"血腥星期天"的示威和屠杀，以及引发了 1905 革命。[3]

---

[1] J. Schneiderman, *Sergei Zubatov and Revolutionary Marxism*, Ithaca, 1976, pp.145–155.

[2] W. Sablinsky, *The Road to Bloody Sunday*, Princeton, 1976, pp.101–104.

[3] 同上书，pp.143–271。

生产的政治

在 1905 年之前的十年中，生产政治和国家政治越来越交织在一起。祖巴托夫协会增强了国家在工厂中的存在感，而加邦大会则让生产的政治进入了公共场域。这两种政治的融合都没有让民众更信任沙皇政体，而是迅速导向了 1905 年的大规模反抗。即使仅仅允许工人在这一点点有限的空间中组织起来，也相当于提升了工人斗争的能量。

6. 从魔鬼工厂到俄国革命

我们如何把生产理解为一个同时存在地位跌落与地位上升、原子化与联合、相互隔绝和组织结社的场域？这是本章一开头就提出的理论悖论。解决这一悖论的方式，是将劳动过程和生产的政治机构区分开。前者说明了宰制和碎片化如何发生，而后者则说明了反抗和斗争的来源。我们不仅看到工厂政体和劳动过程能够独立地影响工人利益与能力的形成，而且也看到工厂政体和劳动过程这两者可以各自独立地发生变化。通过一系列历史和跨国比较，我们陆续分离出四个形塑早期资本主义纺织业工厂政体的因素。按照普遍性递升的顺序来排列的话，这四个因素依次是：市场力量、劳动过程、劳动力再生产，以及国家。但这如何帮助我们解释那个历史异例，即英国工人 1860 年之前的战斗性被不断吸纳，导向了改良主义的方向，而俄国工人在 1905 年的斗争最终成长为

1917 年的革命运动？

我们区分了两种在早期资本主义之下将家庭融入积累过程的模式。第一种模式主要出现在英国。这一模式中，整个家庭都与生存资料分离，完全依赖于雇佣劳动。多名家庭成员同时挣取工资、贴补家用，对生产中的关系的规制是通过将家庭政体和工厂政体融合的方式实现的。第二种模式影响了大部分俄国劳动力。在这一模式中，家庭被分成了两个相互依赖的部分：领薪工人的日常生计维持是在生产地点完成的，而劳动力的更新过程则被其他家庭成员在农村组织起来。农村的自给式生产使得低薪的雇佣劳动成为可能，而对生产中的关系的规制则通过企业国家完成。

无产阶级化过程的这些不同特征与工人抗争的不同类型相关。1850 年之前，在英国工业当中最重要的棉纺业，男性纺纱工试图捍卫他们的父权制政体免受资本侵蚀。1850 年之后，在兰开夏的很多地方，父权制政体被家长制政体取代。或者说资本通过、而不是依靠家庭来实现管理。家长制政体有效地将工人斗争控制在生产的维度之内。而在俄国，企业国家政体最终促进了致使其崩溃的工人斗争：1905 年工匠和技术工人的斗争，以及 1917 年更多是由大工厂中的技术工和非技术工发起的斗争。[1]

---

[1]　参见 Bonnell, *Roots of Rebellion*; L. Engelstein, *Moscow 1905*, Stanford, 1983; Smith, *Red Petrograd*。这一诠释最近遭到了霍根（H. Hogan）的挑战（"Industrial Rationalization and the Roots of Labour Militancy in the St Petersburg Metal-Working Industry, 1901–1914", *Russian Review*, vol.42, no. 2, 1983, pp.163–169; "Russian Metal Workers（转下页）

　　　　　　　　　　　　　生产的政治

随着时间变化，斗争重心的转移既源自现代工业的发展，也源自国家和工厂政体之间的关系。在英国，19世纪后半叶国家对工人阶级的政治妥协——投票权、工会合法化、有关工作日时长的规定、《主仆法》（Master and Servants Laws）的废除——使得生产政治与国家政治日益隔离开来。而在同一时间段，沙皇独裁体制并没有做出妥协，而是强化了镇压，使得国家政治与生产政治融合得更深。在1917年，当集权政体

（接上页）and Their Union: The organization, composition and leadership of the St Petersburg metal workers' union, 1906–1914", paper presented to the American Historical Association, San Francisco, December 1983）。霍根认为，在1906年到1914年间，圣彼得堡金属工人工会的成员构成发生了变化，从大的混合型生产工厂中各种不同技术水平的工人，变为面临以科学管理法和岗位稀释为形式的工作合理化威胁的中等规模工厂中的技术工人，这一群体更为同质化。与英国的技术工人不同，圣彼得堡的金属工人没有组织资源去在工厂中抵抗工作合理化的威胁。因此，他们不得不通过参与更广阔的政治场域来捍卫自身的地位，从忠于孟什维克变为忠于布尔什维克。换句话说，工匠和技术工人在工人运动最具领导力的那一部分中扮演的角色越来越核心，而不是越来越不重要。

但是，支持这一论点的证据不太有说服力。第一，我们不确定"合理化"究竟在多大程度上被执行，又在多大程度上仅仅停留在政策声明、意愿和管理意识形态层面。第二，霍根无法精确描述不同形式的合理化究竟在何时、何地被引入。第三，她并没有把金属工人中集体动员的爆发和那些受合理化影响最严重的生产场域联系起来。第四，她的数据显示，工会会员构成存在一些连续性。虽然老会员在数量上居于少数，但他们可能仍然能够在很大程度上形塑金属工人抗议的新方向。最后，霍根的分析在时间上停止于1914年，她未能揭示她的分析对于理解1917革命的进程来说有何意义。霍根的研究很好地补充了海姆逊（L. Haimson）的经典论文，这些论文认为，1912年到1914年间大规模爆发但未能成功的罢工潮，在实证层面上否定了任何将战争对稳定的破坏看作是触发革命的核心因素的简单观点。（"The Problem of Social Stability in Urban Russia 1905–1917 [Part One]", *Slavic Review*, vol. 23, no. 4, 1964, pp.619–642; "The Problem of Social Stability in Urban Russia 1905–1917 [Part Two]", *Slavic Review*, vol. 24, no. 1, 1965, pp.1-22.）与海姆逊一样，霍根也坚称，无论"合理化"对推动金属工人进入政治场域来说有多重要，这些过程都必须在我们试图解释1917年更广阔的革命动能时被放置于更宏大的语境中。

面对军事和金融危机、以及同时来自农村和城市的日益高涨的不满时，国家的危机被直接传导到工厂中。正是在工厂中，旧的政治机构被摧毁，新的政治机构得以诞生。工厂管理层无法再依靠正式警察和秘密警察，所以工人得以接管生产。那些不再需要的监工和领导被赶走，工人们成立了工人委员会，监督生产管理，调控供应物资的分配。工人民兵组织成为新的工厂政体中的强制性部门。这一转变在对国家崩溃的感受最为强烈的地方即大型国家军火工厂走得最远，乃是不足为奇的。

至少在一开始，工人对生产的直接控制不是被无政府工团主义的愿景所激发出来，而是当时保持生产运转的唯一办法。虽然俄国资本一开始做好了对工人作出一定妥协的准备，但革命运动在 1917 年中期的不断升级使得资本开始以蓄意破坏生产的方式来反对运动。而在这之后，工厂委员会不得不把工人对生产的控制从一项防御性措施变成一项更激进的自我管理事业，虽然这一事业在当时并没有被清晰地察觉。另外，随着经济危机的深化，工厂委员会发现了中央协调的必要性；每个人的命运都依赖于整体的命运。正因如此，工厂委员会强烈支持中央计划。的确，在革命之后新政体的最初几个月里，工人们对中央计划的支持比列宁走得更远，列宁当时还认为不受限制的基层自发性颇有潜力。

110　　工厂委员会的特点取决于它所取代的旧政体，也取决于它所代表的工人。与克莱德赛德（Clydeside）的金属工不同，彼得格勒（Petrograd）的金属工并没有浸淫在保守的、宗派主义的传统中。他们是技术工人，但却没有工匠传统。比如，与那些随着资本主义发展而自然而然地逐渐组织起来的英国金属工相比，俄国的金属工并没有那么反对技术的稀释和去技能化。[1] 另外，行业工会和产业工会在 1905 年之后的同时出现，也意味着特纳（H. A. Turner）在分析英国的工会发展时所着重强调的地方宗派主义[2] 其实在俄国也要弱得多。当然，在技术工人与非技术工人之间，子承父业的工人和农村来的新工人（chernorabochie）之间，男工和女工之间，老工人和年轻工人之间，还是存在不少隔阂。但无论是技术工人还是非技术工人，他们对其工厂的归属感都是最主要的。[3] 的确，正如古蒂（C. Goodey）所言，在 1917 年底，工厂委员会是整个俄国最强大的制度。[4] 工厂委员会是革命动员的基础而非其阻碍。其中，非技术工人不断将技术工人推向更激进的方向。后者反过来试图约束和引导新工人的战斗性。[5] 因此，最近的社会史研究充分说明，布尔什维克党的成功是因为其

[1]　S. A. Smith, "Craft Consciousness, Class Consciousness: Petrograd 1917", *History Workshop*, no. 11, 1981, pp.42–45.

[2]　Turner, *Trade Union Growth, Structure and Policy*, Part 4.

[3]　Smith, "Craft Consciousness, Class Consciousness"; 但也请同时参考 W. Rosenberg, "Workers and Workers' Control in the Russian Revolution", *History Workshop*, no. 5, 1978, pp.89–97。

[4]　C. Goodey, "Factory Committees and the Dictatorship of the Proletariat (1918)", *Critique*, no. 3, 1974, pp.27–48.

[5]　参见 Koenker, *Moscow Workers and the 1917 Revolution*, pp.317–328; Smith, *Red Petrograd*, chapter 8。

能够有效回应工人阶级被工厂政体塑造出来的激进性。

工厂委员会预示着生产政治和国家政治之间一种新的关系："俄国革命的惊人之处在于，有那么几个月的时间，工人的组织成功将民主和集中结合起来，而且既避免了官僚化，也避免了无秩序。"[1]不过，工厂委员会很快就变成了国家、政党尤其是工会的附庸。这一转变的发生原因至今仍充满争议。是因为工人的地方宗派主义和狭隘性吗？[2]还是说，工人委员会被击溃的原因在于其威胁了布尔什维克党对进一步集中化的迫切愿望？[3]还是说，那些主导工厂委员会的技术工人认为，将工厂委员会整合到强大的中央政府中去符合他们自身利益？[4]抑或我们可以说，工厂委员会被扼杀的命运至少一部分是因为列宁主义的偏见——这些偏见将工人的控制权视为一种幼稚病，将一切政治都还原为国家政治，将新生的国家描绘成无产阶级利益的守护神？[5]无论工厂委员会被镇压的

[1]　Smith, "Craft Consciousness, Class Consciousness", *History Workshop*, no.11, 1981, p.40.

[2]　见前文引用的 Rosenberg, "Workers and Workers' Control in the Russian Revolution" (*History Workshop*, no.5, 1978) 一文。

[3]　J. Keep, *The Russian Revolution*, New York, 1976; O. Anweiler, *The Soviets: The Russian Workers, Peasants and Soldiers Councils*, 1905-1921, New York, 1974; M. Brinton, "Factory Committees and theDictatorship of the Proletariat", *Critique*, no. 4, 1975, pp.78-86.

[4]　见前文引用的 Goodey, "Factory Committees and the Dictatorship of Proletariat (1918)" (*Critique*, no.3, 1974) 一文。

[5]　C. Sirianni, *Workers' Control and Socialist Democracy: The Soviet Experience*, NLB, London, 1983.

过程背后有怎样的原因，俄国的经验都表明：在工作场所确立民主机制，需要国家政治的相应转变。正如罗莎·卢森堡（Rosa Luxemburg）所说，"随着政治生活在全国受到压制，苏维埃的生活也一定会日益陷于瘫痪"。[1] 这一观点，几年后在亚历山德拉·科伦泰（Alexandra Kollontai）以及苏联的工人反对派那里收获了回声。而这一命题的反面可能也成立——国家的成功转型必须以有效的工作场所民主为条件。

7. 反对《资本论》的革命

在 1917 年 12 月，安东尼奥·葛兰西将俄国革命形容为"反对《资本论》的革命"，或者说这一革命是对马克思所阐述的那种原本认为社会革命会首先爆发在最先进国家而非最落后国家的论断的否定。而我所尝试的，不是拒绝《资本论》，而是将其中的观点和布尔什维克革命的经验调和。这一调和的关键，是将劳动过程与其政体区分开来。工厂政体形塑了生产环节所出现的劳资斗争。这便解决了《资本论》中呈现的理论悖论：这一文本既描述了资本强大的支配力，也描述了针对这一支配的越来越激烈的反抗。以马克思所举的棉纺业为例，我揭示了这一产业的工厂政体是如何由于劳动过程的

---

[1] Rosa Luxemburg, *Rosa Luxemburg Speaks*, New York, 1970, p.319.

第二章　卡尔·马克思与魔鬼工厂　　　　　　　　　　185

特征、市场力量、劳动力再生产和国家形式的差异，而在不同的时间和地点发生不同的变化。进一步讲，我说明了 19 世纪英国和 20 世纪早期俄国最为发达的产业中出现的工厂政体，其中的差异如何能充分地解释那个历史异例：英国工人阶级的改良主义和俄国工人的革命精神。简言之，我们不需要抛弃生产环节作为工人阶级形成的决定性场域的意义。

但这一理论创新——对劳动过程和生产机构的区分——对马克思主义意味着什么？第一，最明显的是，生产场域中政治元素与意识形态元素的重要性至少要求我们重新思考"经济基础"和"上层建筑"之间的经典划分。我们不可能再宣称"经济基础"是关于客体性、关于无可避免的铁律的场域，而"上层建筑"是关于主体性、关于那些将必然规律变为现实的政治行动的场域。经济基础和上层建筑都是同时关涉客体性和主体性的场域。第二，如果我们不能再说生产场域有什么定律，那同时我们也必须重新思考我们对国家的认知。政治不能再被还原为国家政治。政治的形式是更为多样的：比如说生产政治、（家庭中的）性别政治、（社区中的）消费政治。政治首先是被其场域所定义的，其次才是被其目标或功能所定义的。国家依然是决定性的权力中心，保证了所有其他政治机构的运行。因此，国家政治的特殊性来自其"全面覆盖"的特征——它是政治的政治。但这种基于场域的政治认知也意味着我们不能只研究国家本身，而不考虑其和生产政治、性别政治、消费政治等政治机构之间的关系。

第三，我们必须重审我们对社会主义的理解。只关注国家机构的转型是不够的；我们无法回避有关打碎和重构生产机构的独特问题。如果仅仅重构国家，那么只能导向某种类型的国家社会主义。集体自主管理同时涉及生产层面和国家层面的集体参与，这需要生产机构、国家机构以及二者相互关系的同时转型。

第四，我们不再赋予工人阶级以解放整个人类的沉重使命。同时，我们也不会抱着一种绝望的心态告别工人阶级、把视线从工人抗争转移到任何更能吸引公众眼球的社会运动上去。我们既避免了在哲学层面为工人阶级随意定性，也避免了没有原则的经验主义，而是以一种社会学方法分析了生产场域、尤其是生产机构如何决定工人阶级在历史中实际做出的干预。

这也留下了几个尚待探索的问题。生产政治和 / 或国家政治的转型对其他政治形式，尤其是性别政治会带来怎样的影响？资本主义生产力，尤其是资本主义劳动过程，在何种程度上是与集体自我管理兼容的？集体自我管理是否需要一种新的技术、新的劳动过程？一个同时在中央场域和生产场域中涉及集体掌舵的集体自我管理系统，能够不断地自我维持下去吗？还是说这一系统本身就具有导向官僚制或彻底无序的内在趋势？这一系统是否倾向于蜕变为资本主义或国家社会主义？简而言之，生产政治和生产机构的概念要求我们将集体自我管理当作社会主义的一种具体形式来考虑。进一步讲，这种形式的社会主义不仅不是必然实现的，而且甚至可能无法长期存在。最后，谁会领导那些以这种形式的社会主义为目标的斗争？我将有关工人阶级——不管对其如何定义——和社会主义事业究竟是何关系的问题留待后人思考。上述议程源自于对俄国革命的比较研究，这一研究聚焦于工厂机构的转型、工厂委员会的兴衰、沙皇政权的倒台以及苏维埃国家后续的轨迹。但尽管俄国革命的历史提出了以上问题，它显然没有解决这些问题。

第三章

发达资本主义工厂政体的变动面向

本章意在一箭双雕。第一个靶的是生产的低度政治化，即 122 那些忽略政治维度及国家决定性的生产理论。第二个靶的是国家的过度政治化，即那些强调国家自主性并将其与经济基础剥离开来的国家理论。而箭矢则是生产的政治这一观念，其旨在将工作组织与国家联系起来，以克服生产和政治之间的割裂。本章在此详述的观点同上一章节一样，皆在于生产过程除了包含纯粹的经济时段之外，还包含政治和意识形态元素。或者说，生产过程并不局限于劳动过程——工人在用生产工具将原材料变为有用产品的时候所进入的社会关系。生产过程同时还包括那些通过规制斗争来将劳动过程中的社会关系再生产出来的政治机构。我将其中那些斗争称为生产的政治（politics of production），或简称为生产政治（production politics）。[1]

---

[1] 定义不是中立、没有偏见的。我以场域来定义每种政治：国家政治涉及国家场域的斗争，生产政治涉及工作场域的斗争，性别政治涉及家庭场域的（转下页）

虽然组织理论最近开始关注微观政治，[1] 但是我们依然没有看到对三个关键问题的理论化。第一，生产政治和形塑这一政治的生产的政治机构之间有什么区别。第二，这二者是如何同时被劳动过程和市场力量所限制的。第三，生产层面的政治和机构与国家层面的政治和机构之间有什么区别，又有什么联系。[2] 本章的目的是对生产和国家层面的政治分别具有何种形式加以具象化，并通过对比一家英国工厂和一家美国工厂，来考察这些不同层面的政治之间的相互联系。本章的第 1 小节展开讨论生产政治的概念，以及在资本主义动态及其劳动过程的语境下，与生产政治相关的生产的政治机构。

（接上页）斗争。对斯蒂芬斯（John Stephens）等其他学者来说，政治永远是国家政治，将不同的政治形式区分开来的是政治的目标（Stephens, *The Transition from Capitalism to Socialism*, London, 1979, pp.53–54）。所以，生产政治的目标是重新分配对生产资料的控制权，消费政治聚焦于消费资料的再分配，流动政治涉及增加社会流动性的斗争。这些关于如何定义政治的区别并不仅仅有术语层面的意义；它们反映出对资本主义向社会主义转型过程的不同理解。斯蒂芬斯将这一转型看作是国家政治层面从消费和流动性议题向生产议题的渐变，而我将这一转型看作是通过重构生产机构和国家机构来改造生产政治和国家政治的过程。被斯蒂芬斯视作是社会主义转型背后关键驱动力的那个因素——"公民社会中不断变化的力量对比"，或者说实际上是将劳工组织为工会的过程——在我看来不过是巩固了那些使劳资关系的再生产变得更有效率的工厂政体而已。

[1] Tom Burns, L. E. Karlsson and V. Rus, eds., *Work and Power*, Beverly Hills, 1979; Stewart Clegg and David Dunkerley, *Organization, Class and Control*, London, 1980; M. Zey-Ferrell and Michael Aiken, eds., *Complex Organizations: Critical Perspectives*, Glenview, Illinois, 1981.

[2] 一个重要的例外是保罗·爱德华兹（Paul Edwards）最近的研究，他也试图通过对英国和美国的比较研究来把工作场所的关系和国家场域的活动联系起来。在解释这两个国家产业关系的系统性差异时，他强调雇主的重要角色（Edwards, "The Political Economy of Industrial Conflict: Britain and the United States", *Economic and Industrial Democracy*, vol. 1, 1983, pp.461–500）。

第 2 小节通过两个案例研究，来突出生产政治的形式在不同国家之间有何区别。第 3 小节用生产机构和国家机构之间的关系——这一关系在很大程度上由历史上劳资关系的混合与不均衡发展所决定——来解释以上差异。最后一小节考察资本主义发展的最近阶段中出现的生产政治新形式。

1. 从专制政体到霸权政体

马克思主义传统提供了最为经久不衰的尝试，在对资本主义的动态、趋势及其再生产条件的系统分析中理解生产的发展。在资本主义的维持与灭亡当中，生产都占有核心地位。生产这一行为同时也是再生产的行为。当工人们生产有用物时，他们同时也在生产其自身得以存在和资本得以存在的基础。通过协作劳动增加的交换价值，被区分为工资等价物，其变成劳动力再生产的手段，以及剩余价值即利润的源泉，其使得资本家本身得以存在并能够雇佣劳动力。

劳动力即工作的能力，是如何变为充分的劳动即实际工作中的努力，从而生产出工资和利润的呢？马克思的答案是通过强制。在他的分析中，对工人努力的榨取是通过生产政治的专制政体来实现的。[1] 虽然马克思从未将这一想法概念化，

---

[1]　Marx, *Capital*, Volume 1, pp.549–550.

但他实际上描述了那种我称为市场专制主义的特殊工厂政体。其中,市场的经济之鞭构建了对劳动过程的专制式规制。工人对现金收入的依赖被深深嵌入在他们对工厂这个大立法者的从属关系当中。

马克思并没有认识到生产的政治机构与劳动过程在分析上是有区别的,因为他认为市场专制主义是唯一与现代工业和利润压力相适应的劳动过程规制模式。但事实上,正如我们在第二章中已经看到的那样,市场专制主义是一种相对比较罕见的工厂政体类型,其存在有赖于三个具体的历史条件。第一,工人除了出卖劳动力之外没有任何其他生计来源。第二,劳动过程被碎片化和机械化,从而使得技术和专业知识不能再成为劳动者权力的基础。脑力和体力劳动的系统分离,以及将工人矮化为机器附庸的过程,剥夺了工人反抗独断专制的能力。第三,在竞争的压力下,资本家不断通过工作时间的延长、劳动强度的提升以及新机器的引入来改变劳动形态。市场无序导致了工厂专制。

虽然历史或多或少地证明马克思关于"竞争资本主义无法一直存在"的先见之明是对的,但历史同时也显示,竞争资本主义的灭亡并不代表资本主义本身的灭亡。那些被马克思看作是社会主义萌芽的东西,特别是通过集中化和机械化实现的生产社会化过程,实际上为一种新的资本主义即垄断资本主义奠定了基础。20世纪马克思主义的特殊任务就是剖析这一新型资本主义的政治、经济和文化动态。有趣的是,直到最近的十年，马克思主义者们才开始重新考察马克思对生产过程、特别是其变迁的分析。

这些研究主要是试图在历史上定位市场专制主义的第二和第三个条件：去技能化和企业间的充分竞争。正如我们所看到的，布雷弗曼在《劳动与垄断资本》中认为，去技能化在垄断资本主义阶段才真正巩固下来，因为直到这一阶段，企业才强大到足以击溃行业手艺工匠的抵抗。弗里德曼（Andrew Friedman）在《工业与劳动》（*Industry and Labour*）中对英国劳动过程变迁的分析，强调了工人抵抗反过来对形塑企业两大主要管理策略，即直接控制和负责任自主权（responsible autonomy）的重要意义，从而反驳了布雷弗曼对工作状况恶化的线性理解。直接控制对应于布雷弗曼所说的去技能化过程，而负责任自主权则通过赋予工人对工作过程的有限控制，以及允许设计与执行的有限结合，从而将工人附着在资本的利益上。在资本主义早期，负责任自主权是历史的遗产，表现为工匠对工艺的控制，而在垄断资本主义时期，负责任自主权则是管理层为了避免工人抵抗而故意采取的策略。

理查德·爱德华兹（Richard Edwards）的《争议地带》（*Contested Terrain*）一书进一步重构了布雷弗曼的分析。爱德华兹在书中指出，历史上接连出现了三种资本对劳工的控制形式：简单控制、技术控制和官僚化控制。爱德华兹认为，19世纪时的企业总体规模偏小，市场竞争激烈，所以管理层对工人施以专权的、个人化的宰制。随着大规模工业在

20 世纪的兴起，简单控制被新的控制形式取代。在一系列不成功的实验之后，资本试图通过驱动系统并将控制融入到技术当中，来规制工作过程。这一尝试的化身就是流水线。这种控制模式引发了新的抗争，在二战之后被官僚化的规制取代。在官僚化控制中，资本通过制定规则来定义和评估工作任务，管理奖惩措施的施行。虽然每一历史阶段都有自己的典型控制形式，但这些形式都共同存在于当代美国经济之中，体现了不同的市场关系。在新近提出的框架中，戈登（David Gordon）、爱德华兹和赖希（Michael Reich）[1] 将这三种劳动控制形式的发展置于积累过程的三种社会结构当中，这些结构与美国经济的长程波动相对应。

虽然以上这些论述大大增进了我们对工作组织及其规制的理解，但它们并不能为资本主义生产做出很好的历史分期。我们知道早期资本主义阶段既不像布雷弗曼所说是手工匠人的天堂，也不像爱德华兹所说能被简单控制所概括。因此，里特勒（Craig Littler）和克劳森（Daniel Clawson）强调企业内外的层层转包制度对雇主施加直接控制的重要阻碍作用。[2] 同理，发达资本主义阶段也不能仅仅被概括为去技能化的巩固。新的技能被不断创造出来，也不像布雷弗曼所说消失得

---

[1]   David Gordon, Richard Edwards and Michael Reich, *Segmented Work, Divided Workers*, Cambridge, 1982.

[2]   Littler, *The Development of the Labour Process*; Clawson, *Bureaucracy and the Labour Process*.

那么快。[1] 最后，爱德华兹明确地指出，资本主义每个阶段都包括了并且积极地再生产之前阶段所出现的控制形式。这些论述都指向作为劳动任务的特定组织形式的劳动过程，与作为劳动过程的规制模式的生产政治机构之间的区别，虽然它们都未明确指出这一点。[2] 我的分析则既不同于忽视了生产的政治机构的布雷弗曼，也不同于将生产的政治机构和劳动过程混为一谈的爱德华兹、弗里德曼、里特勒和克劳森。我认为生产的政治机构在分析层面上不同于并在因果关系上独立于劳动过程。另外，这些生产政治机构为资本主义生产的历史分期提供了基础。

我并不否认马克思所指出的市场专制主义的第二和第三个条件，即企业间竞争和技能被剥夺的过程，需要在历史上得到定位，但我的分析焦点是第一个条件：工人对出卖劳动力的依赖。在这一意义上我们必须考察国家干预的两种形式，

[1]　Erik Olin Wright and Joachim Singlemann, "Proletarianization in the Changing American Class Structure", in Michael Burawoy and Theda Skocpol, eds., *Marxist Inquiries*, Chicago, 1983, pp.176–209. 同时也参见赫希霍恩（Larry Hirschhorn, *Beyond Mechanization*, Cambridge, Massachusetts, 1984），他认为"后工业"时代的技术发展需要一种新的技能工作以及概念与执行之间一种新的再融合。埃里克·奥林·赖特和约阿希姆·辛格曼（Joachim Singlemann）认为，虽然去技能化可能正发生在行业和部门内部，但是整体而言，劳动人口正在向无产化程度更低的行业和部门转移。而戴维斯（Mike Davis）则悲观地预测，概念和执行之间的两极分化会越来越严重（Mike Davis, "The Political Economy of Late Imperial America", *New Left Review*, no. 143, 1984, pp.6–38）。

[2]　汤普森（Paul Thompson）在全面梳理了当代劳动过程理论之后也得出了相似的结论（*The Nature of Work*: *An Introduction to Debates on the Labour Process*, London, 1983）。

这种干预切断了将劳动力再生产和工作场所中的生产活动绑定的那些联系。

首先，和社会保险有关的立法保证了在某种最基本的层面上，劳动力再生产可以独立于生产场域的参与。另外，这种保险实际上确立了一种最低工资（虽然后者本身也可能以立法的方式被固定下来），为按劳动产出计薪的做法施加了限制。计件工资不能再被随意降低，雇主不能再通过降低计件工资单价的方式迫使工人在工资总额不变的情况下更努力地工作。

其次，国家直接限制了管理方剥削工资依赖者的支配方法。对工会的强制许可、关于工人申诉的一系列机制以及集体谈判，保护工人免于被武断地解雇、罚款、减薪，因此进一步增强了劳动力再生产的自主性。主仆法的废除给了工人辞工的权利，削弱了雇主试图将工人的私人家庭生活和工厂生活绑定的努力。

虽然已有许多人指出社会权利和政治权利的上述发展，但是少有人考察这些权利对生产的规制有何影响。管理层不能再完全依赖于市场的经济之鞭，也不能再随意施加专制主义。工人必须被劝说和管理层合作。工人的利益必须和资本的利益协调统一起来。早期资本主义中那种强制压过同意的专制政体必须被同意压过强制（虽然不可能完全排除强制）的霸权政体所取代。霸权政体不仅限制、规制了强制手段的施用，而且使得规训和惩罚本身也必须经过同意才能被施加。因此，工厂政体的普遍特征被决定的过程是独立于劳动过程的形式和企业间的竞争压力的。工人对工资劳动的依赖程度，以及工人生计和工人在工作场所的绩效之间的绑定程度，决定了工厂政体的特征。国家订立的社会保险削弱了前者，而劳工立法削弱了后者。

专制政体基于劳动力再生产和生产过程的统一，而霸权政体则基于二者的有限分离。但这两种政体的具体特征都随着劳动过程、企业间竞争、国家干预的变化而发生变化。因此，专制政体的形式在各个国家之间随着无产阶级化过程的模式变化而变化：当工人和自给自足的生存方式之间还保有联系时，各种带有强制性的家长制政体便出现了，为工人对雇主的依赖创造额外的基础（见第二章）。霸权政体在各国之间也是不同的，取决于国家提供的社会保险制度以及国家对工厂政体的规制。另外，布雷弗曼、弗里德曼和爱德华兹强调的那些特征，如技能、技术、企业间竞争和工人的反抗，使得在同一国家内部，同一政体的具体特征也会不一样。所以，去技能化和企业间竞争方面的差异，为19世纪兰开夏棉纺工厂中各种非常不同的专制政体如企业国家、父权制专制主义和家长制专制主义创造了条件（见第二章）。在发达资本主义之下，霸权政体的形式在不同的行业和产业中也不一样。在竞争性较强的行业，同意与强制中，强制的比例要比在垄断行业大，虽然在那些工人依然保有对劳动过程的大量控制权的地方，也能看到基于工匠技艺的管理形式的出现。虽然在专制政体内部和霸权政体内部各自存在重要的差异，但历史分期的最重要基础依然是劳动力再生产和资本主义生产参与之间的统一或割裂。

这个划分的一个例外进一步阐明了它。加利福尼亚州的大型资本化农业提供了一个垄断行业中专制控制的例子。对这一异例可有两种解释。首先，农业不受到全国层面劳工立法的限制，因此农业工人并不能得到法律保护而免受管理者的独断专制之苦。其次，因为农业工人经常不是本国公民而是非法移民，所以他们不仅不能受益于社会保险，而且还必须一直生活在被捕的恐惧中。事实上，加利福尼亚的农业资本成功地和国家之间建立了一种类似于早期资本主义专制政体的关系。[1] 城市中的经济特区即那些为了鼓励资本投资而压低税负、放松保护劳工的法律法规的特定区域，也是重建 19 世纪市场专制主义的类似尝试。不过它们依然是例外。

就像其他学者所说的，[2] 那些试图瓦解现有福利国家的努力只能收获有限的成功。对当代工厂政体的变迁来说，更重要的是劳工整体上容易受制于资本主义在国内和国际层面的流动性。这导致在霸权政体的基础上出现了一种新的专制主

[1]　Robert Thomas, "Citizenship and Gender in Work Organization: Some Consideration for Theories of the Labour Process", in Burawoy and Skocpol, eds., *Marxist Inquiries*, pp.86–112; M. Wells, "Sharecropping in Capitalist Commodity Production: Historical Anomaly or Political Strategy?", *American Journal of Sociology*, forthcoming.

[2]　Frances Piven and Richard Cloward, *The New Class War*, New York, 1982; Theda Skocpol and John Ikenberry, "The Political Formation of the American Welfare State in Historical and Comparative Perspective", unpublished manuscript, 1982.

义。或者说，失去工作的危险不再是工人个体层面要承受的风险，而是企业的经营和维持受到威胁的结果。这使得管理层得以用霸权政体来对付工人，依赖于霸权政体中的利益协调机制来使工人同意牺牲自身的利益。让步性的集体谈判和关于工作生活质量的项目是这一霸权专制主义的两个面向。

上面勾勒的从专制政体到霸权政体再到霸权专制主义的历史分期，是植根于资本主义动态之中的。在第一阶段，对利润的追求使资本靠专制政体来强化剥削。这导致了消费不足的危机和来自工人的反抗，而这些冲突的解决必须在资本作为一个整体的层面上，或者说通过国家干预才能实现。国家干预表现为两种形式：社会工资的构建和对管理层裁量权的限制，并导致了霸权政体的出现。这种国家干预的必要性是由资本主义发展的逻辑决定的。但国家通过哪些机制来做这些必须要做的事，则按时间和国家的不同而发生变化。在这里我们借鉴一系列在最近关于资本主义国家的本质特点的辩论中占有重要地位的解释：作为统治阶级当中比较有远见的那一派别手中工具的国家，受制于"国家执政者"自身利益考量的国家，以及对其自身内外所发生的斗争具有回应性的国家。这些国家干预当然既不是必然的也不是无法改变的；没有什么东西能保证合适的机制会被激活或者取得成功。因此，虽然我们拥有关于资本主义在不同阶段再生产自身时所需何种条件的各种理论，我们对于实际的、具体的国家干预只能有非常特定的（而非普适的）解释。

不过，资本主义发展的形式和进程框定了国家干预的特性，并且形塑了工厂政体。正如我们接下来将要讨论的，我们可以开始在国际层面资本主义的混合和不均匀发展的语境中定位国家干预的迅速和不均衡性。此外，在当下时期，全球尺度下资本积累的逻辑意味着国家干预对生产政治的变迁和差异的决定作用有所减弱。这是本章最后一节的论点。霸权政体在节制管理层、建立一种新的消费规范方面十分成功，反倒带来利润率危机。结果，管理层试图绕过或者削弱霸权政体带来的一系列限制，同时拥抱这一政体中有助于促进工人合作的那些方面。

2. 杰公司和联合公司中的工厂政治

为了强调霸权政体的普遍特征及其不同的具体形式，我们将比较两座工厂。这两座工厂有相似的劳动过程和薪酬系统，处于相似的市场环境中，但所处的国家条件不同。杰公司是位于曼彻斯特的电子工程公司，在海外设有分部。1956年，卢普顿花了六个月在其中的一个部门进行参与式观察，该部门负责安装商用变压器。杰公司是英国工业中垄断部门的一部分，这一部门被维克（Vicker's）等巨头公司统治。它是雇主联盟的一员。雇主联盟负责禁绝来自更小型公司的竞争、以实现价格垄断。另外一个企业是美国的联合公司，它是一家主营农业和建筑机械设备的跨国企业的发动机部门。从 1974 年到 1975 年，我在这一位于南芝加哥的工厂的零件部门中做了 10 个月机械工。罗伊在 30 年前研究过这家工厂；当时它还没有被联合公司接手，是一家叫做吉尔公司的修理工厂。

劳动过程

联合公司的机械车间和其他同类工厂差不多，有一系列研磨机、钻机和车床，每一台由一个工人操作，这些工人依赖一系列辅助工人的服务：安装工帮助为每一道新"工序"安装机器；看护工负责固定设施和工具的分配；叉车"司机"在不同地点之间运输一大桶一大桶的成品和半成品；计时员在工序开始前和结束后给操作工打卡；排班员负责分配工作、追踪物料在部门中的流动；检查员需要认可每道工序产出的第一件产品合格，工人才能继续生产剩下的产品。最后，领班在任何必要的地方协调和促进生产流程，代表操作工和辅助工协商，并在"双层红卡"上签名。这些卡片保证了当操作工因为不可抗力原因不能继续操作时，也能享受到基本的"预期计件工资"。

在"工人控制他们自己的生产工具并依赖于辅助工的服务"这一意义上，杰公司的劳动过程是相似的。在卢普顿工作的那个部门，操作工使用烙铁、断线钳、扳手等手动工具。这里没有什么大规模生产流程——每个电子组件由一个安装工或两三个"工友"完成。[1]这里的辅助工比联合公司要少——
车间控制员（排班员）、检查员、负责人（安装工）、看护工
和计时员。与吉尔公司和联合公司相比，部门内部的张力和
冲突要更少。在吉尔公司和联合公司，这些张力往往由拿计
件工资的操作员对拿固定工资的辅助工人的依赖关系所引发。
在杰公司，当一个部门要求另一个部门在指定的时间按指定
的数量送达指定的零件时，容易爆发部门之间的横向冲突。
因此，基于对其他部门的敌意和依赖关系，杰公司的安装工
形成了一个相对比较有凝聚力的团体。

薪酬系统

两座工厂的薪酬系统也是按相似的原则组织起来的。联合
公司的操作工按如下计件系统拿工资：方法部门为每一道工
序设定了一个基准，该基准规定了每小时应生产的产品件数，
即"百分之百"基准线。操作工被期待达到"预期基准"的
125%。"预期基准"在合同中被定义为"一个正常的、有经验
的操作工在工作激励状态下"完成的产量。125% 的产量将让
操作工在按照特定劳动等级订立的基本工资基础上多挣 25%。
就总工资而言，125% 的产量比 100% 的产量高大约 15%。如
果操作工达不到 100% 的产量，他们也能拿到对应于 100% 产
量的工资。所以一个操作工的工资总额由以下部分组成：基

---

[1]　Tom Lupton, *On the Shop Floor*, pp.104–105.

本工资；以产量百分比确定的激励奖金；附加工资，即对应每个劳动等级的一个固定数字；班次间的差额补偿；以及生活成本津贴。

杰公司的周薪总额由三部分组成。首先是小时工资，或者说一个被保证的基本工资，其要么是对应按天工作的计时工资，要么是计件工资。第二个部分是奖金，其又由三部分组成：计件工资数额的45%，用于补偿工人花在等待物料或检查上的时间，或者浪费在有问题的设备上的时间；经协商得出的百分比奖金，针对那些没有计件工资的岗位（和联合公司一样，这些岗位被称为"被覆盖的工作"［covered jobs］）；以及计件奖金本身。工资总额中的第三项是基于整个部门每周产量的团队生产力奖金。

计件奖金是按以下方式得出的。每道工序都会按照"标准时间"规定计件标准。当工人在标准时间之内完成产量时，就能获得计件标准27.5%的奖金。标准制定者在设置标准时间时，需要保证安装工在基本没有经验的情况下也能挣得80%的奖金。当工人以190%的标准生产时，基本能对报酬满意。因此，联合公司中125%的预期产量对应于杰公司基准的180%。从数额上说，相对于基本工资而言，计件的预期工资在杰公司要显著高于联合公司。在联合公司，140%的产量被大家集体认为是上限。

赶　工

两座工厂中薪酬系统和劳动过程的相似性使得操作工的策略也是相似的。在联合公司和杰公司，计件工作都被构建为一种游戏，在两座工厂里都被称为"赶工"。在游戏中，操作工为自己设定某些百分比产量目标。车间中的活动都围绕赶工来进行，车间文化以游戏中的成功或失败为核心。操作工以此标准互相评判。资率设定员的行动，以及"苦活儿"（计件标准更难、更严的工作）和"甜活儿"（计件标准更容易、更松的工作）之间的分配，永远都是引发怨恨和争议的源泉。

赶工的规则在两座工厂也差不多。工人都参与同样形式的"产量限制"。也就是说，工人们共同为"上交"或"约定"的产量设置一个上限（在联合公司为140%，在杰公司为190%）。更高的产量将会使资率设定员降低单件工资。在达到上限之后，工人会将自己完成的超出上限那部分的多余产量存下来，这被称为"存钱"（在杰公司）或者"攒一笔赌注"（在联合公司）。这一做法让工人能够在遭遇棘手的工作而导致工资受损时，把在轻松岗位上攒下来的多余产量上交，以此多挣些钱。不过，这种"交叉约定"（在杰公司被称为"做手脚"，在联合公司被称为"欺诈"）在杰公司能更容易地实现，也更有合法性。联合公司需要工人按照钟点打卡，这让交叉约定的难度增加，但在杰公司则没有这种限制。另外，杰公司的辅助工人在协助计件工人赶工和做手脚时更加积极。

这种形式的产量或"额度"限制——工人集体执行一个上

　　　　　　　　　　　生产的政治

交产量的上限——也影响到了第二种形式的限制。当操作工觉得在某一个特定岗位上实在不可能达到基准产量、或者不值得花费那么多精力时，"偷懒"就发生了。工人会开始放松，只要能挣底薪就满足了。偷懒在联合公司比在杰公司更常见，原因有二。第一，正如前文所述，交叉约定在杰公司要容易得多，所以当工人在困难岗位上表现不好时，可以靠轻松岗位上攒下的产量来弥补。第二，杰公司工人完成的产量百分比普遍高得多，基本所有人都能轻而易举地完成 100% 的产量。如此一来，杰公司并不存在集中在上限和下限附近的产量双峰分布，而这一双峰分布当年在吉尔公司就曾被罗伊观察到，今天在联合公司中也存在。这些区别说明，与联合公司相比，杰公司的工人对劳动过程保有更大程度的控制，与管理层之间的议价权也更大。

¹³²

资率设定

概括而言，两座工厂里的斗争与合作模式有高度相似性。然而，杰公司存在持续不断的议价和重新协商，这就和联合公司形成了鲜明对比，后者的工人大体上遵守一系列共同的程序性规章制度。这在资率设定员和操作工的关系上体现得非常明显。联合公司的资率设定员是待在离车间很远的办公室里的"工业工程师"。他更关心工作组织方式的变化、引入新设备、以及用便携式计算器计算资率该怎么定，而不像之前在吉尔公司中，资率设定员会一直在车间的走廊过道上观察工人的生产情况，看是不是有什么资率定得太过宽松。而在杰公司，计件工资在工资总额中更为重要，资率设定员还是像原来一样，手里拿着秒表，细细观察工人工作时的动作和所花时间。像先前的吉尔公司一样，杰公司厂中资率设定员的存在制造了一种车间中所有工人都不得不关注的景观。

但之前弥漫在吉尔公司的那种暴政气氛，如资率设定员会背对着操作工、偷偷记录工人每道工序所花的时间等，在杰公司就不存在了。首先，与吉尔公司和联合公司不同，杰公司在引入新资率之前必须征得操作工同意。其次，资率设定员和操作工之间的冲突也需要遵循某种双方都同意的公平原则。尤其是车间中的工会代表会一直保持警惕，以防资率设定员耍花招或者操作工不上心。而在联合公司，当工业工程师罕见地离开办公室来到车间时，工会代表往往都不在。工会代表们不觉得自己有责任去制止那些一直破坏潜规则、上交产量经常超过基准的 140% 的工人。

在杰公司，关于"惯例与习俗"[1]而非对官僚制规章制度认同的讨价还价形塑着生产政治。所以，那些没有规定工资率的工作，就成了工人与领班之间激烈争议的焦点。而在联合公司，这些工作都自动按照"预期基准"即 125% 计薪。与联合公司的操作工相比，杰公司变压器车间的操作工在和领班就工作分配问题的讨价还价中占据了强势得多的地位。这的

133

---

[1] W. Brown, "A Consideration of 'Custom and Practice'", *British Journal of Industrial Relations*, no. 10, 1972, pp.42–61.

确成为车间中大量帮派矛盾的基础，尤其是在详细的规章流程缺位的情况下。

这些差异体现出两座工厂之间更大的区别。在联合公司，阶级力量的制衡实际上是被写进了规章制度当中。虽然这些规章要由三年一次的劳资集体谈判决定，但其形式基本上是稳定的。在集体谈判合同生效期间，各方都在其范围内行事。在集体谈判进行过程中，如果基层工人对谈判进展不满意，那就发起罢工。而在杰公司，阶级力量的制衡是在车间中持续不断地被重新协商的。"非正式的"短期罢工就跟家常便饭一样。在联合公司，生产的政治机构和劳动过程是分开的；而在杰公司，二者几乎融为一体。这两种模式的区别也体现在"内部劳动力市场"的运转当中。

内部劳动力市场

当雇员在企业内的分布和流动由一系列独立于外部劳动力市场的规章制度来管理时，我们就称其为内部劳动力市场。在联合公司，这一市场以如下方式运转。当一个部门出现职位空缺时，该部门的任何员工都可以"角逐"这一职位。通常获得职位的都是资历最深的角逐者，而他原来的职位就空出来了。如果部门内的员工中没人对空缺的职位有兴趣，或者管理层觉得部门内的所有申请者都不合适，那么这一职位就面向全厂招募。只有当厂内没有合适人选的时候，才会从厂外招人。所以总的来说，新雇员往往进入的都是那些没有其他人愿意干的岗位，比如高速钻机工。与此类似，如果工人原来的岗位面临裁撤，他们也可以选择去"抢"那些资历更浅的工人的"饭碗"，只要他们足以胜任。内部劳动力市场不仅预设了选择角逐者的某些标准——在这一案例中是对资历的高度强调——而且预设了岗位之间可以基于基本工资和计件工资率是否宽松来排出高低层级次序。否则的话，工人会一直换工作。工厂组织模式的高效取决于工作岗位的稳定，尤其是在更复杂的机械设备需要一些额外技能才可操作的情况下。

内部劳动力市场带来了一些重要的后果。首先，外部劳动力市场中那种带有强烈占有欲的个人主义被引入到工厂内部来。角逐和抢饭碗的系统将个人利益抬升到集体利益之上。员工关于工作的不满靠角逐其他岗位就能解决。其次，角逐工作的可能性使得工人相对于一线管理者来说有了某种能动性。如果领班开始找工人麻烦，工人可以去角逐另一个车间的岗位。自愿换岗的可能和现实有效阻止领班采取专权的管理手段，因为工人频繁流动会让产量和质量受损。因此，对促使管理层采取人性化管理措施而言，内部劳动力市场比任何人际关系项目都有效。的确，人际关系项目的兴起可以仅仅被看作是二战后生产机构中那些更加根本的变化的合理化和反映。

内部劳动力市场的第三个后果是将工人的利益与管理层的利益协调起来。因为资历决定了利益的分配——不仅是最好的岗位，而且还包括带薪休假、附加失业补偿、医疗和退休金——所以工人在联合公司待得越长，跳槽到其他公司工作的代价就越大，工人也就越把自己的利益和企业的利益看做是一致的。从管理层的角度看，内部劳动力市场不仅促进了工人认同企业的利润目标，而且还减少了外部劳动力市场变化带来的不确定性。因此，自愿离职的情况当然变少了，尤其是在资历更深、更有"技能"的工人当中。当企业需要解雇工人的时候，附加失业补偿系统能够继续拴住这些工人，有时能长达一年时间。

而在杰公司，内部和外部劳动力市场之间的界限就不那么分明了。厂里没有系统的岗位层级，而这恰恰是联合公司工作组织模式的重要环节。除了仍在接受训练的工人外，安装车间的所有计件操作工都拿同样的计件或计时工资。没有角逐新的岗位这一说，企业内部换工作的问题似乎也从没有出现过。对管理层的不满不能通过"角逐"其他岗位来解决。工人们要不只能忍受这些不满，要么就要抗争一下，或者实在不行的话就辞工。所以，和联合公司按资历来组织工人的权利和义务这一模式不同，杰公司工人之间的关系弥漫着一种彻底的平等主义。车间中的帮派矛盾常常因领班看起来不公正的工作分配而起。[1]正如其他学者所说，[2]英国工人对工资和工作条件的不平等十分敏感。车间中的冲突经常是因为某些

135

[1]　Lupton, *On the Shop Floor*, pp.142–163.

[2]　Richard Hyman and I. Brough, *Social Values and Industrial Relations*, Oxford, 1975; I. Maitland, *The Causes of Industrial Disorder*, London, 1983.

群体试图维持其自身相对于其他工人的优势地位，而不是因为对管理层的强烈敌视。当技术创新搅乱了惯常的等级秩序时，便会受到利益受损者的强烈抵制。在杰公司，生产政治围绕着有关社会公正和公平的理念展开，而不是通过操弄官僚化的规章制度来争取个人利益。这些区别也体现在议价系统当中。

议价系统

从正式的层面看，联合公司的内部劳动力市场是一种管理工具，按资历将工人分派到岗位中去。这一内部劳动力市场促进了个人主义文化，既扩展了工人的自主权又为这种自主权设置了明确的范围，因而也构成一种规制工人与管理层之间关系的机制。从效果来看，它类似于另外两种生产机构，即申诉系统和集体谈判。后两者也由官僚化规制所主导。集体谈判合同由工会和发动机部门的管理层每三年重新协商一次。在签订合同之后，工会便成为合同的监察者和守护者。申诉的流程被常规化为一系列阶段，所涉及的管理方和工会方层级逐步上升。申诉永远都是根据集体谈判合同进行。当工人来找车间工会代表时，将工会代表看作是工人的保护者而不是煽动者。工会代表会把集体谈判合同拿出来，宣读合同的释义。合同是神圣不可侵犯的：它划定了斗争的场域。

杰公司的生产政治按完全不同的方式进行。并不存在官僚机构来把斗争限制在特定的范围内。所谓的"集体谈判"合约是易变的，常常在车间中遭到工人自发的违抗，以及持续不断的重新协商。"惯例与习俗"提供了斗争场域，各种不同的合法化原则都在斗争中被动员起来。规章制度缺少联合公司那种稳定性、权威和具体性。杰公司所属的工程业是有常规化的申诉处理制度的，但在关于"权利"的争议和关于"利益"的争议之间——或者说，在适用于申诉的事项和适用于集体谈判的事项之间——并无明确界限。结果是显而易见的。联合公司的申诉机制通过把工人构建为拥有具体权利和义务的个体，从而弱化了集体抗争；而杰公司的申诉机制刺激了更多的车间斗争，让管理层和工人无时无刻不在发生冲突。[1]

我们可以开始从两个国家中管理层和工会之间关系的结构这一角度，来解读两个企业之间的差异。在联合公司（更广泛地说，在美国工业中有工会组织的那些行业），一个特定的工会（在这一案例中，是美国钢铁工人联合会）在一家企业中有排他性的代表权。该工厂有工会会员准入制，所有被集体谈判合同覆盖的工人，在经过 50 天的试用期之后都必须加入工会。集体谈判在工厂层面进行，虽然谈判中涉及的议题往往借鉴了工会和那些最大的企业如美国钢铁公司之间的协商过程。这一系统被称为参照系谈判。管理层和工会之间达成的协议需要基层工人批准，但协议一旦签订，对于劳资双方来说就都是有法律强制力的。

---

[1]　见前文引用的 Maitland, *The Causes of Industrial Disorder* 一书。

而在杰公司，或者更广泛地说，在英国，正式的集体谈判不是发生在工厂这一层级，而是发生在全国和地方上的整个行业层面。集体谈判只负责确立最基本的雇佣条款。所以车间中的谈判实际上等同于按照具体情况来调整全行业层面达成的协议。这也解释了，为什么在联合公司存在层次分明的岗位等级的情况下，杰公司的薪资系统还是要远比联合公司复杂。[1]"按照特定工厂或车间的情况做调整"这一模式，解释了为什么全国和地方层面的协议需要被修正。但是为什么"集体谈判"一开始不是在工厂层面进行的呢？

一类解释涉及两国在工会组织与代表制度方面的差异。直到最近，英国只有少数几个行业，如煤矿业，才在企业层面确立了排他性的工会代表权。比如在杰公司，两家工会，即电子行业工会，以及普通工人与市政工人全国联合会，在变压器车间为工人的支持展开竞争。[2]在美国，工会不仅在工会会员准入制的保证下拥有排他性的代表权，而且企业层面的工会分会想要脱离总会是极其困难的。[3]一些不满于钢铁工人联合会的联合公司工人曾试图将隶属关系转向汽车工人联合会，但这一尝试被工会和管理层联手遏止了。另外，美国工会所享有的排他性代表权、自动收缴会员费的系统以及更多的专职工会干部，都让企业中的工会更加自满。这种自满非

[1] Lupton, *On the Shop Floor*, pp.137–138.

[2] 同上书，p.115。

[3] R. Herding, *Job Control and Union Structure*, Rotterdam, 1972, pp.267–270.

常适合于工会所扮演的集体谈判合约的看护者这一角色。

而在英国，不仅不同的工会要为同一拨工人的支持展开竞争，而且基本的组织单位是地区而不是工厂。这些因素倾向于增进车间中工会代表的战斗性。工会有限的财力难以承受雇佣许多专职工会干部，而且工会需要自己去收缴会费，这些因素也进一步激励了工会代表的战斗性。最后，工会之间的竞争和英国强大的行业工会组织的遗产，也在持续地导向关于"领地"划分的争议和以维持工资差异为目的的斗争，这些也都对集体谈判合约构成威胁。在美国，特定工厂中关于工会代表权的斗争，即关于管辖权的争议，并不像在产业工会组织还处于扩张阶段时那么重要。

解释两个国家中"集体谈判"角色反差的第二类原因有关生产机构与国家机构之间关系。在英国，集体谈判没有法律强制力——集体谈判合约是一个自愿签订的协议，没有固定的生效期，双方都可将其撕毁。罢工有可能是"违背章程的"（违背了集体谈判协议）或者"不正规的"（违背了工会领导层的指示），但只有在极特殊的情况下罢工才会是违法的。而在美国，集体谈判有法律强制力，合约中禁止罢工的条款使得发起罢工的工会有可能被起诉。与英国工会不同，美国工会是一个受限于法律条款的法人实体：工会要为成员的行为承担法律责任。法律是国家形塑工厂政治的一种模式，是国家对工厂政体加以规制的一种表现。

3. 生产机构和国家机构

上文中我们已经处理了本章的第一个靶的，展示了工厂政体既可以独立于劳动过程而发生变化、又能影响工作场所的斗争。但我们如何解释杰公司中基于局部博弈的霸权政体和联合公司中基于官僚化规章的霸权政体之间的差异？劳动过程和市场竞争不能解释这些差异，因为在这两个案例中这些因素是不变的。一个更有说服力的变量是国家干预的形式和内容。关于二战后时期的产业关系文献可以证实，这一类国家层面的变量的确在发挥作用。这一文献显示，局部博弈在英国制造业中非常典型，[1] 而官僚化规章在美国的企业部门中也非常典型。[2]

国家干预如何创造出不同的生产机构？将早期资本主义和发达资本主义区分开来的那两种国家干预，同时也将不同的发达资本主义社会区分开来。第一类国家干预通过确立不取决于工作表现的基本福利待遇，将劳动力的再生产与生产过程分隔开。美国工人比英国工人更依赖于企业提供的福利待

[1]　Richard Hyman, *Industrial Relations: A Marxist Introduction*, London, 1975; O. Kahn-Freund, *Labour and the Law*, London, 1977; Huge Clegg, *The Changing System of Industrial Relations in Great Britain*, Oxford, 1979；以及上文引用的 Maitland, *The Causes of Industrial Disorder* 一书。

[2]　G. Strauss, "The Shifting Power Balance in the Plant", *Industrial Relations*, vol. 1, no. 3, pp.65–96; M. Derber, W. Chalmers and M. Edelman, *Plant Union-Management Relations: From Practice to Theory*, Champaign, Illinois, 1965; Herding, *Job Control and Union Structure*; David Brody, *Workers in Industrial America*, New York, 1979, chapter 5.

遇（虽然这些待遇在没有工会组织的行业中往往少到可以忽略不计），因为英国的社会保险体制更完善。第二类国家干预直接规制生产机构。就像我们在上一节末尾已经提到的，在英国，国家不直接规制生产机构；而在美国，国家至少在企业部门为生产机构的形式施加了限制。

我们的两个案例研究，说明了不同类型霸权政体的存在，而且指向国家这个重要的解释变量。但它们展示的图景是静态的，相关的语境仅以间接方式出现在其中。我们现在必须将视线从联合公司和杰公司这两家企业上移开，去直接考察国家干预本身——既考察其形式，也考察其来源。我们必须建立一个动态的视角，通过更广阔的历史和比较分析，将这两座工厂置于他们各自的政治与经济语境当中。为了做到这一点，我们必须首先完善国家干预的全景图象，加入另外两种国家规制工厂政体和支持劳动力再生产的组合形式。第三种组合的典型代表是瑞典，大量遏止失业的干预手段即积极的人力政策和高度发达的福利体系，与国家对工厂政体的有力规制同时存在。日本属于第四种组合形式。在那里，国家在社会保险方面做得很少，将这方面的责任交给企业，同时仅非常有限地参与对生产机构的直接规制。下面的表格总结了各种不同模式。

国家对工厂 政体的直接规制程度 \ 国家对劳动力再生产的 支持程度	高	低
高	瑞典	美国
低	英国	日本

当然，这些仅代表整体层面的国家模式。在每个国家内部，生产机构和国家之间的关系也可能存在大量差异。[1] 国家干预只能塑造出工厂政体的一般形式——其具体的形式还要取决于劳动过程和市场力量。

但什么决定了国家干预的形式？我们现在必须把箭矢从第一个靶的上移开，转向第二个靶的：那些用国家自身结构来解释国家干预、不考虑国家所处的经济语境的国家理论。同时，如果仅仅考察外部经济力量如何"存在"于国家当中——比如法团主义的议价协商结构，或者国家层面上政党、工会、雇主协会等组织之间的斗争——那么我们虽然能识别这些经济力量的重要性，但这也还是不够的。正如帕内奇（Leo Panitch）所说，阶级力量的效果不能被还原为它们在国家机

---

[1] 虽然此处我们的分析聚焦在不同社会之间的区别上，我们也要注意每个社会内部存在的巨大差异。在美国，不同的行业和部门之间工厂政体的巨大差异不仅是市场因素的产物，而且也被以下因素形塑：《塔夫脱－哈特莱法案》（Taft-Hartley Act）所定义的生产政治与国家之间的不同关系，多达一半的劳动力被排除在全国劳动关系委员会的仲裁体系之外，一些州通过的禁止工会会员准入制的"工作权益"规则，支持雇主干涉工会组织活动的"言论自由"修正案，禁止罢工者参与工会选举，等等。

构中的"内化"模式。[1] 国家政治不是从云端上垂落下来的，它是从大地上生长出来的；当大地颤抖的时候，它也会颤抖。简言之，虽然生产政治可能并不以直接可见的形式存在于国家当中，但它对国家的干预施加了限制条件并起到催化作用。因此，美国 1930 年代的罢工潮和瑞典、法国、意大利、英国在 1960 年代末期和 1970 年代初期的罢工潮，都导致国家试图重新构建工厂机构。

相应的，正如国家为工厂机构施加限制条件，工厂机构也为国家干预的形式施加限制条件。如果静态地考察，我们无法判断哪个方向的决定作用更基本。但正如我在下文中将要指出的，如果我们动态地考察，那么决定作用的方向是从生产关系的底层指向国家干预。资本主义混合且不均匀的发展，或者说，资本主义发达形式与前资本主义社会并存现象的时点和特征，形塑了生产场域中的阶级力量制衡，限制了工厂政体后续的形式及其与国家之间的关系。

英　国

我们可以首先考察英国的情况，尤其是其无产阶级化过程的特殊模式。在工业化早期阶段，工人要么是从农村地区被赶出来的，要么是自愿迁移到城镇的。到 19 世纪末，所有新的劳动力储备已被耗尽。工人无法获取生存资料，这虽然将

---

[1] Leo Panitch, "Trade Unions and the State", *New Left Review*, no. 125, 1981, pp.21–44.

作为个体的工人的力量削弱了，但是也迫使工人们发展集体组织。在那些工业化进程更晚的国家，雇佣劳动力常常能通过别的方式获取生计来源，特别是通过自给生产和小商品生产。这一现象往往削弱了工人阶级的组织。

英国工业化的第二阶段（1840—1895年）贯穿着一条主线：为其已经积累的资本寻找出路。这一主线最终导向基于国内重工业发展的出口模式。另外，英国的帝国主义扩张为劳工与资本之间的阶级妥协打下基础。[1] 阶级力量制衡的变化与大英帝国被侵蚀的过程一样，都是逐渐的。这造成的结果是，英国劳工史上不存在像美国1930年代那样的强大罢工潮。即便是1926年的总罢工也虎头蛇尾迅速告终，并通过对工厂政治的遏制，标志了英国劳工力量确切无疑的弱化。[2]

如果说无产阶级化和殖民主义模式为劳工防御资本的侵犯提供了原动力和条件，那么资本主义生产的发展就为这一防御提供了手段。处于工业化最前沿国家中的英国资本横跨了发展的所有阶段：从手工业到工场再到现代工业。从一开始，资本和劳工就是一起发展的，并且通过抗争来互相强化对方。资本依赖于前工业时代手工匠人的技术，这从层层外包系统的普及中就可以看出来。[3] 企业间的竞争削弱了资本力量，增加了其对劳工的依赖。所以和其他国家相比，英国工人往往

---

[1] Eric Hobsbawm, *Industry and Empire*, Harmondsworth, 1969, chapters 6–8.

[2] R. Currie, *Industrial Politics*, Oxford, 1979, chapter 4.

[3] Littler, *The Development of the Labour Process*, chapter 6.

能更好地组织起来抵抗资本。我们可以在行业工会的早期发展中看到这一现象，虽然如特纳颇具说服力地指出的那样，[1]行业工会中的地方宗派主义终将阻碍劳工运动变得有凝聚力，直到 19 世纪后期以前一直都在拖延大型联合工会的发展。

在制造业尤其是工程业中，行业工会的强势推迟了机械化进程，为工人在工作场所中控制权的延续提供了基础，[2] 就像我们在杰公司看到的那样。直到最近十年，才出现了从非正式、碎片化的工作场所集体谈判向在整个工厂层面订立集体合约的转变。[3] 特别是在引入自动化生产的新产业中，工厂政体与美国模式更为相近（虽然与法国的对比显示，这一转变不应被夸大）。[4]

在英国，从专制政体向霸权政体的转型是逐渐发生的。手工匠人的行业传统使得劳工运动倾向于通过控制生产流程和劳动力市场，而非通过国家施加的规制，来提升自身的地位。工会和工党都以阻止国家进入生产场域为目的。[5] 而雇主关心的则是维护自己与劳工直接讨价还价的自主权，所以同样对国家干预缺乏信任。随着二战后形成的共识在 1960

[1]　H. A. Turner, *Trade Union Growth, Structure and Policy*, part 4.

[2]　Huge Clegg, *The Changing System of Industrial Relations in Great Britain*, chapter 2.

[3]　W. Brown, ed., *The Changing Contours of British Industrial Relations*, Oxford, 1981.

[4]　Theo Nichols and Huw Beynon, *Living with Capitalism*, London, 1977; Duncan Gallie, *In Search of the New Working Class*, Cambridge, 1978.

[5]　Currie, *Industrial Politics*.

年代破灭，工党和保守党政府都试图推行规制工人收入的政策，但都收效不佳。正如 1968 年的多诺万委员会（Donovan Commission）所强调的那样，不受工会领导层控制的工作场所劳资议价削弱了有效实行任何中心化的薪资政策的可能性。所以从 1960 年代后期开始，政府试图通过立法来规制生产政治。这其中最著名的是 1971 年的《劳资关系法》（Industrial Relations Act of 1971），该法案试图通过限制工会的自主权来全面重构生产政治。工会团结一致地向该法案发起了长达三年的攻击，直到保守党失去执政地位。新上台的工党政府在 1974 年将这一法案废除并推出了一系列新的法案，作为"社会契约"的一部分。1974 年的《工会与劳动关系法》（Trade Union and Labour Relations Act of 1974）（于 1976 年修订）、1975 年的《就业保障法》（Employment Protection Act of 1975）、1974 年的《工作卫生与安全法》（Health and Safety at Work Act of 1974）以及 1976 年的《性别歧视与种族关系法》（Sex Discrimination and Race Relations Acts of 1976），都保护了员工与工会的权益，但却是在非常狭小的限制范围内。不过，这些法律改革措施本身对生产政治没有太大影响。[1] 这一层面上真正具有决定性的力量，必须要到变迁中的劳资关系及其背后更广阔的经济变革中去寻找。这一点我们在本章最后一节中还会再加以论述。

---

[1]　Clegg, *The Changing System of Industrial Relations*, chapter 10.

美　国

与英国相比，美国资本更迅速地走过了其各个发展阶段，而无产阶级化进程却更加缓慢。黑人劳工和移民劳工聚居区的发展，再加上流动性较大的白人劳工，使得劳动力变得撕裂和原子化，令强大工会的出现变得十分艰难。除了世界产业工人联合会（Industrial Workers of the World，IWW）这一令人瞩目的例外，美国出现的工会基本都是行业工会。在一战期间，工会从开放车间运动（openshop drive）中赢得暂时喘息。一系列专权的雇佣惯例如设置黑名单、强制订立"黄狗合同"*以及歧视工会会员等都被禁止了。通过执行资历原则，工人获得保护、免于受到随时裁员的威胁。[1]　在1920年代，雇主向独立工会发起了新一轮攻击，一些企业成立了"黄色工会"**以取代独立工会。这是福利资本主义的时代，专制型的工厂政体与社会福利形式的物质妥协结合起来。但到了大萧条时期，随着失业率增加、工资和福利被削减，企业家长制也陷入崩溃。[2]大规模的罢工潮向生产机构这个经济不安全感的源泉发起攻击。虽然失业率还在上升，但工人们能够利用劳

142

---

* "黄狗合同"（yellow-dog contract）是来源于英美劳动法的一种熟语，意指企业雇主在雇用劳动者时，以"劳动者不得加入工会，或者必须脱离工会"为条件，与劳动者签订的合同。

** "黄色工会"（company unions）是指与资方妥协或被收买的工会，常被工人指作假工会。

[1]　H. J. Harris, "Responsible Unionism and the Road to Taft-Hartley", unpublished manuscript, 1982.

[2]　Brody, *Workers in Industrial America*, chapter 2.

动过程的互联互通性和部门间的相互依赖性，使得大规模生产停转。同时，新的未经无产阶级化的劳动力供应基本耗尽，这限制了资本抵御罢工攻势的能力。[1]

只有一种来自国家的、反资本的独立举措才能平息劳工抗争——这一时期统治阶级的内部分裂，使得这一举措最终成为可能。1932 年的《诺里斯拉瓜迪亚法案》（Norris-La Guardia Act）和 1933 年的《国家工业振兴法》（National Industrial Recovery Act of 1933）激发了组织工会的努力，虽然这两项法案的合宪性被质疑、执行机制也并不有效。不过，新成立的全国劳动委员会怀着一种官僚化的热忱执行其使命。1935 年，在当时的美国劳工联合会（American Federation of Labor，AFL）的支持和一系列偶然机遇的帮助下，参议员罗伯特·瓦格纳（Robert Wagner）的运作使《全国劳动关系法》（National Labour Relations Act of 1935）在国会获得通过，虽然这一法案被产业资本所谴责，并被罗斯福政府和法院所忽视。[2] 全国劳动关系委员会开始用一系列新形式的，其基于集体谈判、程序正义、妥协和独立工会的"产业管理"，来取代专制型的生产政治。

借着自组织的势头，工会紧接着发展起来。而在 1937 到

[1]   G. Arrighi and B. Silver, "Labour Movements and Capital Migration: The United States and Western Europe in World Historical Perspective", in Charles Bergquist, ed., *Labour in the Capitalist World-Economy*, Beverly Hills, California, 1984.

[2]   Theda Skocpol, "Political Responses to Capitalist Crisis: Neo-Marxist Theories of the State and the New Deal", *Politics and Society*, no. 10, 1980, pp.155–202.

1939 年，随着雇主再度对工会发起攻击，全国劳动关系委员会帮助工人维护自身权益。在 1939 年，委员会自身也受到大量攻击，被指责为过分倾向工人，不得不减弱其政策的倾向性。在这之后，1942 到 1946 年的战时全国劳动委员会对工会的发展发挥了引导作用，确立了工会的安全地位，但削弱了其自主性。集体谈判被局限于薪资、工时和一种对工作条件的狭隘认知当中；申诉机制将工会的角色定位为反应性的；一大批劳工专家被制造出来，用于处理法律相关的事项。[1] 在长达十年的过程中，阶级力量的压力将工厂政治局限于越来越狭窄的范围内，1947 年的《塔夫脱－哈特莱法案》（Taft-Hartley Act）则标志着这一过程达到顶峰。随着时间流逝，全国劳动关系委员会渐渐根据资本的需求——工业和平与稳定——被重塑。

不过，掌管了二战后时期的新兴劳工法案依然带有其出生的那个年代的痕迹，尤其是反映了回应专制型工厂政体和工人对说变就变的市场力量的依赖关系的努力。一方面，社会立法与劳工立法为工人提供了其最想争取的东西——安全感——即便是通过一种有局限性的方式。福利立法、特别是失业补偿，虽然和其他国家相比依然很不够，但毕竟意味着工人不用再忍受专权的雇佣行为。正如我们在联合公司所看到的，附着在资历之上的权益和工会得到承认的合法地位在工

143

---

[1]　Harris, "Responsible Unionism and the Road to Taft-Hartley", unpublished manuscript, 1982.

厂中为工人提供了某种保护。另一方面，资本对一开始的劳工法案感到惊恐，之后则成功地重塑了这些法律、使其适合于自身的需要，通过有局限性的集体谈判和申诉机制，将冲突限制在狭窄范围内。内部劳动力市场虽然可能为劳工提供了安全感，但出于同样的原因，它为劳动力市场注入了一种可预测性，这种可预测性恰恰是大企业资本之前已经在供应市场和产品市场中实现了的。连社会立法都起到了将资本从生产过剩危机中解救出来的作用：社会立法提升了工人阶级的购买力、围绕着住宅和汽车重新构建了消费规范。[1]

如果说随着时间推移，大企业资本给新的劳工立法打上了自身利益的烙印，那么小型竞争资本则无法负担对劳工的妥协，这一部门中组建工会的努力遇到的阻碍更大。一种特殊的二元结构发展起来，在该结构中，大企业部门的收益以竞争性部门的利益受损为代价。而在英国，由于工会的组建往往早于大企业的巩固、而且遍布大多数行业，所以这种二元结构要薄弱得多。

总结起来，美国资本在通过工厂专制主义来维持对劳工的支配方面十分成功，这种成功既制造了生产过剩的危机，又在工人中引发了大规模抵抗，因此需要国家干预并在工厂中建立一种新的政治秩序。二战后确立的霸权政体，比如我们在联合公司所看到的那种形式，削弱了工人在工作场所的力

---

[1]　Aglietta, *A Theory of Capitalist Regulation*.

224

量，导向了劳工目前的弱势地位。

日　本

我们很难穿透那些与日本霸权政体相关的关于劳资和谐与融洽的神话。但恰恰因为如此，我们就更有必要完成这一任务。我们很容易忽略家长制中有强迫性的那一面。[1] 在我们的四个案例中，日本是最接近于早期资本主义的专制秩序的。在这一秩序中，国家基本不提供任何社会保险，并且不参与对工厂机构的规制。二战后，日本采用了与美国相似的劳动法，但这些法律在日本并没有导向美国出现的那种国家对生产机构的广泛规制。在美国占领时期的最初几年，工会将其会员人数从 1946 年的不到 100 万扩充到 1949 年的 650万。不过，与形塑美国基础工业生产政治的那种以工厂为单位的工会组建过程相比，日本这种通过立法来自上而下组建工会的过程带来的后果非常不同。即使有战斗性的企业工会能发展起来，这些工会也常常被管理层所支持的"第二工会"

144

---

[1]　因为有关日本工厂中工作状况的民族志研究在英语世界较为稀缺，所以镰田慧（Satoshi Kamata）作品的英译本尤为珍贵，这一作品讲述了他在丰田当季节工的经历（*Japan in the Passing Lane*, New York, 1983）。镰田慧细致、深入地描述了丰田的工厂政体：企业工会并未有效地与工会会员建立联系，也不能回应会员诉求；在工作之外，宿舍里的生活时时处于类似警察的监视之下；在车间，工人面临管理层的专权支配，这可能表现为强制调岗、工作提速、加班，或者企业对安全事故的不闻不问。与季节工相比，正式工也面临着同样具有压迫性的环境，但他们如果辞工的话损失会更大（主要是福利待遇方面）。如镰田慧的一位工友所说，终身雇佣变成了终身监禁。多尔在为镰田慧的书所写的绪论中，试图将丰田工厂 1970 年代早期的强制压迫特征解释成是非典型的，但这些强制压迫特征在这么大一家企业中的存在本身，就已经足够说明日本霸权政体的问题。

取代。[1] 劳工立法并没有阻止日本企业发展出一种威权式的政治秩序。

日本工会的基本组织单位是企业。工会的领导层往往被管理方所主导，基本不能抵抗管理层对工作的单方面裁断。工会最多是关于薪资和福利增长的谈判部门，但即使在这种情况下，谈判往往也只是关于平均增幅，而增幅在员工中如何分配，则是由管理层来裁量的。[2] 在谈判中，工会往往不经基层工人同意，就接受管理层规定的范围。[3] 更有甚者，大企业中那部分加入了工会的（永久）雇员可能获得的少量资方妥协，在一定程度上是以临时雇员（有时能占到总员工数的50%）的福祉受损为代价的，而临时员工中大部分是女性。工人的申诉渠道也很有限。他们必须以个人名义向直接领导提起申诉，而直接领导也往往是他们的工会代表。[4] 另外，在缺少像申请制那种常规化的岗位变动机制的情况下，工人相对

[1]　J. Halliday, *A Political History of Japanese Capitalism*, New York, 1975, chapter 6；I. Kishimoto, "Labour-Management Relations and the Trade Unions in Postwar Japan (1)", *Kyoto University Economic Review*, no. 38, 1968, pp.1–35; S. Levine, "Labour Markets and the Collective Bargaining in Japan", in W. Lockwoods, ed., *The State and Economic Enterprise in Japan*, Princeton, 1965, pp.651–660; Robert Cole, *Japanese Blue Collar*, Berkeley and Los Angeles, 1971, chapter 7.

[2]　R. Evans, *The Labour Economics of Japan and the United States*, New York, 1971, p.132.

[3]　Dore, *British Factory-Japanese Factory*, chapters 4, 6; Cole, *Japanese Blue Collar*, chapter 7.

[4]　同上书，p.230。

于其领导来说基本没有自主权可言。[1] 结果是，工人之间形成激烈的竞争对抗关系。[2] 毫无疑问，日本的"家长制"有专制的一面。

国家提供的社会保险往往很不充分，这加剧了雇员对企业的依附，使雇员在住房、退休金、病假福利等方面依赖于企业福利系统。例如，罗纳德·多尔曾计算过，在直接的工资支付之外，工人收到的经济支持中有五分之四来自于企业、五分之一来自于国家，而在英国这一比例为一半对一半。[3] 在大企业中，终身雇佣制高度发达，企业福利的重要性也更大。由于工资、福利与工作年头挂钩，工人在一家企业待的时间越长，跳槽的代价就越高，工人也就越将企业的利益与自身利益统一起来，越觉得公司的利润能惠及自己。在缺少美国那种内部劳动力市场和申诉机制作为对冲的情况下，对企业的这种依赖让工人的反抗空间变得更小。

我们可以开始用工业化的时序和是否存在廉价劳动力储备来解释日本的生产政治体系。后发展意味着跳过工业的早期阶段——手工业和工场，而直接进入现代工业和大企业阶段。从农村劳动力储备中招募工人的做法，加剧了工人面对资本时的无力。因为工业从未经历过科学管理的强化阶段以及基

[1] Cole, *Work, Mobility and Participation: A Comparative Study of American and Japanese Industry*, Berkeley and Los Angeles, 1979, pp.111–114.

[2] Cole, *Japanese Blue Collar*, chapter 6.

[3] Dore, *British Factory-Japanese Factory*, p.323.

于细密的工作专门化的复杂劳动分工，所以日本劳工也从未发展出那种在美国至关重要的工作权益和工作意识。在日本，工作这个概念本身就是不成形的，工作之间的边界也比那些工业化更早的国家要模糊。日本发展起来的不是一个权利与义务体系，而是一个更加灵活的小组工作关系与岗位轮转体系。这一体系让一种有限的、被自上而下严密监控的集体能动性成为可能。[1] 像美国一样，日本的大企业部门及其福利政体之所以能发展起来，是以居于附庸地位的竞争性部门为代价的。如果说有什么区别的话，那就是日本的二元结构比美国更明显，因为那些依附于大企业部门的劳工和资本均非常弱势。

就像美国的福利资本主义在大萧条中崩溃一样，日本的"永久雇佣体系"也容易受经济衰退的影响。减产的影响可以依靠工人转岗或解雇临时工来吸收，但这样一来，永久的正式雇员的比例反而提高了。劳动力老龄化是一个给终身雇佣制造成困难的更普遍问题，这一问题在经济衰退时期会被加重。这样一来，年纪较大的工人会被降职、被转到更边缘的岗位上，或被鼓励提早退休。[2] 这些解决方案都不令人满意，因为它们都会增加生产成本。

[1]　Cole, *Work*, *Mobility and Participation*, chapter 7.

[2]　Robert Thomas, "Quality and Quantity? Worker Participation in the United States and Japanese Automobile Industries", unpublished manuscript, 1982.

瑞　典

　　我们的第四个案例瑞典完全是日本的反面。在瑞典我们看到，国家对生产政治的规制与最发达的福利体系之一相结合。这一模式以"瑞典模式"的阶级妥协为基础。这一模式在社会民主党执政的 44 年（1932—1976 年）中发展起来，围绕着雇主联合会、产业工会联合会以及最大的白领工人联合会三方经由中央协商而订立的"框架协议"展开。瑞典在发达资本主义国家中非常独特，工会系统将 87% 的领薪劳动力组织起来。产业工会联合会组织了 95% 的蓝领工人，而白领工人联合会代表了 75% 的领薪雇员。雇主联合会覆盖了整个私有部门。[1] 产业工会联合会和雇主联合会均能对其成员组织行使权力，包括施加严重的经济制裁。

　　中央框架协议为行业和企业层面的集体谈判提供了基础。中央层面的协商依照两个原则进行。第一，收入政策试图限制工资涨幅，以保证瑞典工业的国际竞争力。第二，"团结的薪资政策"试图在行业和部门之间将工资拉平。除了社会平等的目标外，不考虑雇主支付能力的同工同酬原则也是为了鼓励技术变革、让那些不具竞争力的企业破产。同时，瑞典的福利体系为被解雇的员工提供补偿，积极的人力政策依照资本的需求将工人重新分配到各个行业和企业中。简言之，资本接受了中心化的薪资政策，而工会需要与资本合作、共同

---

[1]　*Walter Korpi, The Working Class in Welfare Capitalism*, London, 1978, chapter 8; J. Fulcher, "Class Conflict in Sweden", *Sociology*, no. 7, 1973, p.50.

追求效率。

瑞典中央层面的薪资合约在企业层面不具有决定性，虽然与英国相比，瑞典的中央合约被遵守得更好。工资偏差即局部范围内对中央规定的偏离，占了最近实际收入增幅的大概一半。[1] 劳动力议价地位更强势的部门能够赢取更高的工资涨幅，有效地将工人与特定企业绑在一起。企业局部协商得出的计件工资被大范围使用，使得实际收入出现不成比例的增长，而基本工资与中央合约更趋向一致。非正式的罢工虽然不像英国那样频繁，但也依然是导致工资偏差的一股重要力量，说明生产政治相对于中央层面订立的合约而言具有独立性。[2]

虽然工资协商采用了中心化的模式，但瑞典的生产机构展现出与联合公司的霸权政体相类似的形式。[3] 克雷格（Hugh Clegg）写道：

不过，瑞典和美国工作场所工人代表的职责更多是被流程合约、而不是工会规章所决定的。在其他国家，集体合约会订立得非常严密，以便获得严格的执行……结果

---

[1]　Andrew Martin, "Distributive Conflict, Inflation and Investment: The Swedish Case", paper presented for the Brookings Project on the Politics and Sociology of Global Inflation, 1980.

[2]　Fulcher, "Class Conflict in Sweden", *Sociology*, no.7, 1973.

[3]　G. Palm, *The Flight from Work*, Cambridge, 1977, pp.9–65; Korpi, *The Working Class in Welfare Capitalism*, chapters 7, 8.

是，在这两个国家、尤其是美国，工作场所工人组织首要的工作是监督集体合约中设立的标准得到执行，在工会代表发现资方违背合约时提出"申诉"。在这两个国家，流程合约禁止工人在申诉期间发起罢工和其他制裁行为，而且因为集体谈判具有法律强制力，此种情况下的罢工是违法的……结果是，合约确立了工作场所工人代表的权威，但同时也限制了他们的权力。[1]

虽然两个国家在工厂层面对集体合约执行情况的监督有着相似的形式，但是瑞典劳资双方利益协调的程度更低。一方面，资历给工人带来的大量回报并不存在；另一方面，社会保险和积极的人力政策使工人相对于资本而言有更大的独立性。

我们如何解释国家对生产机构的规制和完善的福利国家在瑞典的独特结合？当威尔（Margaret Weir）和斯考切波（Theda Skocpol）断言瑞典国家的中心化特征解释了"社会凯恩斯主义"的发展时，[2] 她们是正确的吗？诚然，国家的形式塑造了具体经济问题的解决方案，但这并不意味着这些经济问题本身对决定公共政策而言不重要。恰恰因为瑞典和美国

---

[1]　Hugh Clegg, *Trade Unionism under Collective Bargaining*, Oxford, 1976, p.61.

[2]　M. Weir and Theda Skocpol, "State Structures and Social Keynesianism: Response to the Great Depression in Sweden and the United States", unpublished manuscript, 1983.

的国家面对嵌入在不同工厂政体中的不同阶级力量制衡局面，所以两国对大萧条的回应注定是不同的，无论国家具有怎样的结构。

瑞典的工业化起步晚但速度快。工业化进程展开时，欧洲大陆的劳工运动已经深受社会主义影响、并与社会民主党派相联系。早期的行业工会支撑了 1889 年瑞典社会民主党的建立，该党建立后很快便开始积极推动进一步的工会组织。产业工会联合会于 1898 年成立，而 1902 年以争取普选权为目标的全国大罢工则促使雇主团结起来成立雇主联合会。后发的工业化导致瑞典工业高度集中化，以出口导向的工程行业为主导。[1] 所以雇主更容易结成强大的组织。在一次重大的雇主闭厂行动之后，第一份覆盖全行业的集体合约在 1905 年签订了。1906 年发生了"十二月妥协"。这一妥协指的是雇主承认工会的地位，而作为报偿，产业工会联合会接受资方管理层雇佣、解雇工人和掌控工作的权利。[2] 还是由于后发展以及后发展带来的劳动过程机械化，行业工会从未强大过，并且很快就从属于雇主联合会更偏爱的产业工会了。产业工会在工作场所保有强大的力量，并且与产业工会组织惯常的策略一致，主要通过国家政治来争取自身权益——或者说，通过对劳动条件的公共规制，而不是对工作与劳动力市场的排他性

[1] Geoffery Ingham, *Strikes and Industrial Conflict*, London, 1974, pp.45–48.

[2] Korpi, *The Working Class in Welfare Capitalism*, p.62.

控制。[1]

1928 年，集体谈判获得法律强制力，而且工人不得针对
已经生效的集体合约所覆盖的议题发起罢工，否则将被裁定
违法。当大萧条到来时，工人被广泛地组织到产业工会中，
而且支持一个相对而言颇为强大的社会民主党。因此大萧条
时期的主要斗争不是以工厂政体的重构为核心，而是以社会
保险的扩大为核心。我们再次看到，工厂政体的形式如何被
资本主义混合而不均匀的发展所形塑，尤其是被资本的密集
与中心化特征——这一特征是后发展以及薄弱的工匠传统的遗
产带来的结果——和资本与国家之间的关系所形塑。

4. 新型专制主义的兴起?

到目前为止，我们已经论证了：国家干预的不同形式被
主要从生产层面定义的阶级利益与阶级能力所塑造。自主的
动态来自于生产关系与生产力，这二者塑造了工厂政体的特
征及其与国家之间的关系。我们从专制政体向霸权政体转型
的角度，对资本主义做了历史分期。所以，我们并不是从资
本家之间的竞争或者去技能化的角度去刻画早期资本主义的
特征。我们的出发点是工人对雇主的依赖，以及劳动力再生

[1] Göran Therborn, "Why Some Classes Are More Successful than Others", *New Left Review*, no. 138, 1983, pp.52–53.

产与生产过程之间通过经济或经济外纽带而形成的绑定关系。这为监工或包工头的独裁专制主义奠定了基础。

不管是从资本还是从劳工的角度，专制主义都不是一个可行的系统。一方面，工人没有安全感，因而试图通过生产场域中的集体代表权和生产场域外的社会保险，来争取更多保护，对抗资本的暴政。国家这个外在的实体，需要将这些条件强行施加在资本身上。另一方面，随着资本变得越来越集中，它要求对阶级关系进行规制，使阶级关系适应于企业间竞争关系的稳定与相互依赖。同时，专制政体的成功将工人的购买力降到极低的程度，使资本必须面对越来越严重的生产过剩危机——它无法实现它所生产的价值。所以，个体资本家有动力去提高所有其他资本家雇佣的工人的工资，但不去提高他们自己雇佣的工人的工资。只有国家这个外在实体，才能执行一个适用于所有资本家的冲突规制机制，并确立最低社会工资。简言之，劳资双方都希望国家干预能够确立霸权型生产政治的条件；而国家自身的特征则影响了这些干预手段的具体形式。

但是，如果说劳动力再生产与生产过程的分离帮助解决了生产过剩危机并规制了冲突，它却为新的利润率危机奠定了基础。美国工业的主导部门中确立的霸权政体，为资本积累施加了大量限制，使资本必须面对越来越大的国际竞争威胁。首先，在日本等一些国家，霸权政体给了资本更大的闪转腾挪空间。其次，在南非、巴西、伊朗等半边缘国家，制造业中并没有确立霸权政体，而是依赖一系列经济和经济外的强制手段。再者，在有出口贸易区的其他国家，由国家支持的独裁专制工厂政体以女工为宰制对象。

发达资本主义国家对这些竞争压力的回应方式，是划出一些特殊区域。在这些区域中，劳工不拥有在霸权政体之下通常拥有的那些权力。城市企业区就是这样一种尝试，通过取消劳工保护，以及暂时废除最低工资法、卫生与安全方面的规定以及国家层面的劳动关系法，试图将特定区域带回到19世纪的生产政治。在意大利等其他国家——还有美国，不过程度稍轻——我们能看到工匠作坊以及大公司外包的血汗家庭工作模式重新出现。[1] 波特斯（Alejandro Portes）和沃尔顿（John Walton）将这一现象称为中心的边缘化。[2] 萨森（S. Sassen-Koob）描述了一种更复杂的边缘化与重组图景。在基础制造业从纽约等超大城市流失之后，随之而来的是小规模制造业的出现。这些小规模制造业依赖低薪移民工人，服务于扩张中的服务业以及这些服务业从业者的"士绅化"（gentrified）生活方式。[3]

虽然中心地带的边缘化趋势正在变强，但这毕竟还是一个边缘现象，从属于制造业的中心（虽然这一中心也在衰败）。

150

[1] C. Sabel, *Work and Politcs*, Cambridge, 1982, chapter 5.

[2] Alejandro Portes and John Walton, *Labour, Class and the International System*, New York, 1981.

[3] S. Sassen-Koob, "Recomposition and Peripheralization at the Core", *Contemporary Marxism*, no. 5, 1982, pp.88–100.

在汽车、钢铁、橡胶、电气等旧制造业中，阶级力量制衡格局的变化导致了一种新型专制主义。工作场所的这一新政治秩序的形成源于两类条件的改变。首先，现在将资本从一个地点转移到另一个地点变得极其容易。这要归功于三个现象：在边缘国家和发达资本主义国家的边缘地区出现的廉价劳动力大军；劳动过程的碎片化，使得不同的部件可以在不同地点被生产和组装（跨国生产过程的组织有时只需拨动一下开关即可完成）；以及物流与通信业的转型。[1] 这些变迁都与在全球范围内展开的资本积累过程相联系。第二类条件存在于发达资本主义国家内部。霸权政体的兴起将工人的利益与其雇主的命运绑定，代表了工人阶级在工厂中而非国家机构中的权力，并且强化了个人主义。这些都让工人无力抵抗资本发起的新挑战。即使是拥有最多工作场所控制权的英国产业工人，也在由企业改制、技术变迁、特别是工作强度增加所带来的失业面前无能为力。[2]

这种新的专制主义是以其正在取代的霸权政体为基础的。事实上，这是一种霸权的专制主义。资本与劳工的利益依然被具体地协调、统合起来，但原来的情况是资本根据利润的扩张，对劳工做出让步，而现在则是劳工根据某一资本家相对于其他资本家的盈利能力，或者说资本的机会成本，对资

[1]　F. Fröbel, J. Heinrichs and O. Kreye, *The New International Division of Labour*, Cambridge, 1980.

[2]　D. Massey and R. Meegan, *The Anatomy of Job Loss*, London, 1982.

本作出让步。主要的参照点不再是企业自身在过去与当下表现的对比，而是资本转移到其他地方后可能赚得的利润率。在那些亏损的公司，工人不得不在降薪——有时候甚至引入了零工资计划——和失业之间做出选择。新的专制主义并不是旧专制主义的复兴；它不是监工对工人个体的专权暴政（虽然这也在发生）。新的专制主义是资本流动性对工人集体的"理性化"暴政。劳动力的再生产重新与生产过程绑定，但这一绑定关系发生在企业、地区甚至民族国家层面，而不是个体层面。工人对解雇的恐惧被关于资本外逃、关厂、业务转移和停止投资的恐惧所取代。

既存的霸权政体为劳方的让步式集体谈判打下了基础。或者资本可以干脆绕过霸权政体。最近的一些热门潮流，比如工作生活质量项目和质量管理圈，都标志着管理层试图入侵工人在先前的工厂政体中创造出的空间，并使工人更积极地配合资方提高生产效率的计划。雇主也有组织地试图解散工会，或者解雇参与工会活动的工人。与此同时，不同的国家和社区也被相互对立起来，为吸引和留住资本而展开竞争。它们相互角逐，为资本提供更多税收减免，进一步放松劳工法和有关工人福利的规定。[1]

既存的霸权政体及其与国家之间的关系，塑造了劳工的回应方式。因此，在美国，劳工运动内部的辩论围绕着是否应

[1] Barry Bluestone and Bennett Harrison, *The Deindustrialization of America*, New York, 1982.

该做出让步展开。这反映出美国的生产政治被局限于企业层面。有些时候，资本关厂之后出现了工人收购，但这些收购行动不过是在试图减轻社区被破坏的程度，很难将其意义看得更重。在英国，工人试图将生产政治的场域从对劳动过程的规制扩大到对投资的规制。比如，一些工人试图接管工厂，或者制定不同于资本决策的计划。[1]这一运动较为短命，仅出现在工党上一次执政时期。在现任保守党政府上台后大幅释放市场力量时，这一运动就被瓦解了。

更有野心、也可能是更有效的策略，意在让国家控制资本流动。这涉及一系列举措，从与关厂相关的立法到国有化再到指示性计划。不同的国家实现此目标的能力颇为不同。因此，在美国和英国——尤其是美国——劳工支持了作为战后经济扩张的一个组成部分的资本输出。在这两个案例里，国家既不习惯也无能力去管控国内资本的流动。这两个霸权大国是通过金融和产业资本的自由流动来维持其统治地位的。在其他国家，生产政治对国家政治施加的限制，与国家管控投资的能力成反比。[2]在瑞典，福利国家反映出生产政治对国家的限制作用，国家在管控投资方面没能有什么作为。而在日本，生产政治对国家的限制要弱得多，国家在管控资本流动

[1] Ken Coates, ed., *The Right to Useful Work*, Nottingham, 1978; H. Wainwright and D. Elliott, *The Lucas Plan*: *A New Trade Unionism in the Making*? London, 1982.

[2] J. Pontusson, "Comparative Political Economy of Advanced Capitalist States: Sweden and France", *Kapitalistate*, No. 10/11, 1983, pp.43–74.

方面更有成效。在瑞典，工人阶级支持将投资过程集体化的尝试，具体办法是通过向企业利润征税来建立一个"工薪族基金"。但在一个如此依赖于出口部门的国家，这种逐渐没收资本的尝试注定会遇到强大的阻力，即使是在社会民主党执政的时候。

无论国家做出什么样的干预，我们在所有发达资本主义社会都能看到，霸权政体正在发展出一个专制的面向。对此的回应方式可能反映了生产机构与国家机构之间的不同关系，但更根本的动力即变动中的国际分工和资本流动，正在导向资本主义的第三个时期：霸权的专制主义。我们可以预料，工人阶级会开始感受到集体层面的无力感，意识到他们的利益和作为一种国际现象的资本主义发展是多么不相容。导致工人阶级去动员化的力量也可能帮助更多人意识到：工人阶级要想维护自身的物质利益，就必须超越资本主义，超越市场的无序，超越生产环节的专制。

第四章

工人在工人的国家里

　　在第一章，我通过资本主义与封建主义的比较，详述了资本主义的本质特征。这一比较具有两个优势，第一，封建主义是一个实际存在的社会形态；第二，其存在并未受到其后的资本主义的影响。在第二章和第三章，我们在第一章所勾勒的资本主义框架之内进行了一系列比较。现在我们进入第三重比较，这一比较常常是模糊不清的，在马克思对资本主义的阐述中通常作为假设出现。无论是资本主义国家、资本主义家庭、资本主义城市，还是其他任何资本主义制度，都暗含着与或真实或虚拟的社会主义的比较，这种比较给予马克思的分析以批判性和政治重要性。它轻易地回避了所呈现的问题，将假设掩盖在傲慢的"显而易见"之下，退回到一种误导性的比较中，即将资本主义的现实和社会主义的理想化版本进行的比较，而社会主义的理想版本则是透过摒弃所有我们厌恶的资本主义的特质形成的。批判自身成为自足的了，它取代了对以下问题的分析：可能性的局限，在最好的世界中什么是可行的，限制之中的可能性，以及在既存秩序的参数范围内什么是可行的。[1]

对社会主义的含义拒绝展开分析，这在劳动过程的研究中尤其明显。任何被认为是资本主义劳动过程的关键特征，都被自动翻转以形成一个关于社会主义的生产愿景。[2] 工作成为解放被排斥之人的舞台。如果资本主义劳动过程通过概念和执行的分离来定义，那么社会主义劳动过程必须是相反的——概念和执行的统一；如果资本主义劳动过程通过去技能化来定义，那么社会主义就必须预示着手工艺者的恢复——这是对过去的浪漫复兴；如果资本主义劳动过程由等级制所定义，那么社会主义劳动过程的定义就是废除等级制，资本的控制让位于工人的控制。如果资本主义技术不可能实现工人控制、废除等级制或统一概念和执行，那么就需要一种新技术来开启社会主义。在每种情况下，资本主义的现实与某种社会主义的乌托邦建构并存，这种社会主义的乌托邦建构是通过奇迹般地废除诸如异化、原子化、支配关系等而实现的。

在考察这些模糊不清的乌托邦的技术、政治和心理条件，

---

[1]　两部近期著作对这些问题非常敏感，见 Alec Nove, *The Economics of Feasible Socialism*, London, 1983；以及 Ferene Fehér, Agnes Heller and György Márkus, *Dictatorship Over Needs*, Oxford, 1983。

[2]　关于对劳动过程近期理论的这一批判，参见 Carmen Sirianni, "Production and Power in a Classless Society: A Critical Analysis of the Utopian Dimensions of Marxist Theory", *Socialist Review*, no. 59, 1981, pp.33–82。

以及综合所有被视为"好"的方面、消除所有被视为"坏"的
方面是否适当的时候，经常存在系统性的失败。换言之，对
于将社会主义视为一个有其自身的矛盾、有自身积极面和消
极面的独特组合的有机整体的观念，存在着一种厌恶。这种
厌恶强有力地存在于马克思和恩格斯对乌托邦研究的蔑视之
中，其后发生了两个不幸的后果。第一，苏联的辩护者可以
声称它是社会主义甚至共产主义的化身。第二，苏联的批评
者可以因为它未能达到某种理想而拒绝它。它变成了一种反
常的资本主义（国家资本主义、国家垄断资本主义、官僚国
家资本主义）或腐败的社会主义（退化的工人国家）。未能
直面社会主义工程的性质，理论家们退而解释从某种假定的
理想类型发生的偏离。我们听到很多关于历史遗产、事态、
人格崇拜、领导错误等类的说法，但是对于实际存在的社
会主义的实际性质的分析却很少。苏联型社会（Soviet-type
societies）是梦想的成就，还是梦魇的实现，它们的历史和未
来不能被忽视。此外，如果没有对努蒂（Nuti）所说的"人间
的社会主义"进行评价，那么对资本主义的评价从根本上是不
完整的。

　　那么我们所说的社会主义是什么意思呢？马克思的著作中
可以找到两种不同的历史分期。在某些地方，根本性的突破
发生在资本主义社会和前资本主义社会之间。在此，资本主
义的决定性特征是国家和市民社会的分离。社会主义与资本
主义有机地联系在一起：它诞生于资本主义内部。然而，在

其他地方，根本性突破的标志是兴起一个解放的社会，其中人们创造自己的历史，即集体参与决定自身的命运。所有以前的历史，或"前史"，都是背地里与其主体（subjects）相背。要建立这种集体主导的社会，一个必要但不充分的条件是国家和市民社会的统一。因此，在本书的术语中，所有的社会主义都具有融合生产政治和国家政治的特征。融合可以是自下而上的，在这种情况下，引导力量来自我称之为"集体自我管理"系统中的生产者。或者可能是自上而下的，中央机构在我所说的"国家社会主义"系统中提供指导力。

158

　　按照这种方式——不必然涉及工人阶级对社会的指导或某种形式的工人控制——来界定社会主义是有争议的，所以让我提出一些初步的理由。首先，这种框架允许考察实际存在的社会主义，而且，这样做时不必拥护任何趋同论。事实上，本章的下一节强调了两种经济之间的差异：一种以对商品和服务进行集中再分配为基础，一种以在市场中为获取利润而进行私人生产为基础。在随后的几节中，我展示了中央计划对不同工厂政体发展的影响。虽然资本主义和国家社会主义都吸取了对方的一些特点并对自身进行补充，但这种"移植"的后果在两个新家族中却截然不同。另一方面，对趋同论的否定并不意味着接受替代性的"分歧论"，即指令经济与市场经济之间的区别，也不意味着我赞同时下流行的对于渗透到国家社会主义中的非正式关系和协商结构（bargaining structures）的关注。[1] 我在第 3 节和第 4 节中指出，无论议价还是专制制度都不能单独捕捉国家社会主义的动态。相反，协商和专权不可分割地交织在一起，它们按照国家社会主义的动态，生产和再生产对方。

我们的框架的第二个优点是，它不仅允许分析实际存在的社会主义，而且还允许分析未能在一定时期内稳定存在的替代型社会主义。因此，我们能够对国家社会主义和集体自我管理以及两者之间的关系进行考察。事实上，我将声称两者都会产生朝向对方的社会力量。最后，国家社会主义作为一种也仅是一种社会主义的类型，有助于打破历史的单线性观点，即后资本主义唯一的未来是一种明确的社会主义，所有存在于它们之间的形式都是一种过渡。正如资本主义能够拥有走向未来的不同路线，国家社会主义亦然。

159

1. 资本主义与国家社会主义

我们的第一个任务必须是概述资本主义和国家社会主义的

---

[1]　Charles Sabel and David Stark, "Planning, Politics and Shop-Floor Power: Hidden Forms of Bargaining in Soviet-Imposed State-Socialist Societies", *Politics and Society*, vol. 2, no. 4, 1982, pp.437–476; and David Stark, "The Micro Politics of the Firm and the Macro Politics of Reform", in Peter Evans, Dietrich Rueschemeyer and Evelyne Huber Stevens, eds., *States vs. Markets in the World System*, Beverly Hills, 1985.

生产关系（它定义了二者），即从直接生产者中抽取剩余的独特机制。[1] 只有在这一语境中，我们才能够理解以下各节中描述的不同形式的生产政治。因此，在这一点上，我们不关心国家社会主义社会之间和内部的差异，也不关心在东欧国家出现的国家社会主义、资本主义、小商品生产和家庭生产方式的结合。这些将是后续章节的主题，在那里我们将阐述一个特别的东欧社会的某些特征。现在，我们关注的是建立两个理想型的模型，这些模型不一定对应任何既定现实，而是代表资本主义和国家社会主义的实质，从中我们可以理解它们的具体表现。

生产关系

生产方式是从直接生产者攫取剩余的一种方式。在资本主义下，剩余是被**私人**攫取的。它采取的形式是无偿劳动时间，即超过劳动力再生产所必需的劳动。在国家社会主义下，剩余是被国家**集中**攫取的。剩余是所攫取的额度和以工资、福利和补贴形式分配给直接生产者的额度这两者之间的差额。在资本主义下，生产单位与攫取单位是一致的，但在国家社

---

[1] 在这一部分，我特别受到哲尔吉·康拉德（G. Konrad）和伊万·塞勒尼（Konrad and Szelényi, *Intellectuals on the Road to Class Power*, New York, 1979）并马克·拉科夫斯基（M. Rakovski, *Towards an East European Marxism*, London, 1978）的阶级分析的影响，以及科尔奈（János Kornai, *Economics of Shortage*, 2 vols., Amsterdam, 1980）和鲍尔（T. Bauer, "Investment Cycles in Planned Economies", *Acta Oeconomica*, vol. 21, no. 3, 1978, pp.243–260）的经济分析的影响。

会主义下，两者并不重合。

在资本主义下，剩余劳动以**利润**的形式得到实现。没有利润，公司就不能生存。**市场**是进行投入配置和产出分配的机制。市场为企业之间的竞争提供了基础，而竞争决定了谁将盈利。用科尔奈（János Kornai）的术语，就是资本主义公司面临**硬预算**（hard budget）约束。在国家社会主义下，**计划**指导生产投入和产出的流动。计划者代表了目的论阶层即有目的的再分配者，其利益在于通过公司从直接的生产者手中最大化地攫取剩余。[1] 中央再分配者和企业主管之间的**计划谈判**系统决定了计划**目标**，因此决定了企业生产的最终成败。然而，企业不必满足严格的财务效率标准。相反，它面临**软预算**（soft budget）约束，其绩效由与企业有**家长制**关系的再分配者进行评估。[2]

利润水平是所有竞争资本家活动的产物，因此不受任何个体资本家的控制。市场力量引致资本家不断创新，强化劳动或减少工资，以跟上竞争对手。产品的价格独立于单个资本家的活动。在国家社会主义下，中央计划者设定了绩效评估的参数。由于软预算约束和计划指数（生产价值、成本缩减、实物量、增加值等）声名狼藉而又不可避免的模糊性，企业管

---

[1] 这借鉴于康拉德和塞勒尼，但是下面的说明很重要。正如同资本家给工人经济上的让步以获得他们的合作，在社会主义下，技术再分配者也给公司和工人类似的让步。但无论哪种情况，让步都没有触及追求利润和集中攫取剩余价值的基本原则。

[2] Kornai, *Economics of Shortage.*

理有相当大的操纵空间。因此，正如**利润动机**（profit motive）导致废物的产生，**计划拜物教**（plan fetishism）使得生产与需求相隔甚远。当标准是长度时，企业生产长钉子；当标准是重量时，企业生产重钉子；当标准是增值时，企业就使用劳动密集型生产过程；等等。除非不存在产品差异（天然气、油、煤），否则，一个实物计划永远不能统一地对细节进行具体规定，而这些细节对于避免扭曲是必要的。

资本主义竞争在国家社会主义的计划议价中找到自己的对应物。企业主管与中央计划机构讨价还价，以便得到一个可以轻松实现的计划。因此，企业主管隐藏信息，低估其工厂的能力，隐瞒生产成果报告。如果某企业主管设法协商获得一个松散的计划，他将限制超额完成的水平；一个紧张（taut）的计划鼓励相当程度的业绩不足（underfulfilment），以期在下一个时期获得更宽松的计划。这种"产出限制"，类似于车间偷懒和配额限制，也用于积累下一个期间的"小金库"，或未显露的生产（unrevealed production）。

在资本主义下，公司试图通过形成托拉斯、卡特尔及类似的组织来抑制竞争的压力。竞争对许多小型企业造成了致命打击，导致**集聚**（concentration）和**集中**（centralization）（尽管同时，基于劳动密集型生产的有竞争力的小型企业，甚至在垄断资本时代也不断出现）。同样，社会主义企业通过扩张来增加它们对中央计划者的权力。企业规模越大，生产的产品越重要，企业的议价力量就越强。通过获取投资资源而集聚的趋势，以及通过向后整合（backward integration）以控制供给而集中的趋势，便出现了。

资本主义公司基于盈利能力做出投资决策，导致过度生产—产能剩余—不愿进行新投资的循环。在国家社会主义下，软预算约束和扩张压力导致无法满足的投资饥饿。**过度投资**占主导地位。努蒂和卡莱茨基（Michal Kalecki）认为国家社会主义社会中的过度积累是计划者和目的论再分配者阶层有意的、自主决定的结果。[1] 鲍尔（Tamás Bauer）和科尔奈提供了一个更加令人信服的制度性画面，其中计划议价是过度投资的源头。虽然中央计划者可以规定在现有水平上进行再生产所需的资源，但新投资项目所需要的资源却难以评估。因此，尽管中央计划者和企业主管在扩张上具有共同利益，投资资源的分配仍然需要通过激烈的讨价还价，而不是单方面决定。

鲍尔提出了投资周期理论，投资周期形塑了国家社会主义社会中经济发展的节奏。为了获得国家对其投资项目的批准，企业第一年制定低支出预算。一旦它们"挂上计划"（hooked on to the plan），即一旦国家给予初始支持，投资支出在接下来的几年就会迅速攀升。结果是出现四个阶段的投资周期：

---

[1] D. Nuti, "The Contradictions of Socialist Economies: A Marxist Interpretation", in *The Socialist Register 1979*, London, 1979, pp.228–273, and "The Polish Crisis: Economic Factors and Constraints", in *The Socialist Register 1981*, London, 1981, pp.104–143; and M. Kalecki, *Introduction to the Theory of Growth of the Socialist Economy*, London, 1969.

"起跑"（run up），投资项目开始启动，投资支出限定在计划的范围内；"冲刺"（rush），此时这些项目的融资和新项目的开展产生了相当大的投资紧张；"蹒跚"（halt），新项目的批准几率降至为零。这时，整个经济感受到短缺的加剧。投资资源的扩大是以牺牲消费和/或恶化贸易平衡为代价的。在最后阶段，"减速"（slow down），现有项目可能会暂停，直到完成项目的增长率超过投资支出的增长。投资紧张开始下降，消费和贸易平衡向早期水平移动，向暂停或推迟的项目分配资源的压力增加。这一循环以"起跑"重新开始。

生产所需的商品和服务之所以短缺，其背后的驱动机制是投资需求的升级。原材料、设备和劳动力的短缺也源于此。国家社会主义社会的发展加剧了对劳动力的需求，以至于储备开始枯竭，劳动力短缺盛行。充分就业与其说是一个政策决定，不如说是在软预算约束下通过投资谈判以力求扩张的结果。资本主义投资基于盈利能力，硬预算约束通过市场竞争来维持。这里出现了劳动者失业的趋势。换句话说，不存在供给等于需求的单一平衡点；正如科尔奈所言，有两个平衡点：供给作为约束的社会主义经济，以及需求作为约束的资本主义经济。与此同时，每个系统采用另一系统的特征来软化其约束。因此，资本主义国家提供失业补偿，保护工人免受资本的任意剥夺，并创造新的就业机会，所有这些都增加了需求；而在国家社会主义下，通过市场运作的家庭生产、小商品生产和小型私营企业的振兴缓解了短缺。

现在我们可以探讨生产关系对劳动过程动态的影响。在资本主义下，存在着通过生产力的边际增长、工作强度、技术创新和较低工资来增加相对剩余价值的巨大压力。我们可以在一个特定的行业内辨识出工作组织的长期变化。在短期内，竞争压力和需求约束导致生产和就业水平的扩张—收缩之循环。在国家社会主义下，是否有相应的压力？长期变化的压力源于公司（firm）与企业（enterprise）之间以及企业与国家之间的等级关系。因为中央企业或部委永远不能确定某个公司的实际能力，它们便按照"棘轮定律"（ratchet principle）*行动，在此定律下年度标准削减是正常的。从长远来看，如果企业避免被挤压，它们必须为新机器获得新的投资资源，尝试更有效地组织生产或改变其产品（因为新产品意味着新的更宽松的标准）。一旦年度标准削减被视为不争的事实，经理和工人在提高生产率上就有了共同利益。

然而在短期内，供给限制和中央计划指令产生的不确定性出现在劳动过程自身而不是在就业水平上。在短缺经济中，企业主管，当他们不与老板讨价还价时，便在忙于为获得材料、设备和服务以及劳动力等而竞争。企业搜寻着稀缺资源并排队等候以获得之。它们一有机会就会囤积资源，从而加剧短缺。如果这些策略都不成功，它们就可能被迫把一种投入替换为另一种投入，甚至改变产出情况以匹配可用的投入。

---

* 在计划体制下，企业的年度生产指标根据上一年的实际生产不断调整，好的表现反而由此受到惩罚。这种标准随业绩上升的趋向即为"棘轮定律"。

所有这些操作都导致了劳动过程的不确定性：第一，供给到位时间的不规律导致生产过程时间序列持续的重新分配；第二，供给在形式和质量上的间歇性变化需要工作的持续重组和机器的重置。由于中央计划机构的指示不断变化，并根据未预料到的瓶颈不断更新计划，因供应短缺导致的时间和组成方面的不确定性往往更加严格。产品组合突然和随意地改变。最后，实现计划目标的尝试导致了冲刺（rushing）或"风暴"（storming）现象，即大部分生产被挤压到计划期间的最后一个季度。在一年中的大部分时间里，工作的速度可能相对较慢，但在最后几个月，节奏猛烈加快以满足产出标准。[1]

资本主义市场的无政府状态与社会主义计划的无政府状态类似。在资本主义下，需求约束通过**劳动力**的吸收和驱逐显现出来。在国家社会主义下，供给约束产生了**劳动过程**的持续重组。任务结构的流动性，以及需要不断地在机器之间重新分配工人，使得生产的去技能化——分离概念和执行——变得非常困难。如果去技能化确实发生，则通常需要一大群辅助工人来协调即兴的变动。由于需要对不断变化的需求频繁做出迅速的反应，熟练和有经验的工人被赋予了许多权力，

---

[1] 短缺经济运行的动力独立于生产力的发展水平；它们不是匈牙利"欠发达"的产物，我在联合公司发现了同样的动力。大公司的计划面临着与我描述的国家社会主义的计划相似的问题。因此，联合公司的机车部门在软预算约束下运行。它与它所供给的部门之间的关系受到持续的讨价还价的影响，其年度计划持续地根据那些部门变化的需求进行修改。结果是不确定性渗透在车间，表现在"热工作"不时出现，抢占了既有的工作。显然不确定性的程度比在社会主义下要轻，因为市场力量协调部门与企业的关系，但是冲刺现象仍然可见。

久而久之他们垄断了企业运行的基本知识。从管理者这一方来看，外部不确定性渗透到车间，引发了两种策略。一方面，管理者可以奖励合作，特别是核心工人的合作；另一方面，管理者可以加强监视和控制，特别是对更为边缘的工人。斯达汉诺夫工作者（Stakhanovites）*使用这些策略的组合：奖励超级工人（super-worker），同时驱使那些他 / 她所领导的人。

与我们对资本主义劳动过程的研究一样，指导性问题从国家社会主义下的工人为何限制产出和慢节奏工作，转换为他们为何在生产中合作。我们观察到，在资本主义下，当经济的市场冲击被工厂之外的失业救济所缓和，以及工头专权被工厂内部的申诉机制和协商权利所约束的时候，专权政体是如何让位于霸权政体的。在国家社会主义下，是否也存在相应的生产政治的变化？计划的无政府主义是否按照与市场的无政府主义类似的方式被约束？

匈牙利改革

苏联和东欧计划经济的发展通常分为两个时期。在第一个**粗放型**时期，原始积累已经完成，工人通过农业集体化与生产资料相分离，并作为工资劳动者被吸收到社会主义部门。在此期间，在苏联——战后东欧的情况不太清楚——严厉的劳

---

* 阿历克塞·斯达汉诺夫（Alexey Stakhanov）是苏联被载入史册的采煤工人，因超额采煤的事迹促成了工人和集体农庄庄员提高生产率的群众运动的诞生。斯大林曾赞誉他，并称这样奋进生产的工人为"斯达汉诺夫工作者"。

动立法惩罚停工和缺勤，工作簿被引入以管理劳动力的流动，工作绩效与工作之外的生存通过计件工资以及住房分配和食品配给关联起来。[1]第二个时期，即**集约型**阶段，始于劳动力短缺的出现。至少在东欧某些国家，基本生活用品（特别是住房和食品）的分配，独立于企业和工人在企业里的绩效，这增加了劳动者的自主权。强制性的控制形式不再那么普遍了。那么新的工厂机构如何使工人们进行合作呢？

从粗放型积累模式到集约型积累模式的转换不仅影响劳动，而且影响整个经济的方向。劳动力短缺对节约劳动的生产技术提出了需求。更一般地说，稀缺导致更有效地利用现有资源，而不是开发新的资源。因此，这种转变常常与1960年代的经济改革联系在一起，此项改革试图通过给予企业自主权和引进市场激励来分散决策权。然而，正如努蒂一直努力强调的那样，两者之间没有必然联系，因为改革依赖于公共领域某种程度的自由化。在这种自由化自动发生之处，改革的条件得以建立，但是，正如捷克斯洛伐克的情况所示，这种自由化随后被军事力量压制。更通常的情况是，经济压力（经常与投资周期相关）促使去集中化，但相应的制度改革至少需要有限度地开放市民社会。由于开放并未发生，计划的去集中化导致了无政府主义的加剧和通货膨胀，刺激了再度集中，这一循环又再次发生。这就是苏联和波兰在1960

165

---

[1]　Solomon Schwarz, *Labour in the Soviet Union*, New York, 1951, chapter 3.

年代的改革的特点。只有在匈牙利，改革有一些持久力。[1]

1968年匈牙利改革引入的新经济机制的主要特点如下。统一规定企业生产和销售计划的做法被抛弃，企业被允许根据与客户的合同确定其生产规划。除了少数例外，材料投入由中央统一分配的做法被终结了。根据企业级别所制定的一年经营计划停止了，由五年计划为经济提供总体指导。对投资资源的集中分配被改换为一个系统，其中，通过利润实现自我融资扮演着重要角色，尽管中央对投资的监督仍然强劲。企业的主要目标是追求利润。改革带来了更大的价格灵活，行政管理上的改变刺激了产品向社会主义和资本主义市场的出口。最后，中央对劳动的指导被解除，由中央决定工资的做法终结，但平均工资水平仍然通过税收被严格限定。[2]

这是否会加速向国家资本主义的转型？企业是否被赋予从自身资源进行积累的自主权？利润是否成为投资的标准？贝特海姆（Charles Bettelheim）在对当代苏联型社会进行分析时，对这些问题给予了肯定的回答。[3] 然而，这样的结论夸大了改革的影响，没有考察其运作的情境。党在促进和塑造企业间关系方面仍然发挥着领导作用，而各部委在投资分配和

---

[1] Nuti, "Contradictions of Socialist Economies", in *The Socialist Register 1979*, London.

[2] X. Richet, "Is There a 'Hungarian' Model of Planning?", in Paul Hare, Hugo Radice and Nigel Swain, eds., *Hungary: A Decade of Economic Reform*, London, 1981, pp.23–40; M. Bornstein, "Price Policy in Hungary", in A. Abouchar, ed., *the Socialist Price Mechanism*, Durham, North Carolina, 1977.

[3] Charles Bettelheim, *Economic Calculation and Forms of Property*, London, 1976.

产品组合决策方面仍然拥有很大的话语权——这些决策很少对利润进行回应。

计划议价仍在继续，虽然其内容已被修改。利润被视为企业成功的标准之一。然而，"国家父爱主义"的存续需要维持软预算约束。利润不是效率的衡量标准，而是反映企业之间以及企业与国家之间的价格调整和讨价还价。换句话说，利润的引入不是用来消除计划者和企业之间的等级关系，而是用来改变那些关系中讨价还价的内容。讨价还价的语言也从物资数量转向现金流，但前者最终控制着交易。预算约束，虽然比以前要"硬"一些，但仍然是"软"的。物资和人力资源，而不是财务偿付能力，仍然是真正的制约因素。短缺经济的显著特征仍然存在：卖家指挥着买家，买家排队、搜寻、囤积并被迫进行投入和产出的替代。尽管企业更加独立，没有完全被计划拜物教所吸纳，但同样的冲刺模式和垂直整合仍然存在。[1] 由于改革引致了去集中化和更大的企业自主权，横向关系而不是垂直关系更显重要。也就是说，企业对中央计划者的独立性越来越强，对区域性党的机构，特别是区域书记的依赖越来越大，他们的帮助对企业间关系的协调至关重要。

166

---

[1]　M. Laki, "End-Year Rush-Work in Hungarian Industry and Foreign Trade", *Acta Oeconomica*, vol. 25, nos.1–2, 1980, pp.37–65; David Granick, *Enterprise Guidance In Eastern Europe*: *A Comparison of Four Socialist Countries in Eastern Europe*, Princeton, 1975, pp.257–316; Bauer, "The Contradictory Position of the Enterprise under the New Hungarian Economic Mechanism", *Coexistence*, no. 13, 1976, pp.65–80.

因此，改革似乎没有显著影响工作场所的劳动控制问题，这些问题源于外部不确定性的渗透。但是它们是否提高了管理者部署劳工的能力，以满足工作组织的变化？塞勒尼认为，改革的目的是通过区域管理的集中和合理化来增加从农村到城市地区的劳动力供应，因此区域内的不平等性增加了。基础设施在城市中心发展（虽然缓慢），边远的村庄却越来越贫困。[1] 它们成为老人、失业者、边缘人群和不胜任者的家园，而在城镇，物质生活水平提高了。结果是劳动力流动性的增加，这种流动通过放松对离职的限制而被合法化。此外，我们将看到，由于工资跟不上生产率和国内生产总值的增长，第二经济的兴起也为一些工人带来更多的杠杆。事实上，1970年已经放开对流动的限制，这导致流动性如此之大，以至于政府通过在全国范围内引入起始工资和集中规范来收回一些改革。但更重要的是，政府试图通过对那些未事先通知即离职或每年更换工作两次以上的人员进行强制性工作安置来限制劳动力流动。[2]

为了鼓励工人和管理者增加生产，改革引入了基于盈利能力的奖金制度。但工人的奖金仅限于其工资收入的 15%，中

[1]　I. Szelényi, "Urban Development and Regional Management in Eastern Europe", *Theory and Society*, vol. 10, 1981, pp.169–205.

[2]　Julius Rezler, "Recent Developments in the Hungarian Labour Market", *East European Quarterly*, vol. 10, no. 2, Summer 1976, pp.265–266; István Gábor and Peter Galasi, "The Labour Market in Hungary Since 1968", in Hare, Radice and Swain, eds., *Hungary: A Decade of Economic Reform*, pp.49–52.

生产的政治

层管理人员奖金为其工资收入的 50%，高层管理人员中这一比例则为 85%。当此数据被知晓之后，这些对提高生产率和产量的公然不平等的奖励，引发了抗议风暴。官方数字被修改，但管理者获得的奖金份额仍然畸高。而且，只要奖金的发放是根据盈利能力和成本削减这一标准，那么管理层和工人之间利益的对立就只能强化。[1]

　　简言之，虽然协调工人和管理层利益的努力已做出，但似乎不是非常成功，问题仍然存在：工人如何与管理层合作，上交他们生产的产品，以完成目标？伴随着充分就业和劳动力短缺，在有机会进入第二经济、充分就业和劳动力短缺、以及有权利离职的情况下，工人如何能够在车间努力工作呢？为了回答这些问题，我们必须转向一个案例研究。

---

[1]　Granick, *Enterprise Guidance in Eastern Europe*, pp.262–269; M. Marrese, "The Evolution of Wage Regulation in Hungary", in Hare, Radice and Swain, eds., *Hungary: A Decade of Economic Reform*, pp.63–66. 在苏联，通过使用资本主义的技术来增加生产力的努力并没有获得持续的成功。因此，尽管舍基诺地区的实验确实取得初始的成功，但是后被证实是短命的（R. Arnot, "Soviet Labour Productivity and the Failure of the Shchekino Experiment", *Critique*, no. 15, 1981, pp.31–56）。该实验的目标是在减少雇员数量的同时维持工资的规模，从而将工人的利益与企业绩效关联起来。裁员省下的钱将分配给留下的工人。1967—1974 年，生产增加了2.5 倍，工人数量减少了 1500 人，生产率增加了 3.1 倍，平均工资增长了 44%。舍基诺的成功告诉我们苏联工业中的一些冗员情况。但是因为各种原因，实验未能成功地推广。第一，它依赖于制造失业，这与短缺经济下劳动的囤积趋势不相容，也与国家社会主义的政治需要不相容。第二，企业分配其节余收益的自主权继续受到国家的限制，尤其是对投资和决定计划目标的控制。第三，软预算约束的维持意味着利润标准和生产力只能够稍微纳入到管理战略之中。该实验的最终失败凸显了再分配经济的明显特征。

2. 红星拖拉机厂

　　1971 年至 1972 年，匈牙利诗人和社会学家米克洛什·哈拉兹蒂在布达佩斯郊区的红星拖拉机厂工作。他在《计件工资》（*Piece Rates*）一书中讲述了他的经历，该书的英文版名称为《一个工人在工人的国家里》。[1]哈拉兹蒂被匈牙利政府审判，罪名是其著作扭曲事实，将迷惑性的场景泛化，因而刺激了民众对国家的仇恨。毫无疑问，红星拖拉机厂当时正处于危机之中，因此劳资关系一直在恶化。在 50 年代，红星拖拉机厂因为农业机械化而获得补贴，然而到 60 年代，它失去了这些补贴，在 1971 年，受到新经济机制的压力，它不得不为生存而奋斗。"情况严重，需要重度救济。"[2]事实上，对任何熟悉英美机械工厂的人来说，救济是不可思议的。尽管哈拉兹蒂对红星拖拉机厂所处的环境鲜有说明，但是我将重构它的特殊情境，以阐释在国家社会主义经济条件下存在于工作中的一般力量。

　　哈拉兹蒂在红星厂的经历与通常的认识相背：国家社会主义的劳动强度要远远低于发达资本主义社会。根据哈拉兹蒂的叙述，他在机械车间的操作工岗位上工作，这与我在南芝加哥的车间和岗位类似，我估计他的工作量是我的两倍。在一次接受《东欧劳动聚焦》（*Labour Focus on Eastern Europe*）

[1]　Miklós Haraszti, *A Worker's in a Worker's State*, Harmondsworth, 1977.

[2]　同上书，p.134。

的访谈中，哈拉兹蒂认识到但并未解决这一矛盾：

> 我并没有打算将之与其他工厂比较。对我来说，这是一个很快的节奏。但我现在确信，在社会主义国家，节奏一般比西方国家慢，这不仅仅是因为发展不足。它是"完全国家垄断系统"的一个特征：工人被限制了他们的权利，但具有一定的工作保障。简单说来，就业保障是导致工作节奏较慢的一个基本因素，尽管人们可以对隐性失业进行经济学分析。就工作节奏较慢这一点而言，技术官僚为将工人阶级纳入超级垄断工厂系统付出了巨大的代价。我所在的工厂实行的是计件系统……这些工人的工作节奏是最高节奏之一。半自动化工人可能面临更高的节奏，但是一般来说计件工人比计时工人具有更高的节奏。计件制在斯大林时期非常普遍，如今它再次被引入。[1]

考虑到我们所知的东欧就业情况，同时操作两台机器这样紧张的工作节奏，如何可能？其次，哈拉兹蒂的经验是否具有典型性？[2] 在这一节中，我尝试用我在联合公司的经验作为

---

[1] "Hungarian Profiles-An Interview with Miklós Haraszti", *Labour Focus on Eastern Europe*, vol. 2, no. 6, 1979, p.16.

[2] 哈拉兹蒂的研究有很多问题，这将在分析的过程中呈现出来。第一，它集中关注工作的强制特点，而没有看到工人应对环境的方式。例如，他引导我们相信工人不可能限制产出，而价格持续地下降，产出似乎维持在不变的水平。第二，这本书完全是从一个机械操作工的个体的视角来写的，因此反映了操作工的碎片化的经验——每一章都是另一个碎片。和哈拉兹蒂一样，读者不能看到（转下页）

比较来回答第一个问题，在下一节中，我们将尝试回答第二个问题。

劳动过程和标准专权

红星厂实施计件制的机器车间在许多方面非常类似于联合公司。同样的机器——磨机、钻机、车床等，由一名男性工人按照计件工资率操作。他们受到各种辅助工人如设定员、检验员、库房保管员、计时员、卡车司机和工头等的帮助或阻碍（红星厂的辅助工人更多）。在两个车间，辅助工人都按计时制工作。

然而，就纯粹的努力而言，哈拉兹蒂描述的标准似乎令人难以置信。试用期满后，哈拉兹蒂被介绍到"双机系统"。资率设定员决定，操作工应尽可能地一次运行两台机器。哈拉兹蒂最初认为这是一种更能赚钱的方法，直到他发现这些工作中（他的机器上主要的工作是碾磨），单件的时间被减半，但有可能得到额外的 20% 作为补偿：

> 同时在两台机器上工作非常困难：危险且让人筋疲

（接上页）生产过程的总体性，辅助工人的压力以及各种级别的管理。此外，工厂自身没有被情境化。第三，哈拉兹蒂自己不是一个普通的机械操作工，他是一个闯入异域的知识分子。他的阶级出身可能激起同事和工头的敌意。更重要的是这一事实，哈拉兹蒂是机械车间的新手，因此必然发现资率很难达到，社会关系很难处理。尽管如此，根据我自己在匈牙利的一个类似的车间的经验，我认为哈拉兹蒂将红星厂的工厂政体刻画为不同寻常的专权，是可以接受的。参见我的文章，"Piece Rates, Hungarian Style"，*Socialist Review*, January, 1985。

力尽；你必须全神贯注。当我在一台机器上工作时，我觉得无聊和疲惫，当然，当它自动运转的时候，还是有些满足感的。看起来我在支配机器：我给它加料，我的手放在它的外壳上，然后它就开始工作。只有当我从操作两台机器转换到一台时，我才能感受到些许温柔的情感，即便如此，这种情感也很快就消失了。而当我在两台机器上工作时，这种感受是完全不可能有的。你不是控制两台机器，而是它们控制你。我变成一个毫无意义、无意识的机器。[1]

我在联合公司确实经常操作两台机器。但条件和后果非常不同。其中一台机器是自动锯，不需要持续关注，因此我可以投入精力在另一项工作上。这不仅意味着我总是能够存储一堆零件以便随时可以上交，而且意味着如果自动锯不能保障一个可接受的产量，我就可以拒绝运行两台机器。换言之，同时做两项工作油水丰厚，正如哈拉兹蒂最初以为的那样。

但是哈拉兹蒂是如何被迫像疯子一样工作的？部分答案必定在于计件系统的性质。在红星厂，该系统以与马克思的描述非常相似的方式运行。有一个基本工资，但它纯粹是个形式，并不保证最低额度。然而，这种小时工资在其他方面是重要的。[2] 第一，它可能决定一个工人跳转到另一个企业时

---

[1] Haraszti, *A Worker in a Worker's State*, p.111.

[2] 同上书，p.26。

能够获得的工资。工头尽可能地压低小时工资，这为工厂节约了支出，但更重要的是阻止工人跳槽。[1] 第二，小时工资决定了月中工人收到的津贴，以及假期和病休期间的薪水，"否则凭着微薄的小时工资，你看不起病"。[2] 第三，小时工资或对应的工人类别被工头用来决定向操作工的任务分配。更轻松的资率通常被分配给更高级别的工人，也就是享受更高小时工资的工人。[3] 第四，前三个月，工头有权利保障工人的小时工资，即使他们的产量无法保证。此后，操作工就得靠自己了。当计件工资率不可能达到的时候，工人无法把他们的收入提高到时薪水平。他们只能先愤怒，后抓狂。在联合公司和吉尔公司，情况非常不同。工人被保证有一个最低工资，所以如果资率不可能达到，他们会休息、偷懒，甚至期待资率被放松。

由于红星厂没有最低工资，工人的收入直接取决于所生产的产品数量。每一件都有一个根据资率确定的价格，以使操作工能够获得其小时工资，小时工资则是按照产出的 100% 设定的。通过遵循图纸的指导，规定的速度、进料和切割深度，哈拉兹蒂发现，他不可能以获得小时工资所需要的速度去生产零件。此外，计件系统不允许任何时间花费在设定（如在

---

[1] Haraszti, *A Worker in a Worker's State*, p.25。

[2] 同上书，p.27。

[3] 同上书，p.90。

联合公司中所做的）、检查或其他意外情况上。[1] 为了获得小时工资（更不用说最低生活工资），操作工必须通过增加速度和进料以及采取危险的"抄近道"的方式来打破规则和安全规章。[2] 只有这样，操作工才能生产100%。这种"标准欺骗"，被称为"抢劫"，主宰了操作工的整个车间体验。它消耗了他的注意力，成功时则提供了一些成就感。因此，概念和执行的统一部分得以恢复，但却是为了老板的利益。

> 由抢劫的必要性所带来的"神经紧张"不能由战利品本身之外的东西缓解。我们必须利用我们所有的创造性、知识、想象力、主动性和勇气去获得它。当获得战利品之时，它带来一定的胜利感。这就是为什么计件制工人经常觉得他们打败了系统，好像他们占了上风。[3]

虽然负责"保障规则得到遵守"的工头、检查员和资率设定员就在现场，"他们却视而不见……只要你不迫使他们注意到你的'抢劫'"。[4] 事实上，工头的奖金和声望依赖于冒着失去生命和肢体的危险追逐战利品的操作工。

但是，在超过标准以获得最低生活工资之时，操作工向资

---

[1] Haraszti, *A Worker in a Worker's State*, p.36–37.

[2] 同上书，p.40。

[3] 同上书，p.51。

[4] 同上书，p.49。

率设定员提供了加速弹药。追求最大化经济收益迫使单件价格下降。

> 为了生计，我们被迫向资率设定员提供修正标准的无可辩驳的论据，进而单件的时间以及单件的收入降低到更不现实的水平。这使我们进一步加快速度，尝试达到更高的生产水平。因此，毫无疑问，我们慢慢地为另一个增加的标准准备证据。[1]

标准修订不仅一个工作接一个工作地进行，更重要的是它建立在集体的基础上。工人被劝告为了共同利益增加他们的产出，并且他们得到惠及所有人的"标准修订"作为"酬赏"。[2]

重要的是，红星厂操作工称为"抢劫"的，联合公司的操作工称为"赶工"。在联合公司，他们期望超过100%的生产水平，管理者和其他工人也如此期待他们。事实上，"预期比率"为125%，每个操作工设定了自己赶工的目标（在125%和140%之间）。只要操作工的产出不超过140%，他们的资率不会被"方法部门"削减。限制生产以便上交额度不超过140%，是为了他们的利益。红星厂的操作工却没有这样的"配额限制"，只要他们欺骗标准，他们就会遭受任意的资率

---

[1] Haraszti, *A Worker in a Worker's State*, p.63。

[2] 同上书，p.59。

削减；标准的修订与实际产出水平无关。

我们已经开始意识到两个机械车间劳动强度存在差异的原因。在红星厂，"就业保障"与"工资无保障"相结合，而在联合公司，"就业无保障"（尽管工人很少被解雇，但冗员总是可能的）与"工资保障"相结合。红星厂工人的工作得到保障，但最低生活工资必须通过加强努力才能赚取。因此，在1971年，工业工程部门的平均小时收入为11.2福林*。按照哈拉兹蒂所从事的工作类型，这意味着平均生产水平为147%。[1]但是，我们必须追问，为什么红星厂的工人不能挑战标准的专权，或者进行讨价还价以获得对付出的更大酬赏？为此，我们首先需要考察劳动过程的政治和意识形态效果，以及工厂的政治机构。

劳动过程的意识形态效果

工人如何在野蛮的从属关系中保持合作？生存的需要以及管理者因此拥有的权力显然是至关重要的。然而，有一些劳动过程的要素，导致了工人自身在其从属地位上的某种共谋。将工人卷入到"非人性化"境遇中的机制，是结果的不确定性。"无保障是所有根据结果付酬的制度的主要驱动力……计时工资显而易见的强制性和依赖性转变为计件工资伪装的

---

* 福林（forint），匈牙利货币单位。

[1] Central Statistical Office, *Statistical Yearbook 1980*, Budapest, 1981, p.140.

独立性……不确定性是计件制的伟大魔术师。"[1]同时，太多的不确定性使得工人对产出漠不关心。如果资率设定者将他们的运气推远，或者标准的修订过于剧烈，操作工就会离开。[2]

因此，在联合公司和红星厂，劳动过程与计件工资系统的意识形态效果非常相似。一旦工人认为他们能够在计件系统下生存，他们就会运用智力、意志和忍耐力应对挑战，并将失败归咎于自己。[3]正是通过这种方式，工人参与到对自身的残酷剥夺中。

当然，（工人）清楚地知道他被欺骗了，但他积极参与对自身的反对使得他不可能看到这种欺骗；他们也不能将之与其生活条件相关联，而计时工资的工人却能够如此。

相反，他对于小小的歧视、不公或者操纵非常敏锐，并且为反对这些而斗争，确信斗争的胜利能够被用来反对欺骗。他趋向于用收入判断所有事，当他某月收入不错的时候，他从心底里确信，他不是上当者而是胜利者。[4]

---

[1] Haraszti, *A Worker in a Worker's State*, pp.56, 57.

[2] 同上书，pp.134, 136–137。

[3] 同上书，p.39。

[4] 同上书，p.58。

一旦被迫投入"抢劫"，使得"抢劫"成为必要的条件就退回到背景之中，[1] 成为不可改变的既定事实："不仅双机系统，而且工作性质本身，似乎都是不可改变的。"[2]

标准系统在束缚想象力上比在刺激生产方面更为有效。计件制工人最甜蜜的梦想就是获得公正和充足的小时工资：换句话说，是从标准下得释放。如果一个生产中的关系的乌托邦——在那里他们能够共同确定其目标——可能冒头，他们就会立刻将之扑灭。

工人不是构想组织生产的替代性方式，而是被每天面对的各种变数所充斥：好工作而不是坏工作，一台机器而不是两台，获得补充工资和奖金的可能性等等。这种明显无关紧要的差异压倒了车间工人的所有其他体验。

我们就像土著，在殖民早期，上交所有的东西，财宝，土地，以及他们自身，为的是换取不值钱的小玩意儿。只有在我们没有获得通常作为回馈的垃圾之物时，我们才会开始意识到自己被掠夺了。[3]

---

[1] Haraszti, *A Worker in a Worker's State*, p.119.

[2] 同上书，p.132。

[3] 同上书，p.114。

而收入的真正相对性又进一步神秘化了工资劳动的基础。

　　人们可能认为双机系统如此残酷粗暴，它会打破那种"我们被实实在在地按劳付酬"的错觉，进而打破关于有偿工作的一般性错觉。事实却是，它增强了幻觉的力量。当双机系统与旧系统或小时工资相比并没有改善我们的工资时，对我们而言，这并非那著名的生产关系的残酷表现，我们感到受骗了，真的受骗了。[1]

　　再一次，我在联合公司发现了同样的情况，当我们不能得到所提供的必要条件，如可接受的计件工资率、足够的工具和固定装置、辅助工人的快捷服务等，以便完成赶工时，我们就对管理者义愤填膺。

　　无论一个人将多少知识带到车间，无论一个人读了多少次《资本论》，经验都是一样的。一个偏执狂将其所有的精力和创造力都用在一些无关紧要的事情上。如果"抢劫"是出于生存的需要，如果赶工是为了补偿工作的无聊，一旦开始，它们的意识形态效果便在于掩盖其根源并自主地产生意识形态条件以完成自身的再生产。

---

[1]　Haraszti, *A Worker in a Worker's State*, p.115.

劳动过程的政治效果

物品生产的同时是关系的生产——竞争和相互依存的关系。在计件工资系统下，竞争围绕着好工作和坏工作的分配，[1] 从一个岗位到另一个岗位的转换和升职，以及补贴的分配（补贴是对操作工遭遇的一些意外事故进行补偿，这在计算计件工资率时不包括在内）。当这些竞争在所有的机械车间发生时，其特定的组织方式反映和塑造了从属关系的不同形式。因此，在联合公司，竞争通常通过规则的运用来解决，在吉尔公司，它更有可能通过非正式协商解决。而在红星工厂，则通常是通过工头独断的意志来解决。

> 所以每个工人都依赖于工头，工头设定了工人的工资水平：这是计件工资的悖论。一个工人对其他工人的唯一关注是嫉妒性的猜疑。其他人是不是多赚了几菲勒*？他们的小时工资是否上涨更快？他们是否会获得更多"最好"的工作？这种竞争在由工头决定的所有其他事项上同样激烈：假日、加班、奖金、奖励。[2]

还有其他方面的竞争。在"抢劫"是生存的秘密武器且其可能性受限的情况下，操作工小心翼翼地保护着他们积累的

---

* 菲勒（fillér），匈牙利货币单位，1 福林合 100 菲勒。

[1] Haraszti, *A Worker in a Worker's State*, pp.53, 56.

[2] 同上书，p.90.

经验。当新操作工进入车间，接受高级操作工的训练时，就会面临这种情况。如果新手预备好通过上交许多零件来增加师傅的收入，他就会学到一些东西。但是"抢劫"不能凭空而降，坏工作也不能自动变为好工作。新操作工必须通过密切观察他人来学习，或者通过一些好处来交换。

> （师父）不让我同时操作两台机器，尽管我最终必须这样做。他很快设定了一台机器，速度之快使得我根本不能看清他做了什么。然后他让我进行余下的操作。同时，他自己在另一台机器上碾磨，直到我结束为止他一言不发。他的行事方式有一个勒索的暗示：如果我同意参与，他可能就会同意偶尔跟我解释那些古怪的事情。有时，他提前下班，就叫我为他打卡。作为交换，他会花半小时教我事情是怎么回事。[1]

一名操作工只有在其受训期结束并开始投入战斗的时候，才开始明白抢劫的艺术。他不仅要设定和操作机器，与其他操作工为了同样的稀缺资源竞争，而且要为了获得辅助工人的合作而战斗。他依赖于这些辅助工人，但同时又跟他们存在对立关系。对于获得计件工资的操作工来说，浪费时间等于浪费金钱。对于按时间付酬的辅助工人而言，浪费时间等

---

[1] Haraszti, *A Worker in a Worker's State*, p.28.

于省了力气。哈拉兹蒂在面对设定员时很快明白了这层含义，设定员有各种理由对操作工逞威风，让他为了无用而不必要的差事跑来跑去。"我所失去的就是设定员所得到的：他按照小时得工资。我开始恨他。"[1] 他的一个邻工解释说，"看，他们在这里不是为了让你更轻省些。……他们为什么应该更友好些呢？如果你想继续下去，你最好是靠你自己。你必须学会这些，如果你想维持生计的话。"[2]

检查员的情况类似，但有一个区别：你不能没有他。只有获得了他的认可，你才能继续你的工作并尝试赚得一些收入。哈拉兹蒂的师傅如此告诉他有关检查员的情况：

> 他的特别策略是绝不会立即批准一批产品。你给他看你的第一个产品，他总是要求你修改一点。但不用管它。继续做你的事，下一次他来了，给他看另一件。通常，他会立刻在你的工作表上盖章，因为他感到羞愧。[3]

检查员明显是多余的，是工资劳动系统的一种明显表现，以至于他们把自己塑造为"质量男人"（men of quality）。他们以此角色直接与操作工——"数量男人"（man of quantity）——相对抗。

---

[1]　Haraszti, *A Worker in a Worker's State*, p.31.

[2]　同上书，p.32。

[3]　同上书，p.80。

车间的小官员既非工人也非老板，他们作为企业代理人、规则的执行者和强制实施者、档案管理者，以及老板和工人之间的沟通者出现。虽然他们自己没有什么权力，但却仍然处在一个羞辱车间工人的位置上。

这些都不会导致任何团结的感觉：计件工资工人不能将所受的侮辱传递给其他任何人，当被原则上并非自己上司的人粗暴轻率地对待时，他们遭受巨大的痛苦。

此外，任何团结的希望被简单的日常经验所破除：白领工人做更轻松的工作，完成的任务更少；他们的工作更容易，劳动强度更低；他们无需黎明即打卡上班，不用在工作时间吃饭；在其办公室里熬煮的咖啡象征着他们的权力，尽管权力有限。[1]

在联合公司，特别引人注目的现象是机器操作工和辅助工之间的合作，在吉尔公司合作更为普遍。可以肯定的是，工作的组织将两组工人之间的对抗结构化了，管理者增加机器操作工产量的压力通常被转化为操作工和辅助工之间的横向冲突（后者对增大工作强度没有兴趣）。然而，辅助工没有试图让操作工从属于自己。相反，他们经常从事禁止的活动以方便操作工赶工，唐纳德·罗伊称之为"修复"（fix）。联合公司的辅助

---

[1] Haraszti, *A Worker in a Worker's State*, p.76.

工人和机器操作工在一起工作，两组之间有很大的流动性。在红星厂发现的辅助工人以煮咖啡、闲聊和开玩笑而表现出的优越地位，在联合公司是不存在的。这种较高地位的基础是什么？分化是如何产生和再生产的？为什么检查员、安装员、文秘与老板而不是与车间工人更加紧密地联系在一起？

等级制的政治组织

我们已经看到，在联合公司，操作工和辅助工如何成为通过投标和挤兑规则来管理的内部劳动力市场的一部分。空缺职位由投标的工人填补，资历是通常的决定因素。公司内部未填补的空缺对外部劳动力市场开放。面临下岗的工人，如果可以完成其他资历尚浅工人的工作，也可以"挤兑"他们。简而言之，为了"提升"和"转岗"而进行的竞争是由规则而不是工头个人决定的。虽然存在工作的等级结构并因而存在相应的基本工资的差异，但这种等级制不会导致任何结果，也不会根据权力或对管理层的忠诚来区别对待工人。

在红星厂，辅助工的收入与机器操作工的收入大致相同，但这两个群体之间存在明显的等级关系。辅助工毫不怀疑他们的利益取决于老板。党的角色似乎在保障对管理者的忠诚方面非常关键。对那些寻求职业发展的人来说，晋升到辅助工是必要的（即便不是充分的）一步。但是，要突破操作工的等级实现这种跃升，需要通过党员身份和党的活动。哈拉兹蒂的邻工告诉他：

他们都是老板的朋友；这就是为什么他们是安装员。他们在晋升的路上。（那个年长的安装员）曾是地方法院的主席。全薪，当然还有所有的补助。其他人也一样。那个年轻的，去年才成为安装员，你会看到明年他将成为工会代表或党组书记。工程经理曾经也是一个安装员。[1]

检查员，跟安装员和工头一样，都处于特权地位，并通过党的恩惠获得了工作。

177但是，即使检查员（meós）竭力帮助我们，老板也会阻止他们。他们非常珍惜检查员的声誉，认为他们的工作应该受到羡慕和尊重。这些独立的"陪审团"成员在工会或党组织中站在老板一边，这不是矛盾的。晋升为检查员被视为工人的特权之一，正如足球运动员和其他运动员经常被提高到"质量男人"的级别。[2]

通过在生产中创建等级结构，党被用于满足管理利益。管理者实施控制的代理人，其忠诚不是通过财务利益（至少表面如此），而是通过政治机会上的特权来加以保障的。从最低级别提拔上来的辅助工人，在其职业生涯道路上，目光关注的是提拔他们的人，而不是试图安抚那些灰心沮丧的昔日队

---

[1]　Haraszti, *A Worker in a Worker's State*, p.33.

[2]　同上书，p.84。

友。联合公司的辅助工人没有这样的利益和机会，他们的效忠与操作工牢固地联系在一起。正如我们将看到的，工会在联合公司发挥的均平效应，在红星厂并不存在。

工头专权

在联合公司，投标和挤兑系统给员工提供了机会，也进而产生了换工作的威胁，如果他们反对计件工资率、工头、机器或任何与其特定工作相关之事的话。因此，工人的权力与其工作所需的培训量成正比。工头小心翼翼，免得因随意对待或非法制裁下属而引起他们的敌意。相比之下，在红星厂，工头是一个独裁者，尤其因为他掌握着大量的奖惩分配权，而在联合公司这些是通过行政管理规则来分配的。

当劳动过程和计件系统并非唯一地决定关系和活动时，工人的软弱就凸显出来。这可能提供一个潜在的斗争舞台，工人可以在斗争中恢复他们的一些权力。然而，在实践中，这种不确定性变成了工头绝对权力的舞台。"他们是这里的皇帝。他们把我们攥在手心。他们只是愿意的时候施给一点恩惠。"[1]因此，有好资率的好工作和坏资率的坏工作——这是计件系统不可避免的产物，无论该系统多么"科学"——这一事实遂转变成负责分配工作的工头的权力来源。补贴也是这样。由于计件价格不能涵括生产中的实际情境——破旧的钻孔机，

178

---

[1] Haraszti, *A Worker in a Worker's State*, p.86，引自哈拉兹蒂的一位同事。

硬化的原材料，变形的存货——工头有权利给工人分配补贴以补偿失去的时间。但在实践中，操作工只获得了他失去时间的一小部分赔偿。"我的补贴并没有对我的工资有所补偿。它们就是我的收入中被管理者留下的一部分。"[1]操作工有权获得的面包屑变成了必须讨价还价以争取的恩惠，这增大了工头的权力，浪费了操作工的时间。"所有的工头……做每一件事都让我们感受到补贴是他们给我们的特别礼物，而我们却没什么可报答的。"[2]通过将补贴显示为稀缺的固定资源，工头强化了操作工之间的嫉妒猜疑和保密防卫，从而进一步弱化了工人的团结。

工头并不满足于利用机器车间计件工作劳动过程中蔓延的不确定性，他们还设法拓展其裁量权包含事务的范围，而在大多数情况下，联合公司的工头是无权染指这些事务的，它们或者归属于不同的管理部门，或者受到行政规则的约束。

> 工头并不只是组织我们的工作：他首要的也是最重要的任务是组织我们。工头确定我们的工资，我们的工作，我们的超时，我们的津贴，以及因为过多次品而导致的扣减。他们决定我们何时休假；按政府部门的需要撰写有关我们品行的报告；对那些申请进一步培训或要求通行证的人进行评价；他们监督工会的活动；他们雇

---

[1] Haraszti, *A Worker in a Worker's State*, p.101.

[2] 同上书，p.101。

佣、解雇、处理换岗、批准休假、处以罚款、给予奖金。他们的签字对于任何形式的离岗都具有关键作用。只有从他们而来的信息具有官方意义。他们自己就有权利召集会议。[1]

当然，并非所有的工人都同样地无权无势。那些通过垄断某些技术、知识或经验从而使自己显得不可或缺的工人，就比像哈拉兹蒂或其他没有什么特殊技艺的新手，在诱使工头让步方面处于更有利的位置。[2]

更普遍的情况是，工头专权激起工人为了他所分配的小恩小惠而彼此对立。通过把工人组织成队伍，他们更正式地引入了竞争。每年两次，工头通知每支队伍其生产记录以及能否赢得某些奖金或荣誉称号，如"社会主义队伍"。[3] 除了那些"想获得政治前程和奠定职业基础的好小伙"，[4] 这种噱头并不能唤起工人的兴趣。他们的分裂已经如此明显，先是被劳动过程和计件工资系统，后是被工头个人规则，以至于队伍的组织影响甚微。最后，工人在工厂内的活动受到限制，这进一步将他们分裂。他们对于生产过程的整体性没有什么感觉。不过，各种竞争和对立在分裂工人的同时，也增长了他们对

[1] Haraszti, *A Worker in a Worker's State*, pp.86–87.

[2] 同上书，p.118。

[3] 同上书，p.67。

[4] 同上书，p.69。

于老板及其代理人的敌意。

　　尽管在联合公司，劳动过程、计件系统、内部劳动力市场和申诉机制都激发了严重的个人主义，但这些是在一个框架内发生，该框架对工人之间的关系有拉平和平均主义的影响。红星工厂根深蒂固的正式与非正式的等级制，以及工人之间满怀敌意的彼此分裂，在联合公司是找不到的。[1] 在那里，工会维护会员的权利，履行会员的义务，从而有效地保护了管理层免受专横统治的影响，这种专横统治会破坏同意，而同意对于联合公司工人的合作至关重要。当车间发生冲突时，冲突并不为工头所利用，而是被引入申诉机制或者三年一次的工会与管理层之间的集体谈判中，或者通过辞职或转岗以化解。只在很少的情况下，冲突会突破制度化机制的约束。当工人拒绝管理层关于新的集体协议的提议时，罢工最有可能发生。一旦签订契约，工会就成为了"看家狗"。在这种有限的角色中，工会官员经常激起普通工人的敌意，因为它在工会代表和管理者之间建立了不适宜的联盟。无论如何，联合公司的工厂机构拥有一定的自主性，并获得法律的强制性保护。这限制了管理权限，并使冲突通过各种渠道排解掉，从而更少可能对生产造成不利影响。

　　在红星工厂，工厂机构更像是一个专横规则的工具。正如

---

[1]　在联合公司，工人中间存在激进的分化，但是因为分化没有系统性地在车间再生产，它们没有将工人分离为互相敌对的群体。只有在白人支配的地方工会，种族冲突才爆发。

我们所看到的，工头在处理"突发事件"（contingencies）时，不会受到任何规则或对抗性群体的约束。相反，所有其他团体的存在都是为了增强他的权力。因此，工会成为工头专权的帮手。"我们把工会官员视为一个稻草人，或一个牵线木偶。如果他是一个野心家，我们肯定会把他列为他们中的一员。每个人都同意……'工会是我们付费的敌人'。"[1] 工会书记由主管工头（head foreman）提名。提出或者投票给另一个候选人将是对主管工头的直接挑衅。无论如何，结果都一样。选举之后，主管工头决定了书记的薪水，书记还有第二主管："他在工会等级制中的上司，该上司在工厂办公大楼的办公桌边工作。"[2]

所以，工会官员在车间溜达，承诺将不满提交给主管工头，从而在不满的解决上扮演着有效的一环。他参加所有的会议，但他的存在不过是一种形式，他被降格到旁观者的地位。

"有一个集体协议；几乎每个人都知道它的存在，但没有人知道具体内容。"[3] 在向工头抗议之后，哈拉兹蒂设法获得了查看"集体协议"副本的许可，但必须在书记的监视下。它的书写方式使人混淆，它通过设定条件来规避规定，并将最终的决策权置于工头手中。一名工人对此的评价是："它声称

180

---

[1]　Haraszti, *A Worker in a Worker's State*, pp.93–94.

[2]　同上书，p.42。

[3]　同上书，p.95。

我们必须忍受一切，它没有声明的除外。"[1] 这份集体协议只是一个工具，工头藉此行使他不受限制的权力并将之正当化。"'集体'是为了他们，而不是为了你。"哈拉兹蒂被如此告知。[2] 工头的专权号称为了所有人的利益。工人的集体牺牲、标准的普遍修订，这些都得到了工人代表即党和工会的同意，并被工人自身所认可，之后在协调会议上通过。这就是官僚专权的含义。

官僚专权政体

我们一直在尝试强调红星工厂的官僚专权政治与联合公司的霸权政体政治之间的差异。在提炼这一比较的要点之前，我将首先进行一个同等重要的比较：市场专制主义和官僚专权的比较，以作为铺垫。

由于计件工资似乎提供了持续强化剥削的机制，马克思认为计件工资是资本主义最适当的工资形式。奇怪的是，苏联和东欧的管理专家早就声称，计件工资是最适合社会主义的，因为它确保了按劳付酬的原则。因此，我们如果发现马克思对资本主义的描述和哈拉兹蒂对红星拖拉机厂的描述惊人地相似，这并不奇怪。虽然马克思不讨论任何特定的劳动过程与计件工资的独立和交互效应，但我们可以通过两种形式的工厂政治推断两者之间具有以下相似性。在这两种情况下，

---

[1] Haraszti, *A Worker in a Worker's State*, p.95.

[2] 同上书，p.87。

经济生存都直接取决于劳动消耗。因此，劳动过程与计件工资制相结合，在很大程度上自主地实现了生产中的关系和剥削关系的再生产。当这些关系不被自动再生产时，劳动过程中的不确定性就按照对管理层有利的方式来解决并为工头的专权提供了基础。最后，计件工资的效果是激发竞争、个人主义以及将纵向冲突转化为横向冲突。

与此同时，市场专制主义和官僚专权之间存在着根本区别，区别在于"超经济"力量在生产中的关系和剥削关系的再生产中的使用。官僚专权政治的独特之处在于管理运作中对党和工会的利用。国家政治机关直接进入对生产的调节，它们镇压斗争，塑造车间的日常关系，并指导、任命和解雇管理者。市场专制主义是不受约束的，但也不受超经济力量的协助。国家政治不直接进入生产现场以再生产各种关系，其存在是为了"支持资本主义生产方式的外部条件，抵制对工人和个体资本家的侵犯"。[1] 除非在危机局势下，否则生产政治和国家政治是分开的。在官僚专权下，国家政治和工厂政治是连续的，所以从一个领域开始的斗争很容易蔓延到其他领域。这些斗争也就因此倾向于被压制而不是被组织。

两种形式工厂政治的差异围绕着生产政治与国家政治之间的联系而展开。相似之处在于个体的物质生存与其在车间的劳动消耗之间的联结。当这一联结被切断时，当生存多多

182

---

[1] Engels, "Socialism: Utopian and Scientific", in Tucker, ed., *The Marx-Engels Reader*, pp.605–639.

少少独立于劳动消耗时，工厂政治的性质会发生怎样的改变？这是计件工人的梦想。[1] 哈拉兹蒂问道，"如果100%的绩效是可达成的，相应的薪酬令人满意，还有什么会持续地刺激我们去增加产出呢？"[2] 一个答案可以从联合公司的霸权生产政治中去寻找。

在第三章，我们描述了各种霸权政体。在此，我们基于在联合公司的特定模式总结其要点。由于工人的基本生存有失业补偿和最低工资的保障，工人必须被说服，而不是被强迫到车间劳作。这并不是说工人不会被解雇或成为冗余，也不是说工人不惧怕这种可能性，而是说一个同意的场域被创造出来，尽管这场域被强制的盔甲所护卫。此外，强制的使用本身必须是同意的对象——因此，管理者的干预受到规则的约束，不满有特定的处理程序。工厂各种机构假定它们自身的一致性，不能由管理层或工会任意改变。同意的产生还依赖于对工人和管理层利益的具体协调，这种协调以两种方式完成。集体谈判将工人的物质利益与公司的盈利水平挂钩。工资、假期、失业补充福利及转岗与资历有关，因此，一名工人在一家公司工作的时间越长，他/她离开的成本就会越高，他/她对公司利润的增减就会更加上心。这样的工厂机构为劳动过程被建构成一种游戏提供了足够的条件，该游戏吸引工人按照管理层所设定的条件投入努力。

---

[1] Haraszti, *A Worker in a Worker's State*, p.132.

[2] 同上书，p.45。

这种生产政治的霸权政体特别适合于大型寡头垄断公司，它们主导了产品市场和原材料市场。对于这类公司来说，控制劳动力市场也很重要，因为如果没有控制第三类市场，那么只控制前两类市场就没什么意义。对劳动力市场的控制是通过劳动力市场的内部化和设定斗争的限度来实现的。其他经济部门，深陷竞争更激烈的产品市场之中，无法以牺牲消费者的利益为代价来协调工人和管理层之间的利益。在此，我们经常发现一种更接近前述市场专制主义的生产政治形式，但是具有重要的区别——即使是失业的工人也可以维持最低限度的生存。在其他经济部门，例如建筑业，我们发现，尽管存在竞争性的市场结构，工匠却保持着对生产的控制。

正如联合公司的霸权政体绝不是发达资本主义的典型，红星工厂的官僚专权也不是国家社会主义的典型。我们必须考察霸权政体——其中，劳动力的再生产独立于工作场所的劳动力消耗——是否在国家社会主义社会中具有等同之物。在下一节，我们试图破译匈牙利生产政治的类别；在第4节中，我们探讨匈牙利可能存在的与苏联和其他东欧国家不同的方式。

3. 工厂政治的多样性

在什么条件下，我们可以期望在匈牙利工厂中找到官僚专权的近似？还有哪些其他形式的生产政治？如果有，在哪里可以找到？在试图回答这些问题时，我们面临着数据的难题。关于苏联和东欧工厂生活的内部运作，很少有公开发表的研究，更不用说匈牙利了。像《一个工人在工人的国家里》那样详细而丰富的记载就更少了。我的方法是推测和演绎，提出问题而不是回答问题。我将尝试引出红星拖拉机厂在其机器车间建立官僚专权的具体条件，并由此表明其他条件如何产生不同形式的生产政治。但我的方法是有缺陷的。哈拉兹蒂的分析剥离了塑造工作场所的政治和经济背景。因此，我试图通过我能够了解的当时的匈牙利和哈拉兹蒂的零散叙述来重建这一背景。

工业分支的影响

到 1971 年，匈牙利的新经济机制发展到顶峰。红星厂是其受害者之一。为了使企业获得独立的经济基础，对企业的补贴取消了。严酷标准的修订被认为是最后一根稻草、一种生存手段。标准修订未能保住工厂，红星厂在 1972 年被合并到一家更大的企业中。在 1968—1969 年间的一项关于匈牙利的研究，似乎证实了对专权生产政治背后压力的这一解释。大卫·格兰尼克（David Granick）总结了这项针对三个不同企业的研究：

> 三家企业中的一家实施小时工资制；第二家实施计件工资制，但总收入最高为标准资率的 100% 至 110%；只

有一家企业实施无限制的计件工资率，这些资率因为许
多体力劳动者的共同减速，在一年内减少了 20%。此外，
第三家企业——唯一一家实施真正计件制的企业——遭
受了最不寻常的财务挤压，这迫使管理者设法削减成本；
其工人大多来自附近的村庄，他们不像城市工人那样会
联合起来反对"资率破坏者"；管理者似乎在该地区拥有
特别强大的政治地位。只有这样一个不寻常的企业被迫
实施计件工资，并能够将之作为提高劳动生产率的手段，
这似乎比较典型。[1]

第三家企业的严格条件与 1971 年红星厂的经验有着不可
思议的相似之处。

在国家社会主义经济中，什么因素可能导致使用财务或
其他压力来强化工作？在什么条件下，这种强化将通过劳动
控制的专制政体来实施？尽管进行了经济改革，企业和计划
权威之间的关系仍然在很大程度上决定着绩效的条件和期望。
那些在与国家的讨价还价中处于更强地位的企业更有可能获
得让步和豁免。这些企业最有可能是"关键"产业、大型企
业或生产特定产品（仅有一两家企业有此殊荣）的分支机构。
我们可以推测，更强大的企业更易于获得原料供给，并能够

---

[1]   Granick, *Enterprise Guidance in Eastern Europe*, pp.302–303.

协商获得更宽松的目标或绩效标准以及更大的工资基金。[1] 同时，仅仅因为某些企业更重要，中央计划者更可能进行干预并坚持在短时间内通知产品组合的变化。因此，鲍尔在分析新经济机制对企业管理的影响时写道：

> 如果大企业（如冈茨－马沃格公司或匈牙利造船厂）或大托拉斯（如食品和建筑业）和中央管理机构之间的关系更易令人联想到旧的体系，那么在许多分支行业（工程行业，生产家居用品的化学行业，制药业，纺织和造鞋业）的中小型企业中，企业的独立性和责任感大大增加……财务让步和豁免更不大可能影响中小型企业，此外，政府和政治机关的干预也比较少。[2]

[1] 关于苏联的研究表明了这样一个模式。格兰尼克指出，在1930年代末，公司受到计划机构（*glavki*）的特殊对待和密切关注。（Granick, *Management of the Industrial Firm in the USSR*, New York, 1954, p.23.）关于当代的相同观点，见 V. Andrle, *Managerial Power in the Soviet Union*, Lexington, Massachusetts, 1976, pp.22–24。维克多·扎斯拉夫斯基（Viktor Zaslavsky）强调了普通的（normal）、封闭的（closed）和体制（regime）企业之间的区别，这与传统和先进工业部门的分割粗略对应。（Zaslavsky, "The Regime and the Working Class in the USSR", *Telos*, no. 42, Winter 1979, pp.16–17.）后者主要与军事和航空生产相关联，工资和福利更高，使用现代技术和机械，但是控制和监督更为严格。特垦勃格（W. Teckenberg）发现了在大公司和小公司之间的二元主义，后者工资低，流动性高，工作条件差，女性的比例更高。（Teckenberg, "Labour Turnover and Job Satisfaction: Indicators of Industrial Conflict in the USSR", *Soviet Studies*, vol. 30, no. 2, 1978, pp.193–211.）大公司不仅能提供更多的工作机会，而且能够提供更多的社会、文化和福利服务。关于匈牙利计划的文献也强调了垄断关键商品生产的大公司具有更大的讨价还价权力。（T. Laki, "Enterprises in Bargaining Position", *Acta Oeconamica*, vol. 22, nos. 3–4, 1979, pp.227–246; Kornai, *Economics of Shortage*, p.318.）

[2] Bauer, "The Contradictory Position of the Enterprise", *Coexistence*, no.13, 1976, pp.73–74.

虽然我们可以得出结论，大型和小型企业可能从中央计划者那里获得不同级别的自主性，面临不同的不确定性来源和组合，但我们还是不清楚这对劳动控制形式的影响。在更独立的企业中工资是否更低？但是它们也更少地"冲刺"？它们是否必须更多地处理来自地方而不是国家的压力？小企业是否能更好地协调工人和经理/计划者之间的利益？

与国家的关系是不确定性的一组决定因素，短缺影响生产的方式是另一组决定因素。如果产品同质性较强，制造过程不变，企业就可以提前很长时间订购原材料。洛基（Laki）引用了一家大型化工企业的例子，该企业设法以这种方式减少冲刺。有人可能预期能源生产行业（采矿、电力和石油）供给的不确定性较小。格兰尼克在关于苏联金属加工的著作以及对匈牙利企业指导的研究中，显示了对供给进行垂直整合在遏制不确定性上的重要作用。如果企业从西方市场获取供给，它们在交货时间上面临的不确定性较小。但是，同样地，西方市场要求准时交货，为此就会以牺牲国内生产为代价，国内生产的冲刺形式就会加强。[1]

我们可以得出结论，两组条件决定了一家企业的压力。第一组是企业对中央计划者的责任，这是连接企业和国家的垂直关系。第二组是供给短缺，它导致冲刺以及对投入和产出的强制性替代。目前尚不清楚的是，企业如何处理这些不确定性对

---

[1]　Laki, "Enterprises in Bargaining Position", *Acta Oeconamica*, vol.22, nos. 3-4, 1979, pp.227-246.

劳动管理产生的影响。在什么情况下经济压力导致工会和党的组织成为更可见的高压工具，以及工厂政治转向官僚专权？在什么情况下企业管理者试图通过奖励而不是惩罚，通过同意而不是强制来获得合作？企业掌握着何种资源以寻求替代方案？[1]

企业中的核心和边缘

在阻止外部不确定性渗入生产核心这一点上，国家社会主义的大型企业并不像资本主义的寡头垄断公司那样成功。计划的无政府状态以三种方式显现：由于供给发放的变化而导致工作周期性的强化；由于强制性替代，导致原材料和生产工具的非预期、不规则的变化；以及由于供给的变化或中央计划指令的变化而导致的制造产品的变化。资本主义经济的竞争部门通过对工作的专制管理或工艺管理来适应市场压力，国家社会主义也一样，但往往是以单个企业内部某种组合的形式。[2]

---

[1] 依据对苏联五家公司的亲身研究，麦考利（M. McAuley）指出企业和国家之间的关系支配着企业层面上管理层和工会的关系。（McAuley, *Labor Disputes in Soviet Russia 1957–1965, London, 1969.*）二者在协商上进行合作，以尽可能地获得更松散的计划和更大的工资基金。松散的计划和大额工资基金给斗争提供了相当大的空间，"fabkom"（工会的工厂委员会）因此更可能尝试推进工人利益。标准修订只会和新机器一起发生（McAuley, *op.cit.,* pp.99, 177）。当计划收紧的时候，*fabkom* 更可能被管理的人事所支配，斗争更加受限。在这样一种情境下，管理者更可能单方面地发动标准修订（McAuley, *op.cit.,* p.186）并试图通过更强制性的手段管理生产。

[2] 许多评论者已经注意到在资本主义公司内的类似的二元主义。因此，弗里德曼区分了企业内对核心工人和边缘工人的不同管理战略：核心工人通过"负责任的自主性"进行管理，而边缘工人受到"直接控制"（Friedman, *Industry and*（转下页）

生产的政治

哈拉兹蒂提到，与他这样的新手相比，高级的和有经验的工人在与管理者的讨价还价中更能获利。在一次私人交流中，他强调了这些"核心工人"的领导作用。正是他们决定与管理层强化工作的立场保持一致，认为这比清算要好。但是在其著作中，哈拉兹蒂主要关注了自己作为"边缘"工人的经历。拉约什·海蒂（Lajos Héthy）和乔鲍·毛科（Csaba Makó）关于当时（1969 年）匈牙利运转最好的一家工程企业的研究提供了补充。[1] 被观察的特定部门制造铁路客车，它雇用了大约四百名工人，并逐渐减少生产。与红星厂的情况一样，国家补贴正在撤回，管理层正试图强化生产。1969 年的计件工资率下降了两次，最终工资下降了 20%。

　　主要调查集中在最后一项操作，60 名男子努力地把一些铸件片锤平。虽然工人工资是按照集体的计件工资系统支付

（接上页）*labour*）。福克斯（A. Fox）强调，管理者在控制那些其工作要求谨慎（discretion）的工人时，信任很重要，而对那些其工作不要求谨慎的工人，则可使用更为强制性的机制。（A. Fox, *Beyond Contract: Work, Power and Trust Relations*, London, 1974.）但是，在社会主义企业内，因为垂直和水平不确定性的渗透以及中央对工资基金或平均工资水平的决定，劳工队伍的分化更为明显。在资本主义下，不确定性以及剩余分配的零和特性更多地是在企业间的市场关系层面被经历和处理也就是"竞争"和"垄断"部门的发展。

[1]　Lajos Héthy and Csaba Makó, "Obstacles to the Introduction of Efficient Money Incentives in a Hungarian Factory", *Industrial and Labor Relations Review*, no. 24, 1971, pp.541–553; "Work-Performance, Interests, Powers and Environment", *The Sociological Review Monograph*, no.17, 1972, pp.123–150; and "Labour Turnover and the Economic Organization: Sociological Data on an Approach to the Question", *Sociological Review*, no. 23, 1975, pp.267–285; and Csaba Makó, "Shop floor Democracy and the Socialist Enterprise", University of Turku, Department of Sociology and Political Research, *Sociological Studies,* A: 3, 1978.

的，但车间分为两个对立群体：一方为年长的、更有经验的工人，另一方为年轻的、经验不足的工人。利益的对立反映在他们对薪酬系统的反应上。年长的工人组建了一个团结小组，筹划放缓速度，以便从管理层获得货币让步或者计件工资率的放松。年轻工人群体不是争取提高劳动付出所得的报酬，他们所关注的是在短期内最大限度地提高收益，而不考虑可能的资率削减。两个敌对群体的形成部分由工资结构形塑——特别是这一事实：在工作 10 年或 12 年后，基本工资便不再随资历而增加。大约 30 岁之后，工人不得不采取替代策略来增加工资：争取奖金、加班和更加松散的计件工资率。更重要的是，两个群体的经济需求差异很大。年轻的工人刚刚成家，面临沉重的支出负担，尤其是购买（更可能的是建造）公寓。他们不能承受"限制产出"，牺牲即时收入以便在将来获得收益。但对于年长工人来说，由于主要开支已成为过去，孩子已经长大，妻子可能赚取工资或其他收入，而且住宿已得到安置，他们更易承受剧烈但暂时的工资削减以获取未来的意外收入。

　　在争取统一战略的斗争中，更有资历的工人小组赢得了当天的胜利。因此，1968 年 4 月，尽管管理层提供的工作资率宽松，但整个工作组的产出却大幅下滑：平均工资从 3 月的 10.1 福林 / 小时下降到 4 月的 6.8 福林 / 小时。年轻工人和年长工人之间的紧张关系升级，因为后者工作节奏放缓并拒绝加班。党和工会卷入斗争，它们站在管理层一边，试图将工人的努力恢复到原来的水平。几名工人试图离开公司，要求转岗或待在家里休病假，这时管理层失去了理智，冷酷地干预，但对产出水平没有太大影响。只有当事情发展到客车生产受到威胁的程度时，管理层才开始让步，设立特别激励奖金。年长工人恢复了高强度的工作，产量提高了两三倍，平均小时工资超过了 17 福林。但是，在 1969 年 10 月，年长工人风闻将按照 11 月和 12 月的产出进行资率削减，他们便放缓节奏，成功避免了对其他单元构成重击的标准修订。

　　海蒂和毛科研究的客车生产企业，其工厂机构与红星厂非常相似。对于工会、党组织和管理者铁板一块的粘结，没有任何官方的权力与之势均力敌。工会主管分享的公司利润，大致相当于高层管理人员的份额。工会书记和主席的位置由工头占据。毫不奇怪，工会完全赞同管理层的资率削减战略。党委的五名成员全部是来自车间的监督员。然而这些机构产生了两种¹⁸⁸非常不同的反应。一方面，年轻工人的反应与红星厂的操作工一样。薪酬系统将家庭的福祉与他们在车间的努力联系起来，他们不愿意为潜在的未来收益牺牲即时收益。由于工作中的个人主义取向以及与其他工人的竞争性疏离，他们发现自己对于管理层富于攻击性和专权性的干预毫无应对之力。事实上，他们的未来利益受到年长工人的保护，年长工人更有经验，更熟练，更少依赖即时收入，并建立了团结的社会网络。有资历的工人利用其在整个生产过程中的不可替代性和垄断地位，来"绑架"管理层。这三次减速（go-slows）使得管理层做出了重大让步，并使工人撤销了即将开始的对标准的攻击。

海蒂和毛科通过强调某些工人抵制管理攻势，并将其意志强加于其他工人（否则他们就将屈从于劳动强化）的能力，对哈拉兹蒂进行了强有力的矫正。车间萌发的团结与红星厂机械车间的原子化非常不同。但是，海蒂和毛科考察了同一企业中的其他群体，发现他们要软弱得多，对于标准修订没什么防御之力。[1] 这些群体或者主要由年轻的、无经验的工人组成，他们渴望在短期内最大限度地提高收益（哪怕是牺牲未来收益）；或者由彼此疏离的工人组成，因此无法形成有凝聚力的抵抗。[2]

由于缺乏独立工会的夷平作用（levelling influence），企业内部核心和边缘的发展被进一步强化了。工会由管理人员主导，因而不可能对管理层采取任何反对行动。不仅如此，工会常常支持在工人之间进行权力和资源的不平等分配。因此，核心工人中的党员和工会官员比例很高。中央决定的平均工资水平或工资基金也促进了企业内生产政治二元系统的再生产。[3] 这意

---

[1]　Héthy and Makó, "Obstacles to the Introduction of Efficient Money Incentives", *Industrial and Labor Relations Review*, no.24, 1971.

[2]　György Sziráczki, "The Development and Functioning of an Enterprise Labour Market in Hungary", *Economies et Societes*, nos. 3–4, 1983, pp.540–543.

[3]　Marrese, "The Evolution of Wage Regulation in Hungary", in Hare, Radice and Swain, eds., *Hungary: A decade of Economic Reform.* 伊斯特凡·加博（István Gábor）注意到，国家对合作农场的平均工资的控制以及对国有工业企业的平均工资账单的控制，鼓励了后者向前者的转包。（Gábor, "The Second Economy and Its 'Fringesi' in Hungary from the Late Sixties up to the Present", unpublished paper prepared for the International Conference on the Unobserved Economy, Netherlands Institute for Advanced Study, 1982, pp.23–24.）通过转包节省的工资被用来增加留在国企的工人的收入。

味着给予一些工人的让步必须以牺牲其他群体为代价。

正如我们已看到的，新经济机制试图通过利润分配方案鼓励工人与管理层合作，与此同时，平均工资水平由中央监管。实际上，利润的再分配因为受到限制，额度非常有限，因而对收入没什么影响。此外，在劳动力短缺，同时在农业合作社和小型工厂的许多辅助车间收入更高的情况下，废除所有对流动性的限制使得国有企业难以留住它们的技术劳工。因此，招聘不熟练的工人，唯一的目的是降低平均工资水平，以便向更稳定的技术工人提供更高的工资。更通常的情况是，管理层会操纵激励计划，比如，分给关键工人松散的计件工资率。[1]另外，核心工人可能会更多加班，或者他们的工作可

[1]　计件系统受到国家社会主义企业管理者的青睐，有两个原因。首先，只要没有最低工资保障以及标准修订是任意的，它们就可以用工资的无保障对付就业保障的影响。根据基尔施（Kirsch）的研究，在苏联，1957年以前，两个条件都存在，因此工人试图通过偷懒和配额限制来控制付出上的讨价还价多少是无用的。（L. Kirsch, *Soviet Wages*, Cambridge, Massachusetts, 1972, p.17.）但是，基尔施也谈到，由于工人试图维持旧的资率，在通常的2月标准修订之前会发生产出限制的年度较量。（Kirsch, *op.cit.,* p.45.）基尔施引用研究证明1957年工资改革之后，工人因为不再有轻松有油水的工作（这是计件工人的梦魇），不得不认输，不再付出很多努力。当国家成功地将标准修订集中化时，这最可能发生。标准的集中决定对于破坏计件系统的第二功能造成了严重的威胁。"在苏联工业中，更大范围的激励工资的基本理由随着劳动市场条件的变化而变化。相对'自由'的地方劳动市场在两种经济中都存在。在美国，个别公司能够根据地方稀缺条件调整工资率。贯穿这一研究的一个主题是，对苏联企业来说，这些调整必须主要通过激励报酬的分配才能实现。因此，各种广泛应用的激励系统增加了严格的工资管理系统的灵活性。这种灵活性最重要的来源存在于标准设定领域。"（Kirsch, *op.cit.,* p.43.）

只要管理层对标准设定有控制权，关键工人就能够获得宽松的资率，因此能够轻易提高收入。1957年的改革试图用"科学的技术的"标准决定方法替换"经验的统计的"标准（比如依据先前的履行水平制定的标准）。改革试图将工作标准化，这样标准能够被科学地、集中地确定。这种对企业管理层的自主性（转下页）

能被重新界定以获得因为工作条件恶劣而发放的补偿。无论这些让步是非正式讨价还价过程的延伸，还是为换取合作而给予的贿赂，它们都是在原材料、机械和制成品的形式与流向不规律变化的情况下，对某些关键工人的权力的认可。而所有对核心工人的让步都以牺牲边缘工人为代价，这些边缘工人唯一的希望就是离开企业以找到更好的工作或寻求向核心的晋升。

劳动力的再生产

企业内部核心和边缘的发展，关键依赖于劳动过程的不确定性和不断变化的特质、中央对工资水平的控制和独立工会夷平作用的缺乏。工人的议价能力受到他们在生产过程中的位置以及技能和经验的影响，但也被生计对工作绩效的依赖所形塑。因此，年长、更少依赖即时收益的工人，比急需现金的年轻工人有更强的地位。换言之，工人的议价能力是由企业对其劳动力再生产的控制程度所决定的。劳动力再生产越是独立于企业控制，工人抵制管理攻势的能力就越强。

我们已经看到，从早期（"自由的"和"竞争的"）资本主义向发达（"垄断的"）资本主义的转型，是如何将劳动力

（接上页）的蚕食受到反抗。在集中化获得某种成功的地方，如机械操作工的情况，引发的这类工人的稀缺导致了生产中的瓶颈以及放松集中控制的必要性。正如布尔加宁（Bulganin）在改革前所评论的那样，"标准……不再决定收入，却是在将提供合适的收入水平的层面上被设定。"（Kirsch, *op.cit.,* p.46.）

再生产从劳动过程中分离出来的。当生计受到独立于工作绩
效的国家福利的保障时，免于被随意开除的基本保护出现了，　190
与工作付出无关的最低工资得到保障。这导致了生产政治的
相应转变：从强制胜过同意的专制政体转向同意胜过强制的
霸权政体。同时，"市场专制"形式在发达资本主义的某些部
门出现了，公司之间的竞争推动了工作的专权管制，劳工队
伍的角色，通常是女人、黑人和移民，允许这些管制的实施。
我们是否可以追溯国家社会主义下生产政治的类似转型？正
如我们即将看到的，这里是市场力量的释放和国家干预的撤
退，而不是透过增强国家干预并取代市场的管制，进而导致
劳动力再生产从劳动过程中分离。

　　在粗放发展时期，企业更可能在工资之外分配住房和其
他福利。法律调节劳动力的流动，阻止工人随意离职并惩罚
"无理由"旷工。一家之中不太可能有两个或两个以上挣工资
的人，从第二经济而来的收入更为有限。随着向集约发展的
转变，特别是随着经济改革，劳动力再生产日益独立于企业
控制。尽管国家的住房津贴和社会福利通常与资历和技能相
关联，它们的分配却很少与工人对特定企业生产的参与相捆
绑。我们还发现，无技术和半技术工人在城郊自行建筑家庭
住房的现象迅速兴起。[1] 工人从一个企业到另一个企业的机会
不受限，过去十年限制劳工流动的法律在很大程度上是无效

---

[1]　Szelényi, *Urban Social Inequalities under State Socialism*, New York, 1983, p.58.

第四章　工人在工人的国家里　　　　　　　　　　　　295

的。[1] 随着妇女参与到工资劳动队伍中，拥有多个工资劳动者的家庭（multiple-earner families）增加了，因此现在工人可以或者离职或者不那么努力，收入虽然下降，但家庭并没有与国家部门彻底切断。过去可能存在劳工过度供给的地方，现在在既定工资水平下出现了逐渐加剧的劳工短缺，对劳工的激烈竞争导致企业投入到囤积之中。最后，所谓的第二经济在改革之后变得繁荣，尽管在 70 年代中期出现了限制其范围的尝试。最近，自 1980 年之后，国家明确承认第二经济的益处并合法化它的许多制度，从而给第二经济注射了一剂强心剂。

对于两个时期生产政治的形式，可比较的信息为数不多。但我们可以预期，在粗放型发展时期，即社会主义原始积累时期，生产政治以官僚专权形式为特点，工人的反抗甚至比在红星厂的情况还要有限。改革放开了劳动力市场以应对劳工短缺，因此从 1968 到 1969 年，劳工流动增加了74%。[2]1971 年，在红星厂，虽然存在惩罚"候鸟"的尝试，[3]很多工人还是有更大的机会离职，而且与 20 年前相比，他们更容易通过在社会主义部门之外的活动获得收入。我们必须

191

[1]　Galasi and Gábor, "The Labour Market in Hungary Since 1968" in Hare, Radice and Swain, eds., *Hungary: A decade of Economic Reform*.

[2]　Péter Galasi and György Sziráczki, "State Regulation and Labour Market in Hungary between 1968 and 1982", paper presented at the Fifth Conference of the International Working Party on Labour Market Segmentation, Aix-en-Provence, 1983, p.3.

[3]　Haraszti, *A Worker in a Worker's State*, p.16.

更仔细地考察第二经济的性质以辨识它对工厂政治的影响。

对第二经济的兴趣最初是由对苏联社会主义部门之外"非官方"经济交易（黑市）重要性的认识所激发的。在西方，这些被用来证明社会主义计划的非理性和市场作为分配和生产手段的优越性。毫不奇怪，这一概念在匈牙利被最经验性的细节所阐释，但它一直被与第一经济的关系所定义，通常被视为剩余范畴："我们用'第二经济'的概念所要表达的是，工作能力在社会主义经济部门之外被使用的方式，以及在社会地组织起来的分配之外的收入分配过程。"[1]这一定义将焦点转离了第二经济独立的动力机制，转离了其不同部分之间的关系以及这些部分与第一经济各部分之间的关系。但是，由加博（István Gábor）收集的数据清晰地描绘了第二经济的轮廓，使我们可以推测它对国家部门工厂政治的影响。

根据标准的解释，[2]第二经济包括在农业实验田、合作企业和一些零售业中合法的私人生产；医生、牙医、律师、教师和建筑师提供的非正式的专业服务；家政、厨师、裁缝的个人性服务；以及机械工、油漆匠、水管工、电工、木匠的

---

[1] István Gábor, "The Second Economy", *Acto Oeconomica*, vol.22, nos. 3–4, 1979, p.291.

[2] Gábor, "The Second Economy and Its 'Fringes'", unpuplished paper prepared for the International Conference on the Unobserved Economy, Netherlands Institute for Advanced Study, 1982; Marrese, "The Evolution of Wage Regulation in Hungary", in Hare, Radice and Swain, eds., *Hungary: A decade of Economic Reform*.

修理服务。所有这些交易都能够在社会主义部门之外发生。在社会主义部门之内，提供上述服务的人员可能会收小费、"良心钱"或贿赂；这也被认为是第二经济的一部分。最后，还有那些为了自己的私人经济活动而非法使用或侵占国家财产的人。

在这些分析中，关键特征是与国家的不同关系。在第一经济中，国家指导生产，而在第二经济中，国家只是对生产的外部条件进行调节，限制雇佣薪资劳工和进行资本积累。实际上，国家为隶属于社会主义部门的两种生产模式提供条件和刺激。一种是自雇佣基础上的小商品生产；另一种是家庭生产模式，即家庭自行生产和消费本来须购买的消费品。这些非从劳动所得的收入，包括小费和贿赂，或者海盖迪什（Hegedüs）和马库斯（Márkus）所说的"商誉"购买，以及侵吞国有财产获得的收入，可以被看作剩余从国家部门向小商品或家庭生产转移的特殊形式。

正如我们将看到的，对这些生产系统中的一个或另一个的参与，包括在它们之间的转换，形塑了国家部门内对管理攻势的独特反应。然而，这些次要经济活动也在许多方面依赖于国家部门。首先，国有企业为雇佣的工人提供了一定的社会福利以及就业保障，而这些在第二经济的全职雇佣工人中间是不存在的。其次，小商品和家庭生产往往依赖于国有部门的材料供应。最后，国家对第二经济的监管非常随意，昨天还合法和安全的做法今天可能就成了非法和冒险，因此为了安全起见，参与到第一经济中是必要的。这也导致了私营部门的"快速致富"理念，因为长期投资、创新等变得更加危险。一个结果是"双重就业"，或平行参与第一经济和第二经济的现象，只有少数人——在过去十年中，数量逐渐减少——在第一和第二经济之间交替受雇（养恤金领取者是明显的例外）。因此，第一经济中的雇员广泛参与到第二经济中。匈牙利约有75%的家庭参与第二经济，这里的第二经济是广义的定义，包括收入性和非收入性生产活动。据估计，那些雇佣劳动者在通常的八小时工作之外，会花费一个半到两个小时参与到第二经济活动中。

从经济整体的角度来看，小商品生产和家庭生产填补了服务和消费品供给的空白。它们大概占国民生产总值的 193 15%~20%。它们在与小型和低效的国有企业的竞争中显得特别有效率。小商品生产者能够在短时间内以更低的价格提供商品和服务。因为小商品生产涉及为自己工作，所以回报与付出的努力成正比，并且企业对成本敏感，即必须有利可图。据估计，虽然第二经济的劳动时间与国家部门的劳动时间比例约为 $4:22$，收入比却为 $9:22$。[1]

国家对小商品生产和家庭生产的认可对中央确定的工资水平产生了影响。由于工资是以劳动力再生产的成本为基础计

---

[1]　Gábor, "The Second Economy and Its 'Fringes'", unpublished paper prepared for the International Conference on the Unobserved Economy.

算的，第二经济妨碍了工资的增长，因为所有家庭都被认为至少有一部分来自第二经济的收入。随着1979年以来第二经济再次扩张，实际工资停止了增长。[1] 同时，小商品生产的扩张，特别是过去十年它的两极分化，增加了收入不平等，尽管社会主义部门工资的平等化程度不断增加。

如我们较早所提示的，替代收入的存在使得部分国有部门工人增强了对管理方的议价能力，这实际上刺激了产出限制（有保留的努力），因此导致经济激励不那么有效。但是，我们要小心，不要推广到整个劳工队伍。我们必须考虑到工人进入第二经济的机会是不平等的。不是所有的工人都能从事小商品生产，许多参与家庭生产的工人面临着额外的收入流失。虽然我们不知道哪些部门的劳工在第二经济的哪些领域最为活跃，但我们知道只有40%的工业工人和建筑业工人有机会进入第二经济。剩下的60%呢？他们的家人可能有参与第二经济的机会。无论如何，如果国有部门的工资与小商品生产的全国平均参与水平相关，那么一些人的议价能力就会增加，另一些人的议价能力则会减少，经济激励措施对一些人有效，对另一些人则无效。

无法获得小商品生产机会的工人是谁？我们已经发现，对第二经济的参与随生命周期的变化而变化。年轻工人面临着

194

---

[1] Gálasi and Szirráczki, "State Regulation and Labour Market in Hungary between 1968 and 1982", paper presented at the Fifth Conference of the International Working Party on Labour Market Segmentation, Aix-en-Provence, 1983, p.3.

严重的住房短缺和歧视性的分配体系。他们除了自行建造房屋外别无选择，这会花费十年甚至更多的时间。[1] 在此期间，他们还会肩负抚育家人的成本。因此每一个额外的福林都要被用来购买某个紧急需求的商品。一旦孩子长大，房子建成，这些工人就能将更多的精力从家庭生产转移到小商品生产上。然后他们就会处在一个更强有力的位置以抵挡管理层的攻势。但是有一大群工人当下没有将来也不会有从事小商品生产的机会，却必须卷入到家庭生产中，尤其是农业必需品的生产。他们是在城镇工作但居住在乡村的通勤者。[2] 事实上，匈牙利一半的劳工居住在乡村——当他们来到城镇时，他们居住在大旅社或宿舍。这些工人特别需要从社会主义部门获得收入来补充他们从土地中所得到的收入。[3] 他们常被限制在国有部门的低收入工作中，内部劳动力市场将他们排除在收入丰厚的岗位之外。凯尔泰希（Gábor Kertesi）和西拉奇（György Sziráczki）称这个群体为内部客工（guest worker）；[4] 他们经常凑合着接受在道路建设、铁路和农业季节性劳动中的不稳定雇佣。他们组成了劳工队伍中的一个特别部分，面临着歧视

[1]　Haraszti, *A Worker in a Worker's State*, p.119; Szelényi, *Urban Social Inequalities*, p.121.

[2]　G. Konrád and I. Szelényi, "Social Conflicts of Under-Urbanization", in M. Harloe, ed., *Captive Cities*, New York, 1979, pp.157–174.

[3]　C. Hann, *Tázlár: A Village in Hungary*, Cambridge, 1980.

[4]　G. Kertesi and György Sziráczki, "The Structuring of the Labour Market in Hungary", unpublished paper presented at the Oslo Conference of the International Working Party on Labour Market Segmentation, 1982.

性劳动力市场的分配机制。他们中的许多人是女人和吉普赛人。简言之，对一些人来说繁荣的小商品生产，实际上使得其他人更加依赖于工作绩效，因此也就对之前描述的专权生产政治更为脆弱。

如果我的分析是正确的，那么在国家部门旁边扩张的小商品生产使工人阶级原有的分化被进一步扩大了，原有的分化是根据在劳动过程中的岗位、技术级别和经验产生的。这两种分化在何种程度上彼此加强或者交错有待考察。但我们的分析确实表明，国有企业之间各部门的差异，可能不如在企业内部产生但与第二经济关联的那些差异重要。小商品生产和家庭生产的第二个后果是个人主义和消费主义的增长，其强大有如在发达资本主义国家的情况。小商品生产提供了另一条流动渠道，一种新的获得模式，它有效地把不满通过经济而不是政治渠道释放出去。它具有埃利·奇诺伊（Ely Chinoy）在《汽车工人与美国梦》（*The Automobile Worker and the American Dream*）中描述的所有效果，而最重要的是，失败被归咎于个体没有充分地努力。一个明显的问题产生了，匈牙利是否可以代表东欧国家？如果说原子化、个人主义和分化是苏东工人阶级的明显特点，那么我们如何解释波兰工人最近表现出来的异乎寻常的集体团结？

4. 国家社会主义下的阶级斗争

至此，我们已经考虑了匈牙利生产政治的多样性及其决定因素。我们现在必须考虑它们对阶级斗争的影响。在考察不同国家阶级斗争的特定表现之前，有必要首先厘清国家社会主义下阶级的含义以及阶级斗争的类型。最后我们将思考东欧工人阶级斗争所预示的社会主义的替代形式。

阶级的透明性

在发达资本主义下，无偿劳动的存在被四种相互关联的方式神秘化了。第一，劳动好像是按照整个工作日付酬；第二，利润在市场中实现；第三，利润表现为对投资资本的回报；第四，生产工具的所有权与工作的指导相分离。资本主义的问题在于攫取被掩盖之物即无偿劳动。而且，经营成功与否只有事后才能知道：仅仅在商品生产之后以及工资被预付之后，利润才能被收回。换言之，攫取的过程与生产的过程同时发生并因此被生产过程所掩盖。因此，若没有利润，工人就没有工作，也就是说，在资本主义的剥削中工人有其利益所在。

在国家社会主义下，生产过程与攫取过程是分离的。无偿劳动变得透明。剥削者和被剥削者显示为一边是再分配者及其代理人阶级，而另一边是直接的生产者。由于在企业的成功中工人没有清晰的物质利益，他们必须被强制或收买以生产剩余产品。在生产现场，国家同时作为剥削者和压迫者、剩余的攫取者和生产的管理者出现。

发达资本主义和国家社会主义生产政治和国家政治的这些
鲜明特点引致了阶级斗争的特有形式。在发达资本主义下，企
业的斗争是相互孤立的，斗争的组织局限在由企业生存所界定
的界限之内。只有在特殊情况下，斗争才能进入更广泛的政治
舞台。在国家社会主义下，企业斗争一开始即为反对国家的斗
争，因为工厂机构同时也是国家机构，因为国家是显而易见的
剩余产品的侵占者、工资和服务的再分配者以及价格监管者。
此外，只要直接生产者没有被系统地要求服从集体社会利益，
他们的斗争就只会受限于镇压的力量或让步的分配。

我们该如何评述两种系统下出现的意识形式？布雷弗曼将
资本主义劳动过程的中心趋势定义为概念和执行的分离。但
他明确指出，他只是指生产的客观面向，而不是主观面向。
在霸权政体下，直接生产者的日常经验是个人受到资本统治
的约束，而资本利益表现为所有人的利益。直接生产者不是
作为与另一阶级对立的某个阶级的成员进入劳动过程的。

在国家社会主义下，概念和执行分离的客观发展成为整个
社会主义取向的基础。概念和执行不只是用以把握劳动过程
的发展或直接生产者历史经验的范畴。它们成为阶级结构的
决定要素。构想者（conceiver）或计划者是明显的统治者和
剥削者，而他们所谓的对集体利益的出众理解将这种统治和
剥削正当化了。执行者是直接生产者，他们只有离开自身的
阶级并加入计划者的阶级才能参与计划过程。阶级的这种两

极分化在车间与在更广泛的社会中一样清晰，表现在检查员、工头、文员和其他非生产性工人作为再分配代理人的政治认同中。因此，蒙蒂亚斯（Montias）提到一个充斥在所有东欧工人罢工记叙中的特别的、但常常并不清晰的抱怨。这就是，"管理者以及管辖生产厂房和造船厂的辅助官僚数量增加，与工人相比，他们得到的薪酬极多，并拥有假期、病假和其他特权等不成比例的福利。什切青市（Szczecin）造船厂的一名工人代表用意识形态术语提出这一问题，声称当局通过为蓝领工人、白领员工以及管理者创造不同的工作条件，将人们人为地分割为阶级。" [1]

在对住房分配的分析中，塞勒尼也注意到同样的阶级特权的发展，这些特权将无技术工人置于双重弱势的地位。再分配者及其代理人不仅能获得大部分可得住房，而且还是以非常高的价格补贴得到的。[2]

阶级斗争使执行者与构想者直接对抗。结果，直接生产者意识到自己的作用，并且对于获取计划职能以及接管对社会的指导产生了兴趣；他们清楚地阐明了这一原则："那些生产剩余产品的人，而不是那些声称更懂得如何分配的人，应该处置剩余产品。" [3] 由于渗入车间的不确定性，核心工人必

197

[1] J. Montias, "Observations on Strikes, Riots and Other Disturbances", in J. Triska and C. Gati, eds., *Blue-Collar Workers in Eastern Europe*, London, 1981, p.181.

[2] Szelényi, *Urban Social Inequalities*.

[3] Konrád and Szelényi, *Intellectuals on the Road to Class Power*, p.224.

然对生产过程实施实际的控制，这强化了上述意识。当他们知道所谓的"构想者"似乎并没有构想任何东西，构想的功能实际上是由直接生产者所履行时，他们对于"官僚"的敌意进一步加剧。车间控制的这些形式只能提高核心工人的效能感。然后，具有讽刺意味的是，工人更有可能恢复社会主义意识，并为了获得在国家社会主义而非资本主义下对剩余的分配和对生产的控制而斗争。也就是说，这种关于控制的斗争是国家社会主义所特有的——必须确定的是它们在不同社会和不同时期所采取的形式。

阶级斗争的多样性

霸权政体在限定的条件下**组织**斗争，而官僚专权政体却**镇压**公开的斗争。抵制的形式反映了支配的形式。哈拉兹蒂叙述了一个个人主义的回应，该回应捕捉到了重新结合概念和执行的冲动。在工作的间隙，工人转向生产"赫默斯"（homers），这是一种没什么用但是发挥想象力构想出来的物品，用金属碎片做成（经常在他人的帮助下）。"赫默斯"表达了一种对个性化商品生产中的细节劳动的反对（和反感）。它们代表了马尔库塞（Marcuse）所说的消遣（play）："消遣和表演（display）的思想现在表明，它们完全摆脱了生产和操作的价值标准：消遣是**非生产性的，无用的**，这恰恰是因为它消除了劳动和休闲的压抑性和剥削性特性，它只是'消遣'现

198

实。"[1]虽然在资本主义下这些乌托邦式的逃避形式扮演着一定的角色，但是在更为总体性的支配形式下，它们采用了更为象征性的和强大的形式。

更一般的情况是，在镇压有效的地方，如苏联的大部分地区，抵抗被迫以个人主义的形式表达。因此，扎斯拉夫斯基（Victor Zaslavsky）认为，社会主义原始积累时期压抑的原子主义（repressive atomism）在 1950 年代让位于新的表达形式——越轨，比如酗酒、旷工和劳动力流动。[2]提克汀（Aillel Ticktin）提到了产量限制和废品生产，将之看作为重获生产控制权而进行的斗争记号。[3]根据霍鲁本克（M. Holubenko）的说法，"在工厂不努力工作的权利是苏联工人拥有的少数保留下来的权利之一。正如苏联一位持不同政见者所说，苏联工人将会抵抗和'实施秘密战斗'以反对加强工作节奏的所有努力。"[4]

虽然工人阶级普遍原子化，但是罢工、暴动和其他形式的集体抗议仍然在苏联爆发。尽管对这些我们知之甚少，但苏联媒体和地下刊物中有一些零星报道。毫不奇怪，罢工通常

---

[1] Marcuse, *Eros and Civilization*, p.178.

[2] Zaslavsky, "The Regime and the Working Class in the USSR", *Telos*, no.42, Winter 1979, p.198.

[3] H. H. Ticktin, "Towards a Political Economy of the USSR", *Critique*, vol. 1, no.1, Spring 1973, pp.20–41.

[4] M. Holubenko, "The Soviet Working Class Opposition", *Critique*, no. 4, 1975, p.22.

是由对一般生活水平的冲击引起的，例如食物短缺和物价上涨，并试图将"社会工资"与生产力关联起来。因此，这些集体动员经常源于标准修订或居住面积的不足。

霍鲁本克对罢工的分析表明，工人自发地将他们的敌意指向权力之位：地方党指挥部；如果在那里无法得到满意的答复，他们就会把目标指向区域的甚至全国的党指挥部。工人阶级非常清楚权力的决定性集中以及塑造其日常生活的机构。霍鲁本克的数据还表明，罢工更可能在远离权力中心的地方发生。边缘地区对政体的战略意义不大，因此治安不大有力。它们也更可能遭遇基本生活品的短缺。但是，因为骚乱蔓延的风险很小，所以罢工可能会遇到更为暴烈的镇压——通常包括对工人的射击。相比之下，罢工如果发生在主要的中心地带，国家为平息抗议会采用快速的经济让步，之后则是对罢工领导者的无情迫害。

如果说在今天的苏联，紧密团结的工人阶级运动不可能发展，在那些市民社会开始展露、工人组织已试图建立水平连接——工人阶级社区——的地方，情况却并非必然如此。波兰和匈牙利正是市民社会开始出现的国家代表，但我们该如何解释在一个国家工人被动员起来而在另一个国家这种现象却没有发生？前面章节的论述表明，企业与国家的关系对于工人阶级动员的出现非常关键。匈牙利企业有更大的自主性，这使得管理层能够以更有效地分化劳工并赢得其最强部分合作的方式，将压制和让步结合起来。在波兰，集中化程度更高，这为管理者留下了很少的空间，以便在反对指导中心的同时，对斗争进行组织和占先。经济在优先部门和非优先部门之间的分化更为显著，尽管企业内生产政治的分野并不如匈牙利明显。集中导致波兰经济出现更严重的短缺，加剧了企业之间的紧张关系，并导致一个企业中的罢工、减速和生产故障波及整个经济系统。

在评定生产政治的形式时，关注工厂和国家之间的关系是否足够？匈牙利和波兰的工厂机构如此不同，以至于可以解释前者阶级的去动员化和后者快速的阶级动员？工人外在于企业的经济活动有多重要？在此存在明显的差异。波兰农业私有化的普及导致了农村社区的两极分化，一方为独立的农民（farmers），另一方为农民工人（peasant workers）。[1]1962年，42%的农村家庭通过工资劳动获得不足10%的农业产值。这些家庭很大程度上独立于工业部门。[2] 另一方面，农民工人因为依靠小块土地来补充薪资劳动收入，所以处在更弱势的位置。作为工业工人，与基于城市的雇员相比，他们的劳动力流动水平更低，全年中投入的工作时间更多，更少旷工，也更少利用福利设施。[3] 有人或许会由此猜测，工业劳动队伍

---

[1]   P. Lewis, "The Peasantry" , in D. Lane and G. Kolankiewicz, eds., *Social groups in Polish Society*, London, 1973, pp.29–87; G. Kolankiewicz, "The New 'Awkward Class' : The Peasant-Worker in Poland" , *Sociologia Ruralis*, vol. 20, nos. 1–2, 1980, pp.28–43.

[2]   R.Turski, "Changes in the Rural Social Structure" , in J.Turowski and L. Szwengrub, eds., *Rural Social Change in Poland*, Warsaw, 1976, p.53.

[3]   Kolankiewicz, *op.cit.,* p.34.

也两极分化为技术工人和非技术或半技术农民工人，其中技术工人与土地的联结更弱。是否因为技术工人在生产中扮演着关键的角色，同时被切断了替代性收入，所以更容易发生集体动员？在匈牙利，合作社（在较小程度上是国有农场）的统治地位，不允许出现农民和农民工人之间的两极分化。相反，合作社鼓励所有部门的劳工从事兼职农业生产，而国家对其他形式的小商品生产的扩张也更加宽容。结果是，具有强大集体意识的"传统"工人阶级从未像在波兰那样在匈牙利集结而成。

在上述讨论中，我非常刻意地贬低了围绕民族主义、教会和民间传统的惯常解释的重要性。我把市民社会的开放视为阶级动员的必要条件而非充分条件，正如匈牙利的情况明确所示。因此，我初步假设匈牙利工人阶级由于企业的自主性被分割，并由于其对其他生产方式的参与被分裂，而波兰工人阶级由于介入其他生产方式的机会更为有限，就更可能通过集体斗争而不是个人流动寻求改善。

替代性社会主义之预想

东欧的未来如何？转型中最有趣的尝试发生在苏联势力范围的边缘。1956年以后开始的政治松动在整个东欧引起反响，党的机构分化为改革派和保守派两大阵营。在波兰，在反对旧秩序的镇压政策及其对苏联经济政治利益之附从的浪潮中，一个新政权上台了。在匈牙利，学生和知识分子的抗议，加上党内机构的分裂，引发了工人阶级的斗争。[1] 国家机关倒塌，在中央行政、地区和工厂层面都留下了真空。在二元权力宣布建立之后，苏联坦克进驻了。工人短暂地控制了企业，开始自下而上对企业进行初步协调。集体自我管理的雏形体系建立起来，但后来被占领军压倒性的力量所粉碎。

匈牙利发生的工厂占领源于国家权力的内部分裂和崩溃，而不是由于工人阶级运动的加剧。从 1956 年（或 1944 年）到 201 1970 年，再到 1976 年，直至 1980 年，波兰工人阶级增长的动员导致了一个截然不同的方向。1980 年 8 月他们在格但斯克（Gdańsk）提出的 21 项要求，包括了物质需要的满足、组建独立工会和罢工的权利、消除党的特权以及结束新闻审查制度。但值得注意的是，他们没有提及工人的自我管理。过去引进工人委员会的尝试，已经自证其辱，那不过是平抚动荡局势的一种方式，没有给予任何真正的让步，特别是当工人没有办法影响中央权力的时候。如果所有重要决定都是在工厂以外做出的，工人的自我管理就没有意义。此外，在其存在的头几个月，团结工会采取了"自限革命"的方式，迫使运动给工会戴上紧箍咒，拒绝对经济决策和不断恶化的经济状况负责。正如斯坦尼斯基斯（Jadwiga Staniszkis）所指出的那样，团结工会对旧体制采取了原教旨主义而不是实用主义的取向，且没有发展出可以巩固和捍卫已得利益的新制度。[2]

---

[1] Bill Lomax, *Hungary 1956*, London, 1976.

[2] Jadwiga Staniszkis, *Poland's Self-Limiting Revolution*, Princeton, 1984.

只有当经济趋向灾难，官方体制似已陷入瘫痪，团结工会的领导人和政府之间的谈判陷入僵局之时，经济改革的目标和工人的自我管理才在运动中获得支持。但是，在谁将控制企业管理者的任命以及企业对谁负责的问题上，很快就出现了与党的冲突。妥协达成了，阻止了总罢工的发生，但到这时为止，大部分工人阶级成员都已被遣散，团结工会的普通成员和领导者之间出现了裂缝。自下而上建立集体自我管理制度的努力只得到了团结工会领导层的冷淡支持，工会领导层则因为权力的下放受到威胁。团结工会初期，在党内以及企业间建立的横向关系，从未通过工厂机构的激进转型得到有效巩固。这不仅丧失了建立集体自我管理制度的机会，而且使得团结工会在军事法律宣布之时更容易遭受镇压。

虽然有这些缺陷且结果各异，但团结工会确实发展了我们在 1917 年两次俄国革命之间看到的上升动力。[1] 尽管这两个运动都是革命性的——因为它们威胁到既存的政治秩序——但是没有哪一个运动一开始就是激进的。从保护生活水平的防御性要求开始，运动随后才升格为要求重构国家政治。由此可见，生产政治的转型需要相应的国家政治转型。在这两个案例中，国家的崩溃或瘫痪是运动进一步激化的必要条件，因为它提供了工人接管工厂的机会，在某些情况下甚至是被

202

---

[1] Alain Touraine, et al., *Solidarity*, Cambridge, 1983; Henry Norr, "'Quite a Frog to Eat': Self-Management and the Politics of Solidarity", unpublished manuscript, 1983; Staniszkis, *Poland's Self-limiting Revolution*. 以及本书的第二章。

生产的政治

迫接管。但是，一旦工人承担了工厂管理责任，水平联结以及自下而上协调经济的必要性就变得很明显了。俄罗斯的工厂委员会和波兰的基层工人网络（network）都采取了措施建立这些横向联系，并根据集体自我管理原则开始自下而上构建一个替代性社会。但是只要没有国家保护，这就是一个脆弱的系统。而当这样一个国家在俄罗斯出现的时候，它迅速发展了集权的利益，反对集体自我管理系统和权力的下放。

我们发现自己面临许多悖论。第一，是国家社会主义社会而非发达资本主义社会产生了工人指导社会的运动，其最发达的形式导向集体的自我管理。生产政治与国家政治的融合，即便不是发展以工人的控制为导向的社会主义的充分条件，也是其必要条件。第二，这些运动需要组织资源，这就预先假定了一个基本的市民社会的开放——外在于经济和国家直接控制的制度。换句话说，为了有效，为争取工人控制而进行的斗争要求资产阶级社会的外表（trappings）。但是，正如我们在匈牙利所看到的那样，这些外表也可能使工人阶级去动员化和原子化。第三，工人阶级运动最有可能在苏联势力范围的边缘发展一些力量，在那里他们被民族主义情绪所充满。但由于这些力量发生在边缘社会，所以特别容易遭到外部和内部的镇压。团结工会的"自限革命"是应对这些悖论的一个大胆的、具有创造性的尝试。

第五章

欠发达的隐蔽之处

　　我们关于早期资本主义和发达资本主义生产政治的分析集中在那些社会内部的要素。只有当解释它们之间的差异时，我们才会转向国际因素，尤其是全球范围内与资本主义发展相关的工业化的时机。在上一章，我们看到全球政治力量如何限制了东欧生产政治和国家政治形式的变化，以及相互关系的变化。现在我们通过对赞比亚从殖民主义到后殖民主义转型的研究，继续分析国际因素施加的限制。我们不会对国际限制进行独立的考察——这将留给结论部分——而是考察它们通过赞比亚阶级结构所呈现的"内部化"。我们将看到阶级结构的转型如何解释生产政治和国家政治这二者关系的变迁。

　　1981年1月，17名劳工领袖被开除出联合国家独立党（United National Independence Party, UNIP）——赞比亚这个一党制国家里唯一的政党。其后，赞比亚政府迎来了两周的工业骚乱和罢工。这些领袖是国家一些主要工会的主管，包括赞比亚工会代表大会（Zambia Congress of Trade Unions）

和强大的赞比亚矿工联盟（Mineworkers' Union of Zambia）。开除的理由是工会反对赞比亚政府新制订的去集中化计划，该计划将赋予党在行省地区更大的权力。尽管该计划表现为民主控制的扩展，但是工会领袖认为这是要将他们附属于党，进而附属于国家。普通的工会成员，由于通货膨胀、工资限制和缺乏，面临的艰难已不断加重，此时他们站在其领袖一边参与抗议和罢工。

这些罢工最重要的特点是清晰的政治性，至少在它们的直接目标上如此。斗争的矛头指向国家以便保卫工会的独立性，而不是追求短期的经济需要——这与殖民时期矿工组织的有时持续时间较长的罢工非常不同。即使在独立斗争的鼎盛时期，斗争也被对矿业公司的经济需要或非洲化（Africanization）需要所支配，殖民行政尽可能不介入工业争议之中。

在后殖民时代，国家越来越多地介入对劳资关系的管理：实施强制性仲裁、将罢工定为非法、拘留领导者、监管工会组织、施行工资冻结。国家通过塑造调节斗争的制度即生产的政治机构，将阶级斗争限制在工业领域之内。后殖民国家牺牲了其独立性，与资本的联合日益密切。独立六年后矿业的国有化反映并巩固了这一点。罢工直接针对国家而不只是企业，国家越来越关注劳动纪律、旷工和生产率。劳动过程本来只是企业所关注的对象，现在却已经成为国家干预的目标。

1. 欠发达理论中的生产与政治

尽管上述后殖民主义的转型并没有什么异常之处，欠发达理论却并没有考察劳动过程，以及劳动过程与国家之间由生产的政治机构所调节的关系。即使打着"回到生产"的幌子，欠发达的原因也多被定格在市场的"嘈杂领域"，"在那里所有事浮在表面，并被所有人尽收眼底"。理论从来没有陪伴殖民地生产者进入"生产的隐蔽之处"（hidden abode of production）。[1] 关于现代化的常见观点把边缘社会未能重演发达资本主义国家发展轨迹的原因归于这些社会的内部因素，比如不适当的价值观，传统的力量或者资本的缺乏。保罗·巴兰（Paul Baran）及其后的安德烈·冈德·弗兰克（André Gunder Frank）反对这种观点，他们认为对殖民地的掠夺导致了宗主国的发展和附属国的不发达。[2] 汉斯·弗兰克（Hence Frank）创造了"欠发达的发展"（the development of underdevelopment）这一术语，强调在边缘地区创造的剩余价值的规模、用途、浪费的消耗以及向宗主国的输送，但是，剩余的生产方式却没有被论及。

在解释剩余从边缘向中心的转移时，阿尔吉里·伊曼纽尔（Arghiri Emmanuel）主张从交换领域回到生产领域。[3] 在影响

[1] Marx, *Capital*, Volume 1, Harmondsworth, 1976, p. 279.

[2] Baran, *The Political Economy of Growth*, New York, 1957; Frank, *Latin America*: *Underdevelopment or Revolution*, New York, 1969, chapters 1, 2.

[3] Samir Amin, *Unequal Exchange*, New York, 1972.

深远的对比较优势理论的批判中，伊曼纽尔试图表明在产品的国际分工、资本流动、劳动力不流动的条件下，不平等的工资导致了国家之间的不平等交换。在边缘地区，剥削率更高（或者按照伊曼纽尔的说法，工资更低），生产的商品按照低于其价值的价格交换；但是在高工资国家，生产的商品在国际市场上按照高于其价值的价格交换。尽管伊曼纽尔使用了马克思价值转换为价格的分析方案，但他并未真正进入生产的隐蔽之处，因为他将工资视为外在于生产的独立变量。萨米尔·阿明（Samir Amin）在对伊曼纽尔模型的阐释中放宽了一些假设，尤其是那些有关特定商品的国际贸易的假设以及工资外在决定的假设。阿明声称"当劳动回报之间的差异比生产率之间的差异更大时"，不平等交换就发生了。[1] 中心地区工资的增长是由"自我中心积累"（autocentric accumulation）的条件，即生产资料（means of production）和消费资料（means of consumption）的生产率决定的。但在边缘地区，工资通过边缘化的过程，包括上升的失业水平、前资本主义生产方式提供的补贴，以及镇压等，被压低了。[2] 在所有关于生产率的阐述中，仍然没有对边缘社会的劳动过程的分析。

　　同样的情况也发生在阿明和伊曼纽尔的批评者身上，如查

---

[1]　"The End of a Debate", in *Imperialism and Unequal Development*, New York, 1977, p.217. 关于对伊曼纽尔和阿明的批判，见 Alain de Janvry and Frank Kramer, "The Limits of Unequal Exchange", *The Review of Radical Political Economics*, no. 11, Winter 1979, pp. 3–15。

[2]　见 Amin, *Unequal Development*, New York, 1976。

尔斯·贝特海姆和杰弗里·凯（Geoffrey Kay），他们回到价值规律，将工资视为劳动力的价值。[1] 我们现在发现剥削率在边缘比在中心要低。"一个低薪工人几乎不能收支相抵，他们不识字、居住简陋、不健康、装备贫乏，与受过教育、吃得好、装备好的高薪工人相比，他的生产率低很多。他要花很长时间才能生产与其工资等价的产品，因此在工作日中，他能够自由处理的部分很少。另一方面，生产率更高的高薪工人以更短的时间生产其工资，从而能够完成更多的剩余劳动。因此，这暗示着，发达国家的富裕工人比欠发达国家的低工资工人受到的剥削更重。"[2]

贝特海姆和凯的观点与阿明和伊曼纽尔的观点大相径庭，尤其表现在他们对劳动过程所持的看法上。然而，他们都没有试图用经验分析来支持其论断。

对欠发达理论更有力的突破来自于这样一些人，他们把我们带回"生产"以及马克思关于资本主义发展在全球均衡扩散的原初概念之中。[3] 在一次针对停滞主义观念（stagnationist

---

[1]　Bettelheim, "Theoretical Comments", in Emmanuel, *Unequal Exchange*, pp.271-322; Kay, *Development and Underdevelopment*, New York, 1975.

[2]　Kay, *op.cit.,* p. 54. 另见 Bettelheim, *op.cit.,* p.302。

[3]　现在有大量文献批判"欠发达理论"颠倒了"现代化理论"，因而保留了许多后者的假设。如 John Taylor, *From Modernization to Modes of Production*, London, 1979; Lorraine Culley, Economic Development in Neo-Marxist Theory, in Barry Hindess, ed., *Sociological Theories of the Economy*, London, 1977, pp.92–117; Henry Bernstein, "Sociology of Underdevelopment versus Sociology of Development", in David Lehmann, ed., *Development Theory*, London, 1979, pp.77–106; and Robert Brenner, "Origins of Capitalist Development", *New Left Review*, no.104, London, 1977。

conceptions）——它将落后归因于国家之间剩余的转移——的有力争辩中，比尔·沃伦（Bill Warren）坚持认为，边缘国家出现了非常真实的资本主义发展。尤其在第二次世界大战之后，它们已经取得了相当的自主性，足以吸引资本家投资。[1] 沃伦回到生产的做法以及他对传统欠发达理论的驳斥令人耳目一新，但是他没有论及"生产力"的特殊性，即没有论及在全球不同地方发生的生产过程。相反，这些过程被简化为工业或制造业的产出水平以及它们对国民生产总值的贡献。

但是，沃伦确实认识到所谓边缘的异质性。在此我们还发现了时髦的对"生产方式"及其"表达"的兴趣。[2] 欠发达不再只被归因于世界资本主义体系的整合。相反，分析的起点是前资本主义生产方式的再生产，它不是被毁灭，而是被重塑并从属于跨国资本主义生产方式。进一步的考察发现，许多论述倾向于将生产方式还原为剥削关系即剩余攫取的模

---

[1]　Warren, *Imperialism*: *Pioneer of Capitalism*, London, 1980. 关于对沃伦的富于争议的著作的批评，见 Emmanuel, "Myths of Development versus Myths of Underdevelopment", *New Left Review*, no.85, May-June 1974; 以及 Philip McMichael, James Petras and Robert Rhodes, "Imperialism and the Contradictions of Development", *New Left Review*, no.85, May-June 1974。

[2]　Mahmood Mamdani, *Politics and Class Formation in Uganda*, New York, 1976; Colin Leys, *Underdevelopment in Kenya*, Berkeley and Los Angeles, 1975; Leys, "Capital Accumulation, Class Formation and Dependency: The Significance of the Kenyan Case", *Socialist Register*, 1978, pp.241–266; Ernesto Laclau, *Politics and Ideology in Marxist Theory*, London, 1977, chapter 1; and Harold Wolpe, ed., *The Articulation of Modes of Production*, London, 1980.

式，而没有考虑生产中的关系即劳动过程的关系。例如，亚伊勒斯·巴纳吉在他对所谓生产方式分析的重要批判中，区分了剥削关系和更广泛的生产关系。[1]后者涉及企业之间的关系，它最终决定了欠发达的节奏（rhythm），企业只是第二位的因素。当资本主义企业（如大庄园、种植园）与独立的农户生产之间的区别成为分析的中心时，资本主义企业的多样性，尤其是资本主义劳动过程的多样性就从未被考察过。[2]其中的假定是，在边缘地带的资本主义企业与在中心的资本主义企业并无二致，只有非资本主义企业的相对优势才是显著的。

由于在这些关于生产方式的研究中，劳动过程是被忽略的，围绕劳动过程的关系的斗争即生产的政治被忽略就不足为奇了。事实上，一些人甚至声称没有这类斗争。"在欠发达资本主义社会，没有这种斗争，也就没有导致生产力持续革命的内在趋向。"[3]当一种生产政治被承认时，它就与争夺国家权力的斗争分离开来。"关于工人阶级政治的研究……必须越

---

[1] Banaji, "Modes of Production in a Materialist Conception", *Capital and Class*, no.3, Autumn 1977; and Banaji, "For a Theory of Colonial Modes of Production", *Economic and Political Weekly*, no. 7, 23 December 1972, pp. 2498–2502.

[2] Norman Long, "Structural Dependency, Modes of Production and Economic Brokerage in Peru", in Ivar Oxaal, Tony Barnett and David Booth, eds., *Beyond the Soiology of Development*, London, 1975; and Harriet Fredmann, "World Market, State and Family Farm: Social Bases of Household Production in the Era of Wage Labour", *Comparative Studies and History*, no. 20, October 1978, pp. 545–586.

[3] Mamdani, *Politics and Class Formation in Uganda*, p.145.

过工会进到车间，考察劳工反抗资本的各种斗争形式。这些具体的研究不包括在本书之内。而且，由于这一斗争与国家权力问题无关，我们认为，在对塑造乌干达直至 1972 年政治的主要矛盾进行分析时，将之剔除是正当的。"[1]

在著名的关于坦桑尼亚后殖民国家的文章中，约翰·索尔（John Saul）考察了国家干预的不确定性，国家干预则源于国内尚未形成的小资产阶级不同部分之间的斗争。[2] 正如科林·利斯（Colin Leys）所指出的那样，索尔的论述没有考虑国家之外的阶级斗争对国家干预所施加的外部限制。[3] 尤其是，他没有具体分析在工厂或村庄，围绕生产中的关系以及剥削关系所进行的日常斗争。正如普兰查斯所言，一旦我们认识到国家机构是阶级斗争的场域，我们也必须认识到不是所有的权力都集结在那里。它也具体体现在国家之外的制度中，比如工厂机构。[4] 国家内外斗争之间的关系必须被理解为由相应的机构之间的关系所塑造。

国家之外的斗争之所以被忽略，原因之一在于认为后殖民国家在发展中扮演着中心角色并拥有相当"自主性"这一流

---

[1] Mamdani, *Politics and Class Formation in Uganda*, p.282.

[2] John Saul, "The State in Post-Colonial Societies: Tanzania", *Socialist Register*, no.11, 1974, pp.249–272.

[3] Leys, "The 'Overdeveloped' Post-Colonial State: A Re-evaluation", *Review of African Political Economy*, no. 5, *January-April* 1976, pp.39–48.

[4] Poulantzas, *State, Power, Socialism*, NLB, London, 1978.

行观念。[1] 第一，它从其殖民前任中继承了过度发展的结构，这种结构不得不要求所有的内生阶级和相应的生产方式都从属于它。第二，后殖民国家扮演着突出的经济角色，攫取很大一部分经济剩余。第三，后殖民国家在建立"霸权"中扮演着关键的意识形态角色，将从属阶级和民族国家捆绑在一起。在雷斯和其他人的抨击之下，索尔试图证实后殖民国家的中心性和自主性的努力土崩瓦解。[2] 但是我们对于后殖民国家与宗主国或殖民国家的区别仍然知之甚少。

在所有这些关于欠发达的分析中，缺少对生产政治的关注产生了政治后果和理论后果。将政治简化为国家政治即国家内部的斗争或者关于国家的斗争，以及将劳动过程简化为生产技术，很容易滑入一种社会主义的独特概念，即社会主义是一种由技术专家在国家内部协调运作的发展战略。[3] 社会主义不再是这样一种社会形态：指导公共政策的大众控制机关将不可避免的冲突制度化，地方（生产）政治则采用不屈从于国家政治的集体自我管理的形式。

---

[1] Hamza Alavi, "The State in Post-Colonial Societies: Pakistan and Pangladesh", *New Left Review*, no. 74, July-August 1972, pp.59–81; and Saul, "The State in Post-Colonial Societies", *Socialist Register*, no.11, 1974.

[2] Leys, "The 'Overdeveloped' Post-Colonial State", *Review of African Political Economy*, no.5, January-April 1976; W. Ziemann and M. Lanzendorfer, "The state in Peripheral Societies", *Socialist Register*, no.14, 1977, pp.143–177.

[3] 这一强调是阿明的"自我依赖"社会主义概念的基础，也是克莱夫·托马斯（Clive Thomas）的《依赖与转型》（*Dependence and Transformation*，New York, 1974）观点的基础。

我们的替代性路径关注生产政治和国家政治之间的关系，因此无论是"过度发展"还是"相对自主性"都不能占据中心位置。相反，我们考察殖民国家和后殖民国家的功能，这些功能反应在国家机构和经济（工业或农业）机构的关系上。我的论点很简单。殖民国家不一定强大，但它确实是干预性的国家，其作用在于建立资本主义方式的至上地位。它更关注两个意义上的原始积累：直接生产者与生产资料的分离以便为工业资本提供劳动供给，以及商业资本从前资本主义生产方式中攫取剩余。这两种原始积累形式的相对重要性和精确表达方式，因殖民地的不同而变化，在同一殖民地中则随时间而变化。[1] 因此，殖民国家关心的不是生产本身，而是各生产方式之间关系的协调方式，以保障资本主义方式的优势地位。一旦资本主义生产方式的主导地位确立，其他方式从属于它的要求，殖民国家存在的必要性就消失了。一种新的国家形式出现了：关心资本扩张而不是资本的原始积累，关心从生产中攫取剩余价值而不是通过交换获得特定的剩余劳动，关心特定类型的劳动力的生产而不是劳动供给的形成。准许正式的政治独立不过是从殖

215

---

[1]　凯对商业资本的强调反应了他在加纳的经验，南非的研究者，如阿里吉（Giovanni Arrighi），强调工业资本的重要性。通过思考肯尼亚的历史，约翰·朗斯代尔（John Lonsdale）和布鲁斯·伯曼（Bruce Berman）考察了两种原始积累之间变动的关系。（Lonsdale and Berman, "Coping with the Contradictions: The development of the Colonial State in Kenya, 1895–1914", *Journal of African History*, no.20, 1979, pp. 487–505; and Berman and Lonsdale, "Crises of Accumulation, Coercion and the Colonial State: The Development of the Labour Control System in Kenya, 1919–1929", *Canadian Journal of African studies*, no.14, 1980, pp.37–54.）

民国家到后殖民国家转型的一个符号。[1]

　　下一小节将表明，尽管南非劳动历史的研究考察了原始积累的过程，但是它们忽略了这些过程被矿业扩大积累的特定经济和政治要求所塑造的方式。之后的几节内容将转向生产的隐蔽之处，考察殖民主义下劳动过程的性质及其管制的政治条件。我们将看到随着殖民主义的崩溃，在一些情况下劳动过程自身发生了改变，而在另一些情况下技术限制抑制了这些改变，生产机构和劳动过程之间的冲突持续存在。在本章最后一节，我们将分析生产政治和国家政治之间的关系如何受到劳动过程和国际力量的制约。

2. 从原始积累到扩大再生产

　　资本主义的起源必须与其再生产相区别。在第一阶段，即

------

[1]　这里采取的立场类似于利斯提出的"新殖民主义"是"一个由外国资本对一国的大众进行支配的系统"的观点。（Leys, *Underdevelopment in Kenya,* p.27.）向后殖民主义的转型与资本主义作为主导生产模式的再生产相符应，没有对宗主国的直接政治附从。一组相似的概念在伊曼纽尔、阿明、曼德尔的著作，以及费尔南多·卡多索（Fernando Cardoso）和恩佐·法莱托（Enzo Faletto）的研究（*Dependency and Development in Latin America,* Berkley and Los Angeles, 1979）中是隐含的。这不是说国家之间的政治关系不重要，而是说它们对于在边缘社会形态中巩固资本主义生产方式相对不那么重要。除了本章所引的关于非洲的研究，另外参见 Peter Evans, *Dependent Development: The Alliance of Multinational, State and Local Capital in Brazil,* Princeton, 1979；以及 David Collier, ed., *The New Authoritarianism in Latin America,* Princeton, 1979。

原始积累阶段，资本初始积聚并与劳动结合，劳动者被剥夺了生产资料并成为商品：劳动力。在第二阶段，即扩大再生产阶段，资本主义已经建立起来，分析的焦点变成劳资关系以及建立在更高利润率基础上的资本积累。在《资本论》中，马克思将原始积累的历史特殊形式——在英格兰，是通过商业资本的掠夺和圈地运动——与关于再生产和资本主义动力机制的一般理论并置。原始积累因此与扩大再生产相分离。对于原始积累的形式如何塑造绝对和相对剩余价值的攫取即资本主义劳动过程，马克思并没有进行理论化。

但托洛茨基（Leon Trotsky）通过强调资本主义的组合发展和不平衡发展，认同资本主义的起源和扩张之间的联系。"历史的规律性与迂腐的图式主义（schematism）绝无共同之处。发展的不平衡性，这个历史过程之最一般的规律，在落后国家的命运上暴露得最为明显与复杂。在外来必然性的鞭笞之下，落后文化不得不进行跳跃。从不平衡这一普遍的规律中，生发出另外一个组合的发展规律——意指各阶段里程的汇聚，各个阶段的联合，古代形态与更现代形态的混合。没有这个规律（当然要取其全部的物质内容），就不能了解俄国的历史，也不能了解第二、第三乃至第十等文化品级上的国家的历史。"[1]

在俄国，原始积累跃过了手工业生产和小工业的早期阶

[1] Leon Trotsky, *The History of the Russian Revolution*, London, 1977, p. 27. 另见 Trotsky, *The Permanent Revolution and Results and Prospects*, New York, 1969, pp.29-68。

段，一个"落后"的、刚刚脱离了封建庄园的无产阶级挤入到现代工厂的严酷考验之中，现代工厂则是建立在从西方引进的先进技术基础之上的。受到国家的资助并依赖于外国资本，俄国资产阶级因为过于软弱而不能控制它所制造的不稳定的无产阶级。专制主义国家被迫在经济和军事上与现代欧洲国家竞争，但却缺乏现代经济基础，只能在一个个危机中间艰难前行。托洛茨基由此推断出原始积累的不同形式对无产阶级和国家之关系的影响。

马克思不仅坚持原始积累和扩大积累在理论上的决裂，而且坚持二者在历史上的决裂：前者是后者的前史（prehistory）。罗莎·卢森堡在《资本的积累》（The Accumulation of Capital）中从根本上挑战了该观点，她认为资本主义的持续扩张依赖于对非资本主义生产方式的吸收。[1] 然而她保留了这一正统观点：这必然导致非资本主义生产方式的解体。因此，资本主义破坏了它持续扩张所依赖的条件。但是，正如历史所示，前资本主义生产方式绝不是被资本主义的发展自动消解的。更通常的情况是，它们随着主导的资本主义生产方式的需要再生和再建。南非和中非的历史特别清晰地表明了在国家的协调之下，前资本主义各种生产方式的保存/消解趋势。

尽管关于南非的原始积累有许多优秀的论述，乔凡尼·阿里吉（Giovanni Arrighi）关于南罗德西亚（Southern

---

[1]　另见 Rosa Luxemburg and Nikolai Bukharin, *The Accumulation of Capital—An Anti-Critique*: *Imperialism and the Accumulation of Capital*, New York, 1972。

Rhodesia，今津巴布韦）劳动供给的研究仍然是最具理论重要
性的。[1] 阿里吉区分了四个阶段。第一阶段，1890—1904 年，
新兴城镇和工业对食物的需求不断增长，非洲农民于是自发
进入面向市场的生产以回应这种需求；不需要超经济的力量
刺激农业生产。尽管对工资劳动的需求增加了，但非洲人无
需进入劳动力市场就能够增加其收入。第二阶段，1904—
1923 年，经济和政治力量的结合迫使非洲人出卖其劳动力。
由于他们日益依赖于交换经济以获得基本的必需品，殖民行
政开始强制劳动、税收和土地占有。非洲人被推到"原住民保
留区"（Native Reserves），在那里由于生产率下降，运输成本
增加，加之价格下降，他们从农业中的所得减少了。定居的
白人农民受到殖民政府的优待，逐渐获得面向市场的食物生
产的垄断地位。这是一个真正的原始积累时期，政治机制被
用来使非洲农民阶级从属于资本积累的需要。

在第三个阶段，1923 年到 1940 年代，市场机制加速了农
民阶级的灭亡。保留区因为过度拥挤和土壤侵蚀，生产剩余
日益困难，更不用说与白人农场主竞争了。1931 年的《土地

[1] Arrighi, "Labour Supplies in Historical Perspective: A study of the Proletarianization
of the African Peasantry in Rhodesia", in Arrighi and Saul, eds., *Essays on the Political
Economy of Africa*, New York, 1973, pp. 180–234. 其他关于南非原始积累的研究包括
Charles van Onselen, *Chibaro*, London, 1976; Colin Bundy, *The Rise and Fall of the
South African Peasantry*, Berkeley and Los Angeles, 1979; Maud Muntemba, "Rural
Underdevelopment in Zambia: Kabwe Rural District, 1850−1970," Ph.D dissertation,
University of California, Los Angeles, 1977; and Charles Perrings, *Black Mineworkers in
Central Africa*, New York, 1979。

第五章 欠发达的隐蔽之处   327

分配法案》（Land Apportionment Act）以及非洲人和白人的玉米价格体系分离的制度化，巩固了这些趋势。越来越多的非洲人被迫进入劳动力市场，出卖其劳动力以获得工资，工资的计算基础是维持单个工人在城镇的生活。孩子、老人、病人和失业者在农村的保留区里生活。直接生产者的维持和劳动力量的更新，这二者之间的连接通过移民劳工系统得到保障，该系统的基础是工人在城镇获得有限的居住权、向农村汇款以补充那里贫乏的生计。

北罗德西亚（Northern Rhodesia，今赞比亚）的故事与此相似。当大不列颠南非公司（British South Africa, BSA）1889年接手对这一领地的管理时，它从英国政府得到了开发所有可得资源的权力。尽管在矿产上所得寥寥，但是 BSA 打开了面向国际市场的大门，并发展了促进贸易的基础设施。直到20世纪中期，铜矿才开始间歇性地开采，当时，地下富藏的硫化矿的发现和新的加工技术使得商业开发成为可能。到那时北罗德西亚已成为南罗德西亚、南非以及 1910 年之后的加丹加省（Katanga）的矿业和工业劳动力储备区。为了促进劳工招募以及增加它自身的收入，BSA 公司早在 1900 年就开始对非洲人征税。1902 年，它 60% 的行政收入来自于此。[1] 和非洲南部的许多其他地方一样，非洲人对税收的反应是为市场生产食品。他们开始为北罗德西亚和加丹加省不断增长的

218

---

[1] Carolyn Baylies, "The State and Class Formation in Zambia", Ph.D dissertation, University of Wisconsin, Madison, 1978, p. 148.

城市人口供给玉米。由于担心劳动力流向南部，BSA 公司开始将铁路沿线最肥沃的土地转让给白人殖民者。这一做法和其他优惠政策一起，削弱了非洲农业相对于欧洲农业的竞争力，迫使更多的非洲人流向劳动力市场。到 1921 年，约 41% 的健壮男性为了工资而工作，他们中间几乎所有人都在领地。[1] 当然，这些流动劳工会周期性地返回到他们的村庄并最终在那里定居。

随着 BSA 公司将大量资本引入到北罗德西亚，它制造了新的阶级：殖民白人农场主、贸易者和技术工人，他们的利益与 BSA 公司严格的利润标准相对立。此外，本土的流动工人阶级和农民生产者阶级的兴起，要求一个国家行政机构的出现。然而，作为宗主国资本的一个工具，为了对股东负责，BSA 公司不能对这些利益做出回应，而这些利益对于它在领地的发展非常关键。因此，在资本主义进一步发展的过程中，BSA 公司确保了自身的灭亡。1924 年，它被殖民行政的一个更稳定的形式所替代，这一形式从属于殖民办公室（Colonial Office），在某种程度上对本土阶级和殖民者阶级做出回应。[2]

1920 年代末，当北罗德西亚铜矿业开始商业化时，殖民行政对其实施谨慎的政策。行政当局不愿切断或者控制劳工向其他领地的流动，因为国家收入依赖于非洲劳工向非洲南

---

[1]　Baylies, *The State and Class Formation in Zambia*, p.123.

[2]　我在这里追随了贝利斯的重要论述，同上书，第二章。

部和中部的其他雇佣中心流动。[1]除非铜矿业能证明它们自身的活力，否则行政当局不会给予优先权。但是，在矿场和白人殖民群体的压力下，行政当局确实在 1929 年建立了一个储备系统，既增强了对白人农场主的保护，又为铜带省创造了劳动供给。当 1931 年大萧条来到时，铜价从 1929 年的每磅 24 美分降到 1931 年底的 6.25 美分，减产使得非洲矿工人数从 1930 年 9 月近 32,000 人的巅峰数字减少到 1932 年底的不足 7000 人。在其后的几年间，由于定价政策给予白人农场主实质性的垄断权，非洲农民在食品生产上面临更大的障碍。因此非洲人越来越依赖于工资劳动，许多人在铜带省找到工作，那里的工业在二战之前以及二战期间曾迅速扩张。

让我们现在回到阿里吉所说的劳动供给的第四个阶段，该阶段以跨国公司及其资本密集型投资的兴起为标志。阿里吉认为其结果是半技术的、"稳定的"工人代替了非技术的流动工人。跨国公司以其更高的工资鼓励家庭的流动，一类"贵族"劳工开始形成。在此，阿里吉与生产的隐蔽之处最为接近。他用"资本的逻辑"说明大公司的资本密集技术。尽管他的主要论证围绕着技术考量、管理专业知识以及国际资本的财务资源展开，但他确实提出机械化劳动过程的技术要求：半技术和高水平的人力更适合殖民地的劳动供给。然而，这样一个"资本逻辑"的论述，却没有关注殖民地情境塑造该逻

<hr />

[1] Elena Berger, *Labour, Race and Colonial Rule*, London, 1974, chapter 3.

辑的不同方式。因此，阿里吉对于罗伯特·鲍德温（Robert Baldwin）的下列宣称不屑一顾：二战后，在铜带省工作的非洲人和欧洲人的工资，"由于垄断行动，被提高到大大高于吸引实际雇佣人数所必需的水平。这一工资政策的后果，是在铜带省的城镇创造了失业条件（尤其是在非洲人中间）以及行业中广泛的机器替代人力的现象"。[1] 相反，阿里吉接受了通常的观点：流动工人参与有效的产业斗争的能力有限，并认为二战后形成的非洲人工会"在提高工资和机械化的螺旋进程中扮演着依附性的角色"。[2]

在阿里吉的分析中，第四阶段代表了一个奇特的焦点转换，从关注生成劳动力**供给**的**政治**机制转到关注劳动力**需求**背后的**经济**力量。在前三个阶段，国家刺激和强迫原始积累，但是在最后一个阶段不再如此。由于在分析中遗漏了国家干预形式的变化，阿里吉未能注意到，组织原始积累的殖民国家已经让位于"后殖民"国家，后殖民国家所关心的是对资本主义扩大再生产进行调节。政治独立的正式宣告可能发生在这一转换之前，也可能在此之后。如果殖民国家不主要关注资本的扩大再生产，那么其结果并非扩大再生产不会发生，而是替代性的制度接手了其管制。稍后我们将看到，替代性

220

---

[1]　Robert Baldwin, *Economic Development and Export Growth*, Berkeley and Los Angeles, 1966, p.105.

[2]　Arrighi and Saul, "International Corporations, Labour Aristocracies, and Economic Development in Tropical Africa", *RI Rhodes*, 1970, p.124.

制度是指企业国家机构（apparatuses of company state）——
南部非洲矿场的矿区系统（compound system of mines）*，它密
切监督着非洲工人的日常生活。

阿里吉分析的更深层弱点在于，他只在跨国公司统治的最
后一个时期引入了劳动力需求。在前三个时期，他没有关注
非洲农民流入的工业和矿业的劳动力需求，因此未能看到资
本积累的要求塑造无产阶级化的方式。接下来我们将转向这
一点。

3. 劳动过程与殖民遗产

查尔斯·佩林斯（Charles Perrings）关于北罗德西亚和加
丹加省矿工的卓越研究超越了阿里吉，他持续地用资本积累
的条件解释劳动力供给。佩林斯表明地理限制、技术水平和
铜价如何决定一家矿企生产技术的范围。因此，各矿企的劳
工战略主要由具体的生产技术条件所决定，而不是被管理风
格、主管的国籍或公司政策决定，正如之前所论。

北罗德西亚和加丹加省非常不同的矿体规模导致了不同类
型的矿企：在加丹加省的矿企通常露天开采，而在北罗德西
亚的矿企则是地下作业。这直接影响到对劳工的要求，地下

---

* 本书中的 "mine" 译为 "矿场"，主要指矿山和矿井等工作场所；"compound"
译为 "矿区"，主要指矿工的生活区域。

开采更为艰苦和危险，要求更高的技术。因此，在加丹加省，不大存在工人流失的问题，这也使得加丹加省高级矿工工会（*Union Minière du Haut Katanga*）要求在矿区安置矿工及其家人以便长期雇佣的建议更为可行。但是北罗德西亚的地下条件使得非洲人只能承担相对短期的工作。这限制了任何稳定性的政策，尽管不同的矿企情况有所不同。地下作业要求更高的技术水平，这将更多的白人工人吸引到铜带而不是加丹加省，法郎的贬值使得吸引白人矿工从贫瘠地区到刚果非常昂贵。因为白人劳工的存在，非洲人在铜带省从事技术或半技术的工作受到强有力的阻碍；但是在加丹加省的"非洲人进步"（African Advancement）行动要求大量的培训投资，这进一步使得管理层偏好稳定劳工的政策。向潜在的非洲人矿工提供的选择，对于两个地区形成不同的劳工战略也很关键。尽管在北罗德西亚，殖民农场主已经接管了食品生产，迫使非洲人进入劳动力市场，但是在加丹加省殖民农场主的缺乏使得非洲人可以为矿场生产经济作物。这导致了劳工短缺的再现，从而激励矿场改善工作条件并进行货币补偿，以及引入稳定政策以促进对工资劳动的更深投入。

佩林斯认为，地理条件和技术知识对生产技术、机械化水平等施加了限制。劳动供给的特点和无产阶级化的形式不仅仅由盛行的生产技术所决定，也对其进行选择。与阿里吉不同，佩林斯一直将资本积累的问题作为理解无产阶级化过程的出发点。但是，跟阿里吉一样，他将劳动过程简化为引致相应技能要求的生产技术。这样，他便混淆了劳动力和劳动过程。生产或者招募一种特定类型的劳动力是一回事，将劳动力转化为劳动是另一回事。劳动过程涵括了关系和实践，实践必须被规制，因而需要特定的用以控制的政治机构。这些又依赖于特定的国家机构的存在。佩里斯将资本积累简化为具有经济效率的生产技术，忽略了进行政治规制的生产机构。他将资本的要求简化为劳动力的再生产，排除了劳动过程中关系的再生产，即生产中的关系的再生产。

说过这些之后，我们立刻遇到一个方法论的问题：我们如何考察这些生产中的关系及其规制的方式？不幸的是，我们没有关于劳动过程的丰富的案例研究，而这却是欧洲和美国工业社会学的遗产。事实上，殖民期间关于工作组织的数据基本上不存在。我们必须依赖于传闻、在调查委员会面前作证的偶然评论或者参与者的回忆。因此，以下内容，只能算是对新领域的首次登陆。

殖民劳动过程的重建，其基础是我自己以及三位赞比亚学生在 1971 年对一家赞比亚矿企的参与观察和访谈，当时赞比亚政治独立已经七年。我们工作的矿企是集中在铜带省的六大矿企之一，位于赞比亚西北部，与扎伊尔（Zaire，今刚果）相邻。在 1971 年，大约五万人被六家矿企所雇佣。在五万人中，20% 为外籍人员（expatriate），他们通过肤色歧视（colour bar）原则持续控制着矿企：黑人不能对任何一个白人实施权威。外籍人员的收入是赞比亚矿工收入的六倍，赞比亚矿工的收入是其他赞比亚工业工人收入的两倍。

　　依据铜业总体生产情况，我们可以描绘三种类型的操作：矿石的实际挪移，将矿石加工为精炼产品的过程，以及各种为保障采矿的整体性运作所必需的服务和基础结构工作。为了对概括提供一个更坚实的基础，我们将首先选取铜矿石加工的劳动过程，然后从服务部门选择一个劳动过程，最后考察矿场的工作条件。

铜阳极（Copper Anodes）

　　工人之间的关系越多地受限于技术，他们就越少可能受到政治政体变迁的影响。第一个待考察的工作情境——铸造铜阳极，按照生产线的原则被组织起来；但是第二个工作情境——铺轨，则涉及个体监督下的群体劳动，在关系和活动上受到的技术限制很少。

　　冶金厂（smelter）的铸造部门将融化的冰铜转化为阳极（anodes）以运往精炼厂（refinery）。冰铜从熔炉中被倒进一个大"勺"中，大勺由一个坐在升降平台上的"笼子"里的铸工操作。铜进入模具之后，从水冷却器下经过。然后拖工（lug man）将固定铜阳极的"妨碍物"移开。再后，去模工（take-off attendant）用一个机械装置将阳极取走，该装置抓住阳极的角将之从模具中提出。之后，辅助工（additional operators）清洁模具，并在冰铜再次倒入之前将模具装好。

　　阳极轮（wheel）不同于流水作业线，其速度由操作员自

223

己控制。尽管铸工实际上操作着轮子，但是去模工却指挥着速度，当他感到疲倦时，他会将这个信息传递给铸工，然后铸工或者降低轮子的速度或者暂停以休息。如果铸工不打算与去模工的需要保持一致，去模工能够允许一个阳极通过，轮子因此必须停下来并倒转。

在1971年，所有的工人都是赞比亚人。他们在工作中的关系主要由其在生产过程中的岗位所支配。蒸汽和噪音使得交流很困难，操作工们精心发展出一套符号语言，以交流模具的状况、将出现的工头、他们在夜间的活动以及任何他们想交流的事情。主要的冲突发生在去模工和铸造工之间，冲突的焦点是轮子的速度。资历最深的操作工是铸造工，该岗位原来由一个欧洲人把持。大概在此岗位赞比亚化之前，铸造工单方面地决定轮子的速度，其他的操作员如去模工、模具清洁工、模具安装工、拖工和"勺子"护工（spoon attendant），不得不尽力跟上节奏。在1971年，铸造工再也不能利用任何殖民地位以将其意志强加给其他工人。事实上，他现在受到他们的控制。从殖民到后殖民的生产中的关系的转变，导致了劳动过程中岗位间权力关系的逆转。

尽管铸造阳极的技术非常契合殖民生产中的关系，但是在后殖民社会里，它却导致了操作工之间的摩擦，摩擦妨碍了技术的运作。工人而非管理者现在控制着机器的速度。技术不是中性的：它是工作现场内外现存的政治关系的产物。人们或许会说，殖民技术在后殖民技术中的存续破坏了管理控制。如铸造阳极的例子所示，赞比亚化促进了向后殖民生产中的关系的转变。赞比亚铸造工不能再要求管理层的支持以维持殖民情境下的权威等级。即使监督岗位没有被赞比亚化，也会出现类似的情况，正如我们以下的例子所示。

铺轨（Tracklaying）

铺轨是矿场工程部的一部分。包括铺轨在内的运输部门，保障着各种传动轴和设备所需原材料的供给。轨道大约有 40 英里长，六组人员提供服务。每一组包括六个男人和一个领班，领班对一名赞比亚助理工头负责。助理工头受到一名外籍电镀工头的监督，电镀工头则向一个部门经理汇报工作。每一组负责维持一定长度的轨道，各组在遇到紧急情况或有重大工作任务时会一起工作。

班组必须维护旧轨道并建设新轨道。维护工作包括寻找破碎铁轨、清洁、为节点抹油和替换磨损铁轨。在替换或者铺设新轨道时，最重要的任务是提起和填塞（packing）铁轨，确保它们的高度和倾斜度准确无误，尤其是与平行铁轨的相对高度。轨道的升高或降低，是通过在枕木下"填塞"或多或少的压载物小石头来达成的。这是一项费力的工作，在每一班次（shift）中，工人需要举起和填塞约八段枕木。建设新轨道包括切割和弯曲轨道到适合的大小和形状，将枕木与铁轨连接，以及最困难的工作：将轨道嵌入到正确的位置。每码 91 磅，这可能需要 30 个男人全力以赴。简言之，所有的铺轨任务都是劳动密集型的，大多数任务极为艰巨。班组成员之间的合作很重要。

在 1971 年，班组是工人建立和实施工作规则的自我管理群体。通过使用多种多样的机制，白班工人持续地限制产出，以便能够加班，以及有时能在周日工作；为了应对管理层对加班的削减，他们限制产出直到产出不得不恢复的程度。当较年轻的工人过于努力地工作时，年长的工人教导他们慢下来；如果冲突爆发，年长工人就会利用其巫术（witchcraft）力量将恐惧逐渐灌入到资率破坏者那里。部落诋毁（slurs）经常被用来将工人带回到由有经验的工人所制定的规范中，因此群体得以统一面对领班（ganger）。

班组调动资源反对领班，这比他们彼此反对更为常见。当督工（supervisor）对其从属施加过度的压力时，年轻的工人开始用英语争辩，领班很难听懂。必要的时候，他们也使用英语使工头詹姆士相信他们并没有错（詹姆士只会说英语）。当领班试图以不守纪律的罪名控告工人时，他们比那些受过教育的年轻工人处在更弱势的位置。年长的有经验的工人，会用更强大的巫术威胁领班。通常车间干事（shop steward）会介入争斗并威胁将争斗带入工会。工人还挑拨领班之间的关系，他们诽谤那些试图仿效殖民老板的领班，对那些监管不严的领班则赞誉有加。

劳动过程的组织使得领班的位置很不稳定。铺轨依赖于几名非技术工人的合作。管理层或者通过军事化的惩罚系统，或者通过基于某种奖金形式的工资系统对群体进行管制。在赞比亚，殖民时代的强制系统让位于没有激励计划的后殖民生产中的关系。在殖民生产中的关系下，白人工头和助理工头通过使用强制性惩罚，实施严格的控制，那时即使是黑人领班也比在1971年有更多的权力管理其组员的产出。

在从殖民到后殖民生产中的关系的转变中，工头仍然是外籍人员，但是他的权力大大削弱。独立若干年后发生的一场事件使得这一转变陷入困境。1969年，外籍工头马歇尔，绰号"卡夫莫"（*Kafumo*，因为他的大肚皮），因其种族主义和侮辱性行为受到铺轨工人的攻击。他那时仍旧试图维持殖民生产中的关系。所有的铺轨班组罢工，联合国家独立党人和工会官员都介入了，工人们直到马歇尔·卡夫莫被替换之前拒绝复工。助理工头詹姆士也是外籍人员，他接手了马歇尔的职位。鉴于从此事件中学到的教训，詹姆士表现得比较温和，这为他赢得了"波利波利"（*Polepole*）的绰号，意思是"容易"。但是，面临反抗的工人，他的温和使得他的赞比亚助理以及领班的位置更显脆弱。他们几乎没有什么制裁措施来打击对产出和加班进行分配的集体管理。如果工人无所事事，在丛林中休息或进行热烈的政治讨论，领班或者站在一边观看或者干脆自己干活以发泄愤怒。

殖民生产中的关系不能被后殖民的管理权威系统再生产，在这种情况下，这些关系被斗争颠覆了。一套新的关系被引入，尽管工头仍然是白人。正如赞比亚铸造工不能再利用管

226

理方的支持强迫去模工服从，同样，"波利波利"也不能对铺轨班组强加工作规范。不论督工是何肤色，基于种族支配的旧管制形式不再站得住脚了。因此，和铸造阳极的情况一样，铺轨班组中的工人增强了他们对劳动过程的控制，这是"殖民专制主义"政体下劳动过程组织方式的结果。

4. 殖民专制主义的兴衰

殖民主义下工业生产的不同之处并不在于劳动过程，因为同样的生产中的关系在其他政治和经济条件下也能够轻易发展起来。[1]调整生产中的关系的特定机制——矿场独特的政治机构是区别所在。我将这种形式的生产政体称为殖民专制主义：之所以是专制的，是因为强制压倒了同意；之所以是殖民的，是因为一个族群通过另一个族群不承认的政治、法律和经济权利施行统治。这非常不同于 19 世纪英国的专制主义，在那里强制生发于市场的经济之鞭。尽管殖民劳动力市场显然存在，但非洲人的生存不依赖于出卖劳动力，因为他们总是有途径在农村获得一些生存物资。独裁的"布瓦纳"（*Bwana*），即白人老板，实施的专权性权力，是基于对工作之外的生活的控制。在这些生产机构背后，一个公然而明确的

---

[1] 比较殖民专制主义下的劳动过程和奴隶制下的苏格兰煤矿劳动过程将是非常有趣的工作。

种族主义是组织的原则。[1]

殖民专制主义

白人老板对非洲矿工所施加的权力的性质为何？身体暴力是常规而非例外，在早期尤其如此。这甚至被罗素委员会（Russell Commission）记录下来，该委员会本来试图粉饰激化 1935 年铜带省罢工的条件。根据一家矿企的纪律记录，乔治·昌西（George Chauncey）得出如下结论：

> 尽管早年间，在矿区身体暴行频繁发生，但是在地下矿井，身体暴行普遍作为工作纪律强制实施。在遵行命令时若有任何不敬、迟缓的迹象，或者工作不当，都要受到惩罚。一名绑扎工人（lashing worker）在 1934 年写道："我们绑扎的材料冒烟了，于是我去附近洗洗脸，但是我走开的时候，我的白人老板在我脸上打了两下，踢了三下，我倒在地上…… 白人老板递给第 8590 号一个长带子，让他打我。"另一名工人在 1935 年写道，他的督工指责他太慢，之后便抽打他。"我把一台机器带给白人老板，但是他说我拿错了，他不需要这个。白人老板很生气，用靴子踢我，把我弄伤。"在罗恩安替洛普

227

---

[1] 这甚至可以从矿区系统的一个实践者的叙述中得到确认：F. Spearpoint, "The African Native and the Rhodesian Copper Mines", supplement to the *Journal of the Royal African Society*, vol.36, July 1937。

（Roan Antelope）档案馆中，一个文件包括上百个这样的例子。[1]

虽然在可视度高的矿区，暴力很快就消失了，但是在矿场，尽管负责调查不满的"本土督工"被引入进来，暴力还是很普遍。非洲人更可能一起离职，而不是冒险控告其白人老板。而且，虽然存在少数明显的例外，但是管理层一般不愿意惩罚那些被控告施行暴力的欧洲人老板。

白人老板还控制着一个奖金和罚款系统，这进一步增强了他们的权力。他们把所谓的效率奖金分配给那些顺服和合作的工人，对其他工人则施以罚金，指控他们不服从、酗酒、工作中睡觉、懒惰或者旷工。付酬的"票据"（ticket）系统进一步打开了权力滥用的渠道。非洲人只有在完成了一个票据之后才会被付酬，而这需要40天内（通常是五个六天制的工作星期）完成30个班次。完成票据之前离开矿企，意味着收入被没收。该系统鼓励工人在每一个可能的班次上工作，甚至在周末工作，以便将支付日提前。[2] 直到1930年代中期，

---

[1] George Chauncey, Jr., "African Work Culture, Resistance, and the Evolution of Management Strategy for Labour Control in the Zambian Copperbelt, 1925-1945", paper presented to the Southern African Research Program, Yale University, 29 November 1979, pp. 12-13. 亦可参见 Jane Parpart, "Labour and Capital on the Copperbelt: African Labour Strategy and Corporate Labour Strategy in the Northern Rhodesian Copper Mines 1924-1964", Ph.D dissertation, Boston University Graduate School, Boston, 1981, pp.98-99.

[2] Chauncey, *op.cit.,* p.16.

如果欧洲人督工拒绝签署票据，工人就将失去一天的收入以及这天的口粮。[1] 白人老板还能够操纵地下作业的安危，以从他们的非洲工人那里获得积极的默从。"在这种情境下，公司提出的各种各样'安全第一'计划可以被看作服务于双重目的：鼓励安全工作习惯，以及强调遵守命令的重要性。公司让第一天地下作业的工人经过最危险的区域，以此强调工作环境的危险以及偏离督工监督区域的危险。一旦在地下，督工就对工人有巨大的权力。在矿井的许多黑暗坑道中，没有电灯，督工之所以有巨大的权力仅仅因为他们是唯一有提灯的人。"[2] 不仅如此，欧洲人督工对于给其班组中的工人分配安全还是危险的工作具有完全的裁量权。

企业国家的兴起

在 1920 年代末，矿场中的建筑工作正处于巅峰期，许多劳工通过转包商被招聘和控制。白人老板的专制出现于 30 年代早期。但从那之后，一些白人老板的权力开始收缩，权力被集中到矿区办公室。生产现场的支配与矿企对矿工居住的矿区的控制相互关联。除了现金联结、任意解雇以及奖金与

---

[1]　Chauncey, "African Work Culture, Resistance, and the Evolution of Management Strategy for Labour Control in the Zambian Copporbelt, 1925-1945", p.16. 另见 Parpart, "Labour and Capital on the Copperbelt", Ph. D dissertation, Boston University Graduate School, Boston, 1981, p.67。

[2]　Chauncey, *op.cit.*, p.17. 另见 Perrings, *Black Mineworkers in Central Africa*, pp.202-203。

罚款制度之外，工作之外的生存越来越多地与工作中的从属性联系在一起。在三四十年代，非洲人生活所有方面的管制归属于"企业国家"，"企业国家"由矿区经理进行人事管理，他作为最高独裁者在矿场和矿区统治着那些"土著"。

矿区系统改自于南非，在那里该系统首次于 1880 年代在金伯利（Kimberley）钻石矿企中被开发出来。在南罗德西亚以及其后在北罗德西亚铜带省，南非系统的一个更开放、监督更松散的版本被采用了。[1] 在南非，单身黑人矿工被囚禁于一个类似军营的体系中，但是在铜带省，他们有更大的活动自由，30% 至 60% 的矿工与其直系亲属分享他们狭窄的住处。[2] 其中一家矿业公司罗恩精选托拉斯（Roan Selection Trust）鼓励工人与妻子共住，理由是"一般来说，女人制造麻烦，但是麻烦会被她们对丈夫的照看所抵消。我们发现女人在场会给男人一种责任感，因此他对于制造一些愚蠢的麻烦从而使其工作岗位陷入困境会有所迟疑"。[3] 由于口粮分配根据的是与工人同住的经证实的亲属数量，而且已婚工人的小屋比单身工人的要大，这些稳定化措施产生的好处引致了更

[1] Van Onselen, *Chibaro,* London, 1976.

[2] Parpart, "Labour and Capital on the Copperbelt", Ph. D dissertation, Boston University Graduate School, Boston, 1981, chapter 2; Perrings, *Black Mineworkers in Central Africa*, chapter 7.

[3] Spearpoint, "The African Native and the Rhodesian Copper Mines", *Journal of the Royal African Society*, vol.36, July 1937, p.38. 正如简·帕帕特（Jane Parpart）和佩林斯都清楚说明的那样，不同级别的稳定化反映了不同的矿体和生产技术，参见 Parpart, *op.cit.*, pp.48–51。

高的经济成本——北罗德西亚铜矿公司能够承受，南非金矿企业却不能，那里的边际利润通常要低很多。因为工人一旦被解雇，就自动失去了他们在矿区的住处，所以这一系统增强了他们在工作中的依附性。

矿区系统方便了对工人施以近乎极权主义的监督。矿区办公室通过矿警对工人的活动密切监视。当一名矿工被报告缺席，矿警就会出动去寻找他。[1] 游客被要求向企业登记，半夜会有逐房搜查，任何人如果没有护照就会被逐出。在几次尝试失败之后，企业设计出一个招人反感的鉴别系统。"他们将带有编号的金属手环固定在每名工人及其矿区亲属的手腕上。'票据和鉴别证书能够被盗，或者送给朋友，'一名矿区经理指出，'但是带有矿企编号的手环都是用 ACME 紧固件固定的。'通过手环，警察能够一眼就将游客和工人区别开来，并且能够立刻识别和确定任何破坏企业规则的人的编号。工人憎恨这一系统，他们试图扯掉手环，这成为他们被解雇的最常见的原因。'我们自己不能去掉它，'一名工人回忆道，'我们睡觉戴着它，工作戴着它，死也戴着它。'"[2]

矿区经理还使用部落长老系统以使自己能够获悉在矿区发生之事以及可能的骚乱或者罢工。部落长老是居住在矿区

---

[1] 关于警察在劳动控制中的角色，参见 Parpart, "Labour and Capital on the Copperbelt", Ph. D dissertation, Boston University Graduate School, Boston, 1981 pp.64–70。

[2] Chauncey, "African Work Culture, Resistance, and the Evolution of Management Strategy for Labour Control in the Zambian Copperbelt, 1925–1945", paper presented to the Southern African Research Program, Yale University, 29 November 1979, p.26.

内的各部落中受人尊敬的代表，他们为城市中非洲人之间的争端进行裁决，定期接受管理层的咨询。[1]然而，1935年和1940年的罢工，戏剧性地证明部落长老在调解产业关系方面是无效的，他们对于社会控制的实施也并不可靠。对管理层来说，两次罢工都出其不意，因为它们是由非洲人建立的协会组织的，这些协会独立于矿区管理者及其线人网络。尤其是在1940年的罢工中，部落长老作为工人的代表被推到一边，在穆富利拉（Mufulira），矿工们选举了一个主要由"老板男孩"组成的谈判委员会，这些老板男孩是欧洲工人的监督助理。

由于矿区系统背后的家长制推力，企业将其控制范围扩展到娱乐活动中。为了对喝啤酒进行管制，它们建造了啤酒馆，并将家酿酒定为非法。它们鼓励舞蹈学会、监管宗教团体。但是矿区的形式以及企业的"团体"（corporate）劳工战略巩固了矿区的单一结构，并鼓励了阶级意识的发展。[2]更稳定和有技术的工人只有通过动员无技术和临时性的流动工人才能够在工业环境中追求他们的利益。进一步说，矿区对工人阶级跨越民族、语言、技术、有时甚至是种族边界以形成团结起到了强大的促进作用。非洲人变得很擅长塑造他们自己

---

[1] 见 A. L. Epstein, *Politics in an Urban African Community*, Manchester, 1958。

[2] 在此我追随了帕帕特的令人信服的分析，此分析反对官方观点，即将早期非洲人罢工归咎于外部的独裁者和危险的千禧年运动，也反对更学术化的观点，即强调本巴（Bemba）部落领导权的重要性或者两种生产方式的双重依赖的效果。

的文化制度来满足阶级意图。因此，姆贝尼舞蹈学会（Mbeni Dancing Society）和瞭望塔运动（Watchtower Movement）成为政治基础，从这里生发出反对企业的斗争，尤其是罢工。在没有合法的抗议渠道和工会一类的产业斗争机构的情况下，企业要想控制这些秘密的颠覆性制度非常困难。

矿工创造一个属于他们自己的世界的能力限制了企业国家的直接监督。雇佣期限也有同样的作用。尽管矿企通过允许长期服务以及建造已婚工人住宿区来鼓励工人队伍的稳定，但是他们并不鼓励无产阶级化，即工人切断所有与乡村的连结。虽然黑人矿工的日常维持在企业国家的指导下发生，但是劳动力的补充——制造和招募新的矿工以及照顾老人——却在村庄发生。矿场和殖民当局都不打算承担无产阶级化的政治和经济成本。因此，面向工人的教育供给和健康服务付诸阙如，一旦工人离开矿场就得不到退休金。[1]大部分工人，为了经济安全，不得不通过频繁返乡和汇款来维持与其家乡的联系。

企业国家的衰落

1935 年和 1940 年罢工之后，企业国家的至高地位受到质疑。殖民办公室调查了枪击非洲人事件，并积极推动在殖民

---

[1] 矿企采用了一系列的策略鼓励没有无产阶级化的稳定化。工人被允许长期离开，而不至于失去工作，甚至可以休无薪假。给退休工人的退休金足以使得工人在农村经济中过得舒服，但是不鼓励他们留在镇上，那里生活成本要高很多。见 Baldwin, *Economic Development and Export Growth*, pp.138–139。

政府内部建立一个劳动部门。[1]北罗德西亚殖民当局反对建立这一机构，担心它会毁坏政府和矿场之间在各自影响范围内的协议。福斯特委员会（Forster Commission）对1940年的罢工进行了报告，也强调了黑人矿工的不满，不仅包括工资和工作条件，也包括"非洲人进步"这一爆炸性主题。

1936年，白人矿工组成工会以保护他们对某些工作的垄断。战争期间，北罗德西亚矿工工会能够胁迫企业拖延时间。但在1947年，殖民办公室派遣工会会员比尔·科姆里（Bill Comrie）建立非洲人工会，1948年各矿企被迫合作建立第一个非洲人矿工工会。随着发展壮大，该工会逐渐采用激进策略，在1952年、1955年和1956年发起罢工，主要目标是增加工资，另一个原因则是企业认可它的一个竞争对手，即矿场非洲人员工协会（Mines African Staff Association）。任何这类认可都将在黑人矿工中间引起阶级分化，从工会中夺走许多领袖。

所有这些发展侵蚀了企业国家的至高权威。白人老板不再能够任意决定工资或者解雇工人。矿区里的生存更少与矿场中的生产率直接关联，对劳工流动的管制放松了。现在的问题不是稳定，而是充分的无产阶级化。由于城镇中的机会增多，工人变得不那么屈从于白人老板的心血来潮了。

在这些条件下，矿区官员不再可能成为矿区和矿场唯一

---

[1] Berger, *Labour, Race and Colonial Rule*, chapter 5.

的权威。矿区生活被吸收到更广泛的城市环境中，工作和休闲之间的界限形成了。企业国家不得不崩溃，1955 年矿区办公室分为两个部门：产业关系部门控制着雇佣和解雇，在所有的纪律问题中扮演法官和陪审团的角色，并且负责发放贷款；社区事务部对居住、福利、娱乐和矿区生活的其他方面加以组织。两个部门都由白人官员把持。在镇区，非洲人一直由部落代表所代表，直到 1953 年这些被废除。在矿场，他们被工会官员所代表，尽管发展出一个积极的车间组织尚需时日。[1]

产业关系的官僚化

企业国家的分裂和矿工工会的兴起，重新塑造了生产中的关系的再生产以及斗争被规制的机制。[2] 黑人劳工从白人老板那里遭受的最严重的虐待被根除了，驻扎在工地上、负责非洲人人事工作的白人官员，在对黑人劳工的控制上更加积极。但是，对雇员的歧视性对待和殖民生产中的关系仍然很明显，因为有一个单独的部门欧洲人事官员处理欧洲劳工问题。只有在 1962 年，两个职位才合并为一个部门人事官员。

随着独立趋近，矿企开始筹划加速"非洲化"或赞比亚化

232

[1]　非洲矿工工会自上而下组建。高度集中化，提案来自领导，反映了采矿运作中的集中化。引入申诉机制和工会干事系统的尝试直到 1963 年前都是失败的。

[2]　这部分的内容基于对一个矿场人事部门两年时间的详细研究。方法包括参与观察和非参与观察，以及对人事职员和生产管理者的大量访谈。

的进程，人事部门首当其冲。因此，许多年轻的赞比亚中学毕业生得到雇佣，他们和人事部门更有"前途"的非洲人一起，接受培训以适应新的岗位。然而，直到 1966 年即独立后两年，在卢萨卡（Lusaka）的总公司才开始指示赞比亚化的速度。1967 年，社区事务部和产业关系部合而为一，由一名白人人事经理领导。部门被重组，因此人事经理成为"员工发展顾问"，这是一个新创立的用以照顾外籍人员、推进赞比亚化、提供培训和人力服务的职位。一个赞比亚人担当人事经理并对产业关系负责——因为产业关系影响到赞比亚雇员，他也负责乡镇的社区事务。

这一重组大大削减了人事经理的权威。现在，他的职责范围只限于非洲工人，他丧失了对人力服务、培训、工作研究，以及对公园和花园之类附属物的控制权。地位的降低反应在人事经理对矿场经理的附从，以及他不再能直接接触总经理这一点上。员工发展顾问是一名代理人事经理，他能够直接接触总经理，并经常被咨询一些本应是人事经理职责范围内的事务。在公司层面，新的人事经理也失去了地位。先前，两家矿业公司不同矿场的人事经理一起制定政策，并参与与各工会的行业谈判。现在，集体产业关系经理这一新职位被设立以履行该职能，一名外籍人员占据了这一职位，大多数情况下他之前就是人事经理。

按照计划，当赞比亚人事经理重新吸收一些旧人事职能的时候，员工发展顾问将被逐步淘汰。尽管 1971 年员工发展顾问的职位去除了，人事部门仍然很薄弱，因为顾问的大多数职能被移交给了其他部门。

人事经理权力弱化，且难以得到信任，这削弱了他解决冲突、影响产线管理以及应对工会和处理工人不满的能力。人事职员现在成了办事员，他处理纪律事件、请假申请、着装要求、参与工会工作委员会和安全会议。对雇员实施制裁、罚款、批准贷款和处置其他资源的权力被收回了。

关于人事部门的贬值存在许多解释。在整个矿业，赞比亚化的发生没有颠覆肤色歧视的原则，即白人不能从属于黑人。所改变的是肤色歧视的岗位，而且在那时这种改变通常也只是形式上的。新的工作岗位被创造出来以安置被取代的外籍人员，而且继任老工作的赞比亚人没有从他的外籍督工那里得到其白人前任所得到的支持，因此不能对下属拥有同样的权威。很多情况下，资源被从赞比亚继任者那里正式收回。简言之，监督权威的贬值存在于赞比亚化过程之中。

在人事部门，赞比亚化尤其迅速，那些负责培训新职员的人正是那些失去其工作的人。他们对于无利可图的工作没有积极性，经常提拔他们的翻译担任明显不适合的职位。人事经理的迅速接替为外籍管理者攫取人事部门的许多基本职能提供了合法性。这进一步弱化了赞比亚人事经理的权力，他变得更加依赖于外籍管理者。同时，继任者和其白人督工之间的敌意在两者之间制造分裂，这使人事经理变得被动和孤立。

人事经理明显的没骨气使得人事职员们的生活变得困难——这反过来又在部门中造成分裂，分裂通常投射在部落主义的习语中（idiom of tribalism）。人事职员非常在意其作用的弱化以及来自产线管理者的轻视。赞比亚工人也很快发现了这一点，因此对于人事职员和产业关系职员没有信任。简言之，赞比亚化的机制、肤色歧视的保留、进程的迅捷、赞比亚人人事（Zambian personnel）——这几项对外籍人员构成的威胁，以及外籍人员向上重新分配管理权威的机会，所有这些加在一起，削减了那一部门相对于其殖民前任的权力。

矿场政治机构能力的缩水以及通过规则进行行政管理的发展，也削弱了工会官员的地位。虽然殖民专制主义衰落了，但是工会日常应对的官僚机构仍旧保护着权力的中心，而权力中心已经转移到矿场组织的更高层，比如在基特韦（Kitwe）的集体产业关系经理，甚至是在卢萨卡的产业关系领袖。为了对付这些权力，更为激进的行动，比如罢工或退席（以示抗议），都是必要的。但是这将招致国家直接的、有时是镇压性的干预，我们在下一小节将看到这一点。没有工会官员会公开支持这样一种策略。

毫不奇怪，工会领袖将他们因失去权力而产生的怨恨指向产业关系机构中的赞比亚代表。人事职员被贴上"傀儡"的标签，他们被认为向白人管理者出卖赞比亚同胞。工人也持这一观点。赞比亚人还不习惯于根据阶级来划分种族群体的后殖民生产政治。尽管人事职员，包括人事经理自己，对外籍管理者颇为仇恨，但他们发挥的作用将其置于与工人和工会领袖明显对立的位置（与工会领袖对立的程度要轻一些）。或许是为了强调其新职位，人事职员开始采用一种高人一等的态度对待工会官员，视他们为"没受过教育"的人，认为他们没有看到工人和雇主之间新的共同利益。

同时，矿场机构的脆弱为工会向管理裁量权（managerial discretion）施加限制提供了机会。在独立早期，工会官员受到党的支持，经常能够改变殖民生产中的关系。他们着手干预，撤换了种族主义的督工，并消除了对工人的虐待。尽管其活动受到政府的严重削弱，但是他们的潜在权力让外籍人员和赞比亚管理者感到惧怕。工会和人事职员越来越少地介入对劳动过程的直接管理，但他们的在场对于殖民生产中的关系的恢复构成威慑。

我已经描述了矿场生产机构的一些变化。在第一阶段，权力集中在企业国家的手中，矿区经理办公室被动员起来向工人施加专制权力。在第二阶段，非洲人开始有效地组织起来，矿区生活和工作活动之间的联系被割断。企业国家碎片化，丧失了对权力的垄断。在最后一个阶段，企业国家被更脆弱、更局促的人事部门所代替。虽然赞比亚化是矿场机构紧缩的理由和借口，但这一转变是与国家机构对产业关系管理日益增长的干预相吻合的。

235

5. 劳动过程与生产机构的分离

由于殖民专制主义让位于更软弱、更官僚化的行政机构，劳动过程中出现了一些调整，调整的方向通常是给予工人更大的控制权。在日常工作中，强制不再是主导性的，同意更为重要。但是，在其他工作情境下，劳动过程不能被如此轻易地重塑，或者是因为内在于殖民时期的技术限制，或者是因为管理层试图按照旧方式管理工作。我们通过下一个案例——手动清除，可以看到这些因素的作用。在那里由工作组织所引起的斗争，与矿场机构的管制能力，两者处于持续的张力之中。

工作组织的持续性：关于清除岩石的案例

在开采矿体时，会挖掘部分岩石（采场）。主级（main-level）开发提供隧道以便火车运输从采场中爆破出来的矿石，子端（subend）开发使得钻孔机获得进入采场的路径，从而使炸药能够得以放置。子端开发中的爆炸发生在白天，矿石的清除是在晚上。子端非常小，因此清除岩石必须手动。

就如同矿区是殖民劳工管理中的独特制度，手工清除是殖民劳动过程的原型。它在南非的金矿中流行起来，然后扩散到南部非洲的所有矿企中。它的独特之处在于简单和艰辛。地下清除包括将破碎的岩石铲到狭小的手推车上，再运到垃圾场（tip）。在其他国家，这由装载机完成。根据鲍德温的记载，"在北罗德西亚，一台装载机每天处理 250 吨，一周工作 6 天，这将花费（1959 年的）54 美元，包括闲置费用、维修和折旧费用，相当于 39 个工人的成本。在美国，设备的日常成本为 60 美元，相当于不到 4 个工人的成本。装载机能够干 10 个工人的活，因此在美国利润可观，但是在铜带省则损失惨重。"[1]

但是，鲍德温只是捕捉到殖民遗产的一个方面：廉价劳动力的供给。他遗漏了妨碍机械化的技术限制，更重要的是，他狭隘的"效率"标准忽略了岩石清除的政治要求。我们通过考察英国煤矿的经验，能够看到这些要求的重要性，在那里，劳动过程通常围绕自我管理和相对自主的工作群体进行组织。这使得工人能够实施他们自己的产出标准，发展他们自己的非正式领导层，管理者则负责提供服务和设备、保障安全、分配工作以及管理薪酬系统。二战之后，英国煤矿机械化的尝试导致生产率下降以及矿工的抵制，原因在于新方法破坏了自我管理团体，引入了基于任务分化的工人等级分化。特里斯特（Trist）、希金（Higgin）、默里（Murray）和波洛克（Pollock）总结道：由于采矿内在的不确定性和危险，生产组织可以通过自我管理团体（根据某种奖金方案付酬）或者强制系统达成，但他们认为强制系统对工人来说是"不实际的和难以接受的"。[2]但是对于英国工人来说"不实际的和难以接受

---

[1]　Baldwin, *Economic Development and Export Growth*, p.92.

[2]　Trist, et al., *Organizational Choice*, pp.66–67.

的"系统却是南部非洲殖民情境中采矿业的基础。岩石清除不过是强制系统的一小部分，不仅依赖于廉价劳动力的可得性，还依赖于能够实施殖民生产中的关系的管理控制系统。当外部政治政体随着"独立"而转变时，岩石清除将如何变化？

在某些方面，岩石清除与铺轨很相似，都需要非技术劳工实施重体力劳动。然而，在铺轨实施自我管理的地方，岩石清除仍然通过严格的强制和官僚模式加以组织。在目前的研究中，一个清除班组大约有 15 个工人，由赞比亚段长（section boss）在队长（crew boss）的辅助下加以监督。管理的另两个层级，班长（shift boss）和矿长（mine captain），直到 1971 年也是由赞比亚人担任。换班之初，工人按照两人、三人或四人一组（取决于端口的规模、行进的长度和到尖端的距离），被分配到特定的端口。当段长或队长冲刷（water down）端口，确保其安全之后，清除工就可以开始工作了。他们通常需要在下午两点前完成被分配的端口，这样就会得到奖金，奖金是基于清除的矿石来计算的，通常等于其收入的五分之一。如果不能在两点之前完成，他们一般会被要求加班直至完成。

班次之始，面对其端口，一组清除工会估计他们在两点之前完工的可能性。如果他们认为能够在筋疲力尽之前完成，就会着手去做。如果任务看起来很重，或者尖端很远，他们就会尽量放松，希望不会被要求加班以完成任务。简言之，清除工努力最小化他们在地下的时间，如果这无法达到，他们就会将花费的精力最小化。这与铺轨工颇为不同，铺轨工通过限制在正常班次中的产出将加班最大化。原因何在？首先，铺轨工通常年龄较大，更有经验，承担家庭责任，因而需要更多的收入，但是清除工是年轻的单身工人，他们比起钱财更珍视时间。其次，铺轨工更可能在白天休息以便为加班储存能量，而清除工在下午两点之前就已经疲惫不堪了。他们在班次中不能休息，因为他们比铺轨工受到更加严格的监督。[1] 一般来说，地下夜班比地上的白班更加让人不悦。

两个劳动过程管理系统的第三个不同之处，即奖金的使用，是最不重要的。事实上，它在管理清除的产量上如此无效，以至于它好像不存在一样。只有工人对劳动过程拥有一定的控制手段，奖金系统才会有效。管理者不能提供必要的条件，加之他们专权的、惩罚性的干预，系统性地阻碍了这种控制。工人在端口的分配，通常由劳工的短缺程度而不是相应的工作量所决定。工人经常没有机会在下班之前完成分配的工作。设备，比如手推车，经常是短缺的。清除工可能要等待四个小时，直到他们的端口被检测之后才能开始工作。时不时地，空调系统的故障使得工作不得不暂停。

在段长和班长看来，奖金系统在引致充分的工作量方面不那么有效，于是他们通过纪律处分、加班、次日晚上分配更

238

---

[1] 这与阿尔文·古尔德纳在《工业官僚制的模式》中所报告的相反。古尔德纳的报告表明了自我管理群体如何在地下出现，而在地上官僚制模式仍然盛行。这只是突显了考察劳动过程发展的政治情境的重要性。

差的端口等种种威胁来进行干预。通过运用权力加强控制工人的努力程度，管理者使清除工的生活更加不确定，奖金系统更为无效。但是强制系统并不很成功，段长和班长不再拥有殖民制裁和殖民机构的支持。诚然，他们有分配工作和强迫加班的权力，但是清除工能够通过操纵工作环境、假装生病等方式进行抵制。持续斗争的态势因而出现，导致了自发的旷工以及时而发生的"野猫罢工"*。

为什么清除工作不像铺轨工作那样，持续地在殖民生产中的关系的基础上被加以组织？当班长和矿长被赞比亚化之后，又会如何？和其他情况一样，赞比亚继任者没有继承其前任的所有权力。工作是碎片化的，一个新的监督层设立起来，以安置被取代的外籍人员。班长和矿长的数量增加了，但是他们的控制范围却缩小了。从劳工的角度来看，这意味着监督更严密，控制环境和获得奖金的机会更少了。简言之，赞比亚化促进了劳动分工和官僚化，同时撤销了督工执行劳动分工的权力。而且，与这些变化同时发生的，是工人对劳动过程组织模式的抵抗不断增强。结果是生产现场的斗争愈演愈烈。

手工清除坚持进入到后殖民时代有其他原因。管理层经常从技术的角度捍卫手工清除的持续，声称挖掘的基础是小的子端，这使得机器清理难以实施。因此手工清除是廉价劳动力易于获得而且强制的生产中的关系能够实施的时代的遗产。

---

* "野猫罢工"（Wildcat Strike Action）指没有工会领导的、劳动者自发的、无组织的罢工。

根据变化的生产机构来对矿场重新设计将无利可图。[1] 但是，这并非事情的全部，因为有一个矿场确实试图消除手工清除。

　　同样关键的是，在整个采矿过程中清除工作相对不那么重要。它几乎不会创造一个生产的瓶颈，以至于只有罢工才能吸引管理层对问题的注意。更进一步，管理层能够利用手工清除所谓的必要性。所有进入矿场的雇员，无论是地上还是地下，都必须投入到一段时间的清除工作中。即使是赞比亚班长和矿长也不得不担当他们那一份工作（外籍班长和矿长则无需如此）。清除因此服务于两项管理功能：它为矿场的其他部分提供了劳动储备，为矿场的艰苦工作提供了规训的工人。那些不能渡过清除工作这一难关的人不能成为矿工。用欧文·戈夫曼（Erving Goffman）的话说就是，新员工被剥夺和压制以便为他们在矿场提供服务做预备。外籍管理者认为，鉴于招聘的中学毕业生不断增多，这显得尤其重要，因为这些毕业生认为艰苦的肮脏的工作不合他们的身份。由于强制性的清除工作在独立之后才引进，它必须被视为一项管理尝试：在后殖民时期维持或恢复劳动的殖民政体。因此，管理层不是尽力改变技术——这很花钱——而是试图实施强制的生产中的关系以强化劳动纪律。阶级斗争产生了。其结果不仅被规制生产现场关系的政治机构所塑造，而且被后殖民国家的机构所塑造。

239

---

[1]　Perrings, *Black Mineworkers in Central Africa*, pp.234–235.

清除工的野猫罢工

在我们开始研究的前一年，曾发生过全矿范围内的清除工罢工。[1] 四名清除工在下午 6 点钟进到地下，在第二天上午 11 点他们重现于地面。尽管他们在地下待了 17 个小时，却被指控没有完成其端口任务。第二天，该班所有清除工拒绝进到地下，抱怨没有奖金、加班以及对于未完成端口的过分指控。经过三天的罢工，这些清除工返回工作，之后第二班的清除工罢工了一星期，给出的原因是七名清除工从白班换到了晚班，清除的时间比其他两班更长，以及加班没有工资。第二班清除工罢工后的一星期之内，第三班的工人表示支援。罢工期间，管理层解雇了九名清除工。

在其公开声明以及与管理层的协商中，赞比亚矿工工会全国领导层对清除工的境遇表示同情，但是对他们的罢工予以责备，并劝诫他们复工。工会坚持认为，完成一个端口的奖金对于激励工人努力工作是不充分的，而且分配给段长的工人数量比任务实际需要的要少，段长因为担心自己受到惩罚而迫使清除工无偿加班。工会声称，在地下待了 17 个小时的四名工人"完成了他们的初始端口，被指控没有完成一个额外的端口。他们开始得晚了，不是因为闲荡，而是因为没有工具"。工会还指出原因部分在于矿场只雇佣受过四年或更长年限学校教育的赞比亚人的政策。

---

[1] 罢工的信息来自于报纸的报道。四个会议是在管理层和工会之间举行。

作为回应，管理层否认设备的缺陷或人员的不充分，坚持认为清除工没有清理端口是由于他们干得太慢。管理层引用了工作研究中关于八小时内一名男性能够完成的平均工作量的调查结果，但是很自然地，工会坚持认为地下的条件与工作研究调查结果所依赖的基础非常不同。管理层特别将罢工归咎于那些不负责任的惹是生非者，他们"认为自己受教育程度高，期待一夜之间升到高位。对于在那些受教育更少但是有多年矿业经验的监督员手下工作（这些经验是他们所没有的），这些年轻人没有做好准备"。管理层严责矿场中出现的新型工人，"清除工的品格也要考虑。过去对一名清除工适当的工作量在今天被视为太多了。显然，他们对待工作的态度必须改变。"简言之，不是先前的管理层过分高压，而是先前的清除工受到的规训更好。通过将"殖民"清除工树立为品德模范并严苛新的清除工"没有纪律""缺乏敬意"，管理层否定后殖民秩序的政治收益并试图重申殖民生产政体。

尽管工会承认清除工的不满具有正当性，但它与管理层在这一点上是一致的：矿场的纪律存在问题，"对现在年轻人有关生活现实的教育确实存在问题，他们将继续挣扎以认识到单单文凭不能使他们成为有用的公民"。因此，工会也没有认识到从殖民生产政治到后殖民生产政治转型的重要性。它只是重复了政府的观点，即罢工的工人是不守纪律的和不负责任的。铜带省的内阁部长报告说，"政府完全支持管理层处理罢工者的做法"。赞比亚工会代表大会秘书长在议会抨击罢工的清除工:"首先赞比亚矿工工会和赞比亚工会代表大会都不支持矿场的年轻人罢工。这是不合宪法的,是不负责任的。"罢工之后,他公开声明,"守纪律的会员是工会的资产,正如守纪律的士兵是指挥官的资产一样……但是不守纪律的会员不能期待被保护"。政府不仅和矿企的利益保持一致,而且支持类似于殖民模式的专制的生产管理。恰恰是这种努力成为了罢工的根源。

6. 从生产政治到国家政治

对罢工活动的反响也许能够说明生产政治和国家政治的关系。从清除工的立场来看,罢工是围绕生产中的关系之组织的斗争。但是政府将罢工界定为国家事务。工会跨越国家政治和生产政治,支持清除工表达不满的合法性,同时指责他们将罢工用作谈判的武器。尽管这一次政府没有直接参与镇压罢工,它的支持对于管理层对抗罢工领袖却很关键。通过动员公众意见反对清除工并忽视他们的实际冤屈,赞比亚政府成为比其之前的殖民政府更直接地"通过(矿业)资本剥削工资劳动"的工具。

布鲁斯·卡普费雷尔(Bruce Kapferer)在 1966 年对卡

布韦（Kabwe）的一家服装工厂的研究中有类似的观察。[1] 在发动与管理层的斗争的过程中，工人尽力避免工会和党的介入，而经理则寻求将它们引入。只要斗争被限制在工厂之内，工人就会处在有利位置以获得让步，但是一旦他们的行动吸引了党或工会的注意，更不用说政府了，他们取得胜利的几率就变得很小了。相反，在殖民时期，尽管斗争的领域很难扩大，但是增强工人地位的可能性却很大。为什么会是这样？

生产政治与国家政治的分离

建立于 1924 年的殖民规则，是为了用独立于主导经济秩序的国家取代英国南非公司的管理，以获取资本积累。企业国家伴随殖民国家而兴起。它为剩余价值的即时生产提供了条件，为通过殖民专制主义进行劳动过程的管理提供了条件，也为通过矿区系统维持流动工人提供了条件。殖民国家通过农村税收为南部非洲的各个行业提供劳动供给。因为矿企需要稳定的劳动力以维持利润，省行政则依赖于从流动劳工产生的收入，双方在劳动政策上产生了冲突。"政府的流动劳工政策是在萧条的经济压力下形成的，并且考虑了农村而不是工业背景下的本土政策。对铜矿业的未来缺少信心，担忧大规模城市的行政支出，对'间接规则'（indirect rule）的忠诚，

242

---

[1] Bruce Kapferer, *Strategy and Transaction in an African Factory*, Manchester, 1972.

期待远离铁路的偏远贫穷地区有货币流通，所有这些因素使得政府阻止大规模的稳定的工人阶级的形成。"[1]

殖民行政寻求矿场的帮助，以将工人定期送回到农村地区。它试图说服企业从内地招募工人（该系统在1931年终止），另外通过延迟支付，迫使工人定期返乡，但是并不成功。[2] 只要矿场不必承担矿区之外的城市行政成本，在铜带省发展劳动预备大军就能最好地保障其利益。

但是，在大多数情况下，矿区和殖民行政承认他们各自司法管辖权的合法性。政府在铜矿产业关系上维持着一个不干预者的角色，企业也不直接塑造殖民政策。可以确定的是，有时殖民国家以一种轻率的被动的方式介入，例如1935年和1940年的矿企罢工中，毫无防御的黑人遭受射击，又如1956年工人持续罢工后，工会领袖被逮捕。但是这些事件相当于宣告政府在处理产业斗争上的软弱和缺乏经验，是特例而非常态。一般情况下，政府将其行动限定在建立调查委员会或者任命仲裁者上。产业关系法案几乎没有为政府干预留下什么空间。当殖民办公室开始推动建立劳动部的时候，殖民行政拖拖拉拉，声称地区官员同样能把这项工作做得很好。实践中，地区官员很少进入矿场，一旦进入就遭到许多怀疑。矿场同样反对劳动官员的任命，这些劳动官员把干涉企业国

[1] Berger, *Labour, Race and Colonial Rule*, pp.40–41. See also Helmuth Heisler, *Urbanization and the Government of Migration*, London, 1974, chapter 4.

[2] Perrings, *Black Mineworkers in Central Africa*, pp.113–114.

生产的政治

家的运作视为自己的职责。[1]

即使是矿场寻求殖民行政干预，它们也经常不能得其所求。战后期间，矿业公司推动更具压制性的劳动法律，但是不成功。同样，当矿企请行政在"非洲人进步"行动上采取立场时，行政保持沉默。随着非洲劳工战斗性增长而白人殖民者的政治权力更加牢固，"非洲人进步"这一在战前就碰触过的议题变得更加敏感。政府不是立法反对种族歧视，而是坚持主张：由于非洲人有自己的工会，"非洲人进步"是一个产业而非政治议题。面对历任委员会提出的欧洲人工会将工作移交给非洲人的建议，政府维持了这一立场。只有在1954年，由罗恩精选托拉斯提出一个冒险的倡议——威胁收回对欧洲人工会的认可——僵局才被打破。

正统马克思主义把殖民主义视为产生超级利润（列宁）或者解决积累危机（卢森堡）的手段。这些理论将殖民国家刻画为跨国资本的一个工具。但是，正如我们所看到的，殖民国家拥有国际资本之外的独立性，其独立性如此之大以至于国际资本不得不建立自己的"企业国家"，以保障剩余价值的攫取。我们如何解释这一反常现象？殖民国家的独特功能是组织原始积累以便最大化地将剩余价值转移到宗主国。商业资本要求被殖民人群面向市场生产（例如，加纳的可可农场主），但是工业资本要求无产阶级化（例如，南非）。殖

---

[1] Parpart, "Labour and Capital on the Copperbelt", pp.182–190.

民国家的收入来自于原始积累，也因此再生产了原始积累的形式。殖民国家的经济基础与它协助产生的剩余价值一样脆弱。这是一个受限的国家，不能承担广泛的基础设施建设和城市化的成本。因此在企业国家和殖民国家之间存在权力的分离。

生产政治与国家政治的聚合

由于资本主义生产关系变成了自我复制，殖民国家在创造劳动力供给方面的成功导致了它的灭亡。随着城镇的稳定和乡村地区的退化，殖民国家只有通过强制流动劳工系统的再生产才能够维持存在的理由。为了回应在一个资本主义生产方式主导的社会中扩大资本积累的需要，一种新的国家形态必须出现。它保留的剩余价值的比例不断增加，以便建立一个基础来再生产劳动力的特定形式并培育本土资本积累。新的国家形式，在战后是一个由殖民者支配的行政，站在宗主国的对立面。[1] 随着殖民国家作为保障剩余价值转移到宗主国的政治机制变得不那么有效，宗主国放弃了对它的控制。

一个殖民国家的压力从何而来？贝利斯（Carolyn Baylies）详细分析了原始积累如何引致新阶级的形成，尤其是殖民农

---

[1]　在"殖民国家是国际资本的工具"这一宣称背后是这一假定：殖民国家是宗主国的工具。我们已经质疑了正统马克思主义的第一个假定，现在我们质疑第二个。对于这个观点的阐释，见 Emmanuel, "White-Settler Colonialism and the Myth of Investment Imperialism", *New Left Review*, no.73, May-June 1972, pp.35–37。

场主、殖民企业家和白人工人。[1]二战以后，这些阶级联合起来试图增加其在立法会上的政治权利。他们通过矿企增长的税收和 BSA 公司的特许权使用费（royalties）进行推动，因此使剩余价值转向了建构更加自我维持的经济。[2]从 1953 年存续到 1963 年的罗德西亚和尼亚萨兰联邦（Federation of Rhodesia and Nyasaland），旨在进一步从殖民办公室获取独立并建立更为整合的经济。在北罗德西亚，联邦被证实为一个经济灾难和政治灾难，经济灾难是因为巨大的铜矿收入流向南罗德西亚，政治灾难是因为它刺激了对非洲民族主义的对抗。在此期间，矿企除了通过殖民办公室日益减弱的权力对国家施加影响之外，它们对国家几乎没有什么直接影响。尽管联邦和区域政府受制于殖民者阶级的直接压力，但它们同时日益依赖从铜矿而来的收入。因此，北罗德西亚政府准备在特殊情况下介入矿企的劳动关系。比如 1956 年，它逮捕了罢工领袖，并将非洲矿工工会中立化为一个政治力量。245

由于殖民国家反映了资本的扩大积累，随着剩余价值在领地内再投资，政治独立和多数统治原则形成了向世界资本主义经济的再度整合。剩余价值现在通过经济机制转移到宗主

---

[1]　Baylies, *The State and Class Formation in Zambia*, Part 2.

[2]　直到 1935 年，北罗德西亚政府的收入来自于"本地人税收"的额度大于来自于矿业的收入。（Baylies, *op.cit.*, p.250.）在 1947 年，矿企缴纳的税收仅占政府收入的 27.7%，但是到了 1952 年，这一比例升高到 57.5%。（Berger, *Labour, Race and Colonial Rule*, p.8.）

国，而外部的政治限制开始内部化为阶级力量。国际资本或者通过合办企业或者通过半国有企业（para-statal enterprises），发展了与本地资本之间的连结。[1]后殖民国家忙于为外资提供前殖民地（ex-colony）的吸引力。基础设施支出，比如道路、铁路和能源，与教育和福利预算一起迅速增长。1969年矿企的国有化只是巩固了跨国矿企和赞比亚国家之间不断增长的共同利益。伴随着工资冻结，官方颁布了一个罢工禁令，另外总统昆达（Kaunda）呼吁矿工更加努力地工作并放弃他们的殖民习惯，因为矿企现在是"他们的"了。

国家政治和生产政治之间的新关系出现了。因为企业国家碎片化，新的生产机构更脆弱、粗放程度更低、自主性更强，国家开始介入以使纯粹产业斗争的范围变窄。它引入了保护工人权利的工业法律，但只是在较小的范围内。1971年的劳资关系法（Industrial Relations Act）建立了工作委员会（works councils），其范围和权力受限如此之多，以至于它们作为集体自我管理的手段基本上是无效的。它们是在企业层面规制和吸纳阶级斗争的机制。新的法律还意在通过集体协商来扑灭罢工活动，集体协商受到法律约束，并要接受新成立的工业法庭的审批。这对于阶级斗争的意义是很显然的。在殖民秩序下，原始积累的发展导致生产机构与国家机构绝缘，结果是生产政治和国家政治的分离。在后发展（late

---

[1] 贝利斯（*The State and Class Formation in Zambia*, chapters 7–9）详细考察了国际的、国家的和国家资本之间的关系。

　　　　　　　　　　　　　生产的政治

development）的约束下，资本的扩大积累导致了生产机构和国家机构的相互渗透以及产业斗争迅速转化为反对国家的斗争。[1]

7. 资本主义世界经济中的转型

先前我提请关注发展理论在分析劳动过程，进而在思考劳动过程与政治及国家的关系上的失败。但是有一个例外。伊曼纽尔·沃勒斯坦（Immanuel Wallerstein）试图在他所谓的劳动控制模式与国家形式之间建立关联，这些国家形式出现在世界资本主义系统的不同区域。他总结自己的观点如下：

> 为什么劳动组织的不同模式——奴隶制，封建主义，

---

[1] 关于北罗德西亚工会和民族主义者斗争之间的关系，参见 Ian Henderson, "Early African Leadership: The Copperbelt Disturbances of 1935 and 1940", *Journal of Southern African Studies*, no.2, October 1975, pp.83–97; Henderson, "Wage Earners and Political Protests in Colonial Africa: The Case of the Copperbelt", *African Affairs*, no.72, July 1973, pp.288–299。工会和民族主义者在斗争上的分歧已经用许多方式解释过了。因此，爱泼斯坦（A. L. Epstein）指出矿区的"单一"结构和地点的"原子化"结构，在那里非洲国家议会很强大。（*Politics in an Urban African Community*, pp.188–193.）但这个观点没有解释独立后工业斗争和政治斗争的融合。帕帕特指出，"将工会保持在政治之外的决定，是在压迫性的殖民情境中作为一种实用的解决方案出现的，而不是政治意识缺乏的证据。"（Parpart, "Labour and Canital on the Copperbelt" Ph. D dissertation, Boston University Graduate School, Boston, 1981, p.256.）几乎没有证据表明殖民国家比后殖民国家更具有压迫性。是企业国家与殖民国家的绝缘而不是实际的殖民压迫，结构化了与政治意识无关的斗争的分离。

工资劳动，自雇佣——同一时间出现在世界经济之中？因为每一种劳动控制的模式对于特定类型的生产是最合适的。为什么这些模式集中在世界经济的不同地区：奴隶制和封建主义在边缘地区，工资劳动和自雇佣在核心地区，以及我们将看到的，佃农制（sharecropping）在半边缘地区？因为劳动控制的模式极大地影响政治体系（特别是国家机构的力量）以及本土中产阶级兴起的可能性。世界经济的基础是这一假定：事实上存在三个地区，它们确实有不同的控制模式。若非如此，要保证剩余的流动是不可能的，而正是剩余的流动使得资本主义体系得以存在。[1]

正如斯考切波和布伦纳（Robert Brenner）所强调的，沃勒斯坦关于世界体系的模型建立在一个机械的化约基础上：将国家机构化约为阶级结构，阶级结构化约为劳动控制模式，劳动控制模式化约为由在世界市场中的位置所提供的技术可能性和机会。[2] 欠发达是原始积累的产物，它被理解为由于国家的相对实力而使剩余从边缘向中心的转移。相对实力反过来又依赖于劳动控制模式的国际分配。

----

[1] Wallerstein, *The Modern World System*, p.87.

[2] Theda Skocpol, "Wallerstein's World Capitalist System: A Theoretical and Historical Critique", *American Journal of Sociology*, no. 82, March 1977, pp. 1075–1089; R. Brenner, "Origins of Capitalist Development", *New Left Review*, no. 104, London, 1977, pp. 25–92.

但是在沃勒斯坦的逻辑中仍然有一定程度的合理性，我们大致遵循了这个逻辑。我们已经表明，在世界资本主义经济的边缘位置产生了基于流动劳工系统的廉价劳动力供给，并导致了资本主义劳动过程的特定形式，其再生产要求一套特定的生产机构。这些形式反过来预示着特定的国家形式，以促进剩余价值向核心的转移。确实，这是我们的阐述模式，它从劳动过程开始，并通过生产的政治机构移向国家层面。

但是这样一个功能主义的逻辑不能解释各种各样的结构（如劳动过程、生产机构和国家机构）是如何形成和变化的。共时性功能主义目的论（synchronic functionalist teleology）不是历时性因果分析（diachronic causal analysis）的替代物。因此，世界市场和技术的可能性不能解释生产政治（劳动控制模式？）从殖民专制主义到官僚制规则的变迁，也不能解释从殖民国家到后殖民国家的变迁。不如说，这些变迁只有作为阶级斗争的结果才能理解——阶级斗争内在于社会形态，导致原始积累的完成并巩固了资本主义生产关系作为生产主导模式的自我再生产。进一步说，这些内部的斗争在其限制之内，重塑了资本主义劳动过程的形式（例如，导致了强制的减少和同意的增加）以及国际关系的形式（不是直接的政治控制和利润遣返，而是通过不平等交换形成直接的经济屈从）。沃勒斯坦的目的决定论和经济化约论的结合体必须用历史因果分析加以补充。生产政治和国家政治之间的关系以及任一方所采取的形式，选择了劳动过程和国际力量，同时也受到劳动过程和国际力量的限制。

我们看到，在 1981 年 1 月，现有的"法团主义"安排之外，将生产政治从属于国家政治的尝试是如何在工人强大的集体反抗中失败的，反抗则由铜矿劳动过程产生的生产政治培育起来。相反，在相邻的坦桑尼亚，国家政治更容易在生产政治上留下深刻的印象。在那里，工厂更小，劳动过程在殖民时期组织得很好，因此坦噶尼喀非洲国家联盟（Tanganyika African National Union，TANU）——一党制国家里的唯一政党，以及坦噶尼喀国家工人联盟（National Union of Tanganyika Workers）——政府控制的工会，能够在生产机构和国家机构之间建立直接联系。结果是，那里的工人比赞比亚工人更敏感于国家政策，而且《阿鲁沙宣言》（Arusha declaration）中的社会主义理想为工人扩大阶级斗争提供了意识形态武器。特别是，"Mwongozo"（坦噶尼喀非州民族联盟 1971 年的纲领）即便不是一连串罢工的原因，也为罢工提供了机会，有时甚至导致工人接管和运作工厂。[1] 这些罢工或者直接被国家镇压，或者被允许自行消散。

坦桑尼亚代表了国家通过党和工会对生产政治进行自上而下的控制类型，即一个趋向官僚专制主义的运动。相比之下，阿尔及利亚在殖民者撤离之后的 1962 至 1964 年期间的

---

[1]　关于坦桑尼亚生产政治和国家政治之间的关系的论述，见 Henry Mapolu, ed., *Workers and Management*, Dar-es-Salaam, 1976; Paschal Mihyo, "Industrial Relations in Tanzania", in Ukandi Damachi, Dieter Seibel and Lester Trachtman, eds., *Industrial Relations in Africa*, London, 1979, pp. 240–272。

情况很不一般，代表了一个趋向集体自我管理或者工人自治的运动。但是，五年之内工人自治已经成为一纸空文。事后回想，结果或许早已预定。[1] 第一，工人自治只是影响了由移民（*colons*）所运转的经济边缘部门。工人控制从未触及国有工业，比如油田，也没有触及许多更大的财产。第二，工人控制的成功依赖于国家的保护和引导。面临大规模的私人资本（通常是国际资本）的竞争，以及移民留下来的债务，工人委员会在原材料、融资和营销方面日益依赖政府。这种必需的资源集中化为国家官僚提供了机会，使之可以按照它自身的利益攫取和分配剩余价值，并因此削弱工人控制。保留通常由殖民人员所组成的殖民行政结构，只是加速了工人自治的消亡。最后，工人和农民自身缺乏经济、政治和意识形态装备以抵挡国家的侵占。由于工人控制几乎没有带来什么实质性利益，它丧失了最初的吸引力。

工人和农民未能将其控制权扩展到他们从移民继承的小商业和农场之外，这决定了工人自治的命运。在一些部门，工人自治委员会（*comités de gestion*）成功地控制了生产中的关系，但由于他们未能控制生产关系——具体表现在企业之间的关系、企业和消费者之间的关系，以及在企业和国家之间剩余价值的分配关系——这种控制就显得毫无意义了。对生产机构的征服只有与对国家机构的征服相结合，才有意义。但是

---

[1] 在此我依据了伊安·克雷格（Ian Clegg）的研究（*Workers' Self-Management in Algeria*, New York, 1971）。

当朝此方向的运动发生时，一如在智利的情况，第三世界政府经常会受到来自国际资本主义通过政治和经济制裁提供的支持，这些支持或者是受邀的，或者是主动提供的。

因此，我们看到，在生产政治系统和国家政治系统之间的转换中，劳动过程和国际经济政治秩序分别成为内部和外部的限制。到目前为止，注意力几乎都集中在国际限制和生产方式上。本章指出了生产方式渗透到生产隐蔽之处的重要性、企业组织的重要性、生产中的关系的重要性，以及所有这些对生产政治及其与国家政治的关系所施加的限制。

249

结　论

迈向全球视角

　　我们从生产始；我们必须以政治终——政治应该指什么？
这本身就是一个政治问题。定义不是单纯的（innocent）。
　　在本书各处，我都把劳动过程（生产之经济面向）与生产
机构（定型化的生产之政治面向）区分开来。至于政治，我理
解的是对结构性统治关系的争斗以及在关系内部的斗争，斗
争的**目标**是促成那些关系在数量或质量上的变化。那么政治
和机构之间的关系呢？本来我想在机构和政治之间建立一对
一的对应关系，以使机构保障一套独特关系的生产。特别是，
国家机构应保障生产关系，而工作场所的机构应保障生产中
的关系。然而，显然不是这样，因为工作场所的机构涉及争
取工资和福利的斗争，也就是剥削关系，这是生产关系的一部
分。一个更好的近似也许是生产机构规制劳动过程和增值过
程，即生产中的关系以及剥削关系，而国家机构则规制关于
生产关系的斗争。然而，这偏离了实际情况，因为国家可以
积极参与工资、福利、工作条件甚至技术的规制，生产机构

也可以规制为了改变再生产关系而进行的斗争，比如说，工资谈判就与投资的公共控制息息相关。

考虑到机构与其所规制的关系之间最多只是微弱相关，即两者之间不存在一对一的映射，我们必须在两种政治以及两者的组合之间进行选择。一种政治被定义为由**特定机构**（specific apparatuses）所规制的斗争，另一种被定义为关于特定关系（certain relations）的斗争。第一种政治没有固定的目标，第二种政治没有固定的制度轨迹（*locus*）。因此，我选择了更具限制性的第三种定义，根据这一定义，政治是指在特定领域内针对**特定关系**的斗争。因此，家庭政治是在家庭中围绕父权关系进行的斗争。生产政治是在生产场所内进行，由生产机构所调整，关于生产关系和生产中的关系的斗争。另一方面，国家政治的独特之处在于，它们不能以对任何特定关系的斗争为特征。一组既定的关系可能是也可能不是国家领域内斗争的对象。这在历史上是变动不居的。国家的特殊之处在于其总体性，以及它凝聚整个社会形态的功能。国家不仅保证了某些关系的再生产，而且更特别的是，它是保障所有其他机构的机构。国家政治以生产政治为其核心。国家机构的典型作用是保护和塑造家庭机构、生产机构、社区机构，诸如此类。

我们对政治的另类理解对马克思主义传统中的两个信条进行了反驳。首先，如上所述，它拒绝将政治简化为国家政治，也拒绝将国家政治还原为阶级关系的再生产。其次，它挑战了将生产简化为经济的观点，因此历史不能再被看作是按照一套固定的经济规律展开。经济、政治和意识形态在生产场域中密不可分地彼此交织。在结论部分，我们将考虑本书中的案例研究如何指向关于历史的另一种概念：首先，与特定生产方式的发展相关；其次，从一种生产方式向另一种生产方式的转换。但首先我们必须详细阐明关于固定的历史规律的批判。

对于马克思来说，将资本主义与所有前资本主义社会区别开来的标志，就是国家和市民社会的分离。市民社会中充斥着原子化、私人化尤其是去政治化的个体，而国家则是政治共同体所在之处。在晚期著作中，马克思详细说明了国家和市民社会的分离，前者是阶级组成政党、建立联盟和进行斗争的舞台，后者则是资本主义生产方式发展、资本集中和集聚，以及利润率下降趋势等规律呈现的地方。这些规律在其行动者背后运行。从这个角度来看，生产层面自觉的集体行动几乎没有什么理论空间。事实上，马克思只能通过抑制生产政治的任何理论化来"发现"这些资本主义的规律。

255

在恩格斯、考茨基（Karl Kautsky）和卢森堡自信的科学马克思主义理论中，马克思著作里任何模糊不清之处都被撇在一边。在此，经济基础是推动资本主义最终崩溃的必然规律所在，上层建筑则是工人阶级组成政党之所在，其目标在于确保社会主义而不是野蛮主义从资本主义的废墟中升起。基础再次成为通过原子化行动者发挥作用的规律的领域，上层建筑则是主体性和有意识的集体行动的领域。生产政治以及生产的政治机构的观点，坚持生产领域不仅包含纯粹的经济组织，也包含政治和意识形态制度，摧毁了这一视角。现在，"基础"和"上层建筑"都是主体性和客体性的领域。资本主义生产方式不再有客观的发展规律：不同的生产的政治机构导致不同的斗争，从而导致不同的积累方式。我们的观点与博弈论的分析路径相吻合。博弈论认为，对主观选择的客观限制将微观不确定性与宏观确定性联系起来，但没有指出任何特定的发展模式。

如果生产政治的观点破坏了科学马克思主义的基本前提，它也直接挑战了对那一传统的两个经典马克思主义回应：列宁主义和进化社会主义。这两者都将政治局限于国家政治，因此不同类型的政治由它们的**目标**而不是它们的场域（*arena*）来界定。社会民主理论家对法律权利、政治权利和社会权利，政治民主、社会民主和经济民主，消费政治、动员政治和生产政治等进行了区分，在每一种情况下，政治只限于国家政治。[1] 此外，在拒绝经济规律的同时，这些理论家们遵循伯恩斯坦的路径提出替代性的政治规律——权利扩张的趋势，以及从政治民主到经济民主、从消费政治到生产政治的逐渐转变。这些预测充其量不过是从假想的（putative）过去到推测

---

[1]　W. Korpi, *The Working Class in Welfare Capitalism*, London, 1978; John Stephens, *The Transition from Capitalism to Socialism*, London, 1979; J. H. Marshall, *Citizenship and Social class*, London, 1980.

的（speculative）未来的一种统计推断。没有人尝试为这种渐进运动的展开提供任何机制。

如生产不能简化为纯粹的经济元件，而是有其自身"上层建筑"的"基础"，同样国家不能简化为其政治效果。我们必须超越对国家必要职能的陈述，转而说明这些职能是如何实施的。[1] 现在我们必须视国家为机构的全体，这些机构有自身独特的"劳动过程"，这种"劳动过程"不是生产商品（尽管有一些确实如此，如国有化工业），而是生产和再生产关系（警察，法律），提供服务以社会化劳动力再生产（福利，教育）的成本和积累（邮政服务）的成本，或者调整国家之内的斗争（代议机构）。这样，国家制度有其自身的生产性元件和自身的生产政治以及某种总体政治**效果**。正如生产的政治破坏了经济定律的可能性，国家劳动过程产生的生产政治纠缠在各种形式的斗争之中，这些斗争排除了国家政治的任何发展规律。

对生产政治缺乏严肃的理论思考，这反映在社会民主的实践中，最明显的是在瑞典、法国、西班牙、智利和英国最近的社会主义政府中。社会主义政府以其试图遏制甚至扼杀大众控制机关（organs of popular control）而大显其名。可以确定的是，在每一种情况下，工人阶级基础初始的薄弱，迫使

---

[1]　Göran Therborn, *What Does the Ruling Class Do When It Rules*, NLB, London 1978.

结　论　迈向全球视角 　　　　　　　　　　　　　379

他们向敌对社会主义的势力妥协。但同样清楚的是，没有大众控制的形式，国家在面临国际资本的流动时，很大程度上是无效的。国家机构自身不能在资本家运转的经济中开创社会主义。

列宁主义者当然也持同样的结论，但是论证颇为不同。他们认为问题的根源在于国家的性质。社会民主党成为资本主义国家——一个被结构化以再生产资本主义而罔顾其人员的政治目标的国家——的囚犯。生产政治是对改变资本主义国家这一真正目标的一种扰乱。因此，显著的差异不在于生产政治和国家政治之间，而在于改革主义者和革命（国家）政治之间。生产机构的改变被谴责为幼稚的混乱，以至于在国家社会主义的实践中，集体自我管理的形式被消除了，代之以集中化的指导。这种盲视在列宁类似于伯恩斯坦（Eduard Bernstein）主张的推测进化论（speculative evolutionism）中被加剧了：通过国家的消亡，实现从无产阶级专政到共产主义的自然的运动。列宁没有提供可能保证这种消亡的机制。事实上，他消除了对这种转换至关重要的大众控制机关。而且，因为把一切政治简化为国家政治，列宁拥抱这种观点：政治本身也会消亡。政治的终结，也就是特殊利益和普遍利益的一致，不仅是不可能的神话，而且为强加的集体利益奠定了意识形态基础。因此，我们看到，社会民主传统和列宁主义传统，尽管对于超越资本主义的转型所持观点不同，但是都将政治简化为国家政治，并或明或暗地拒绝了经济规律以支持政治规律。这些政治轨迹与它们所取代的经济趋向一样，都是错误的。

经典马克思主义，无论是科学的、进化论的还是列宁主义的，无论有何差异，都赞成历史唯物主义：马克思主义关于历史的元理论，它主张历史进步由生产力的扩大得到保障。根据该理论框架，任何给定的生产关系首先加速了生产力的发展，然后束缚之，使之不能再扩张，因此旧的生产关系被推翻，新的更高级的生产关系被建立，生产力得到新的推动。因此，资本主义取代封建制度，社会主义取代资本主义，就如同白天之后即到夜晚一样确凿无疑。虽然这种元理论最近受到大胆而严谨的辩护，[1]但它在西方马克思主义的结构主义和批判理论分支中却被视为黑兽（*bête noire*）*。

在关于历史的结构主义叙述中，生产方式之间存在根本的不连续性，因此新方式的产生与旧方式的解体彼此分离。[2]尽管我们可以对一种既定生产方式的发展和**动态**进行理论化，却不能对它的**起源**理论化。新的生产方式的出现并无必然性，相反，它是共时性情境（conjunctural circumstances）的产物。换言之，我们不能将历时性（diachronics）——从一种生产方式到另一种方式的必然转换——予以理论化。只有一种生产

---

* "bête noire"，法语，直译为"黑色怪兽"，意指"令人反感的人（或事物）"。

[1] G. A. Cohen, *Karl Marx's Theory of History*, Princeton, 1978.

[2] 例如，Etienne Balibar, "The Basic Concepts of Historical Materialism", in Louis Althusser and Etienne Balibar, eds., *Reading Capital*, NLB, London, 1970, pp. 199–308; Barry Hindess and Paul Hirst, *Pre-Capitalist Modes of Production*, London, 1975。

方式的内在发展和衰落能够用规律来表达。正如资本主义兴起并非必然一样，随之而来的社会主义的兴起也不是必然的。简而言之，以生产力扩张为特征的单线性和确定性历史观被抛弃，代之以关于未来的不确定性视角，这是一幅唯意志论（voluntaristic）图画，在其中阶级斗争突然成为了历史的仲裁者。

我们将回到阶级斗争的问题，在此我想强调对历史目的论（telos of history）的拒绝，如何唤起对生产力的重新认识。在结构主义的分析中，生产力不再是对象即生产工具、原材料和劳动力的集合，而是一套与自然的关系。生产方式成为一种双重关系：对自然的攫取和对人的攫取。然而，以这种方式表征生产力引发了一个被结构主义者压制的问题即它们的再生产问题，进而一种特殊的政治——生产政治的问题。[1] 因此，我们看到生产政治的概念如何首先从拒绝生产方式直线演替的历史观中出现。但是，正如我上面提到的，一旦系统地纳入生产政治的思想，那么就不仅没有明确的历时性，也没有任何固定的动力。我们已经摒弃了所有的规律。

如果说结构主义坚持摒弃生产力的扩张是迈向社会主义的保障这一观念的话，那么批判理论通常采取更强硬的立场。批判理论谴责资本主义生产力被资本主义生产关系或对自然的支配不可逆转地腐蚀了：腐蚀程度如此之深，以至于它们

---

[1] 可以确定的是，结构主义者非常关注社会关系再生产的一般问题，但是不关注生产中的关系的具体问题。

对社会主义是有害的。资本主义技术和资本主义劳动过程，没有对资本主义生产关系构成挑战，也远不是资本主义子宫内孕育的社会主义的种子，它们被那些关系有效地塑造以便再生产那些关系。生产力绝不是中立的，它既压制阶级斗争又将之整合到资本主义范围之内，从而成为向社会主义过渡的主要障碍，并且阻碍了社会主义条件下集体自我管理的发展。我并不支持这一立场。劳动过程与生产机构的区别表明了社会主义生产政治的一种独特形式，即生产政治与国家政治融合。但在资本主义下发展的劳动过程是否与这种政治体系相容，仍然是一个悬而未决的问题。很可能会是这样：某些劳动过程是兼容的，另一些则不是。答案也将取决于社会主义的具体形式，也就是我们正在思考的生产政治和国家政治相统一的具体形式。

我们已经考察了历史唯物主义的一翼：历史作为生产力和生产关系的较量，导致特定的生产方式的演替。这种较量在"上层建筑"的领域中以阶级斗争的形式出现。历史唯物主义的另一翼是：历史是作为阶级斗争的历史。但这意味着什么？它是否不过是一个同义反复，即阶级斗争是指影响阶级的斗争，而历史应该被视为这种阶级影响的累积？或者是马克思和恩格斯提出的更强烈的主张：历史上的决定性斗争发生在阶级之间？后一种解释最常见，更容易被驳斥，因为非阶级的团体之间的斗争，以及阶级之内而不是阶级之间的斗争，在社会变革中往往是决定性的。特别是从资本主义向社会主义的变迁，不能简化为资本与劳工之间的斗争。相反，工人阶级只能在资本主义的再生产中发展利益；它不会产生超越资本主义的激进需求。因此，那些原本认为工人阶级是人类救世主和解放行动者的人，现在不得不认输并对无产阶级感到失望，转而拥抱在超经济的市民社会中锻造的社会运动，或者拥抱选举舞台之外（有时则是选举舞台之内）的大众斗争的先锋形式。结果是，对一种形而上学归因（metaphysical imputation）的排斥引发了它的反面：工人阶级从来没有，也永远不会决然地进入历史舞台。简言之，我们从一开始就被欺骗了。

在此，我采取了更加谨慎的方法：用社会学的分析取代哲学的猜测。我不是用农民、一个新的知识分子阶级或新的社会运动来取代工人阶级，而是试图考察工人阶级在历史进程中进行干预并可能继续干预的条件。此外，我保留了马克思主义的正统观念：塑造工人阶级的关键场域是生产过程自身，而生产过程应被理解为一种政治政体。但是，在卸下工人阶级所担重任的过程中，我已经使得历史的轨迹（生产力与生产关系的较量）混乱无序，历史的引擎（阶级斗争）突突作响[*]。还剩下什么？在这里，我只能根据本书中的案例研究开始一项重建工作。

我们必须重新回到历史的"规律"这一问题，以及拒绝其存在意味着什么。这当然并非暗示任何事情都是可能的。即

---

[*] 原文中的"splutter"有"发出噼啪声"之意，作者在此可能意在描述发动机出现故障而只能发出断断续续的噪音的状态。

使在本书的有限论述中，我们也看到了，国家、劳动力再生产和市场力量都塑造着生产机构的形式，生产机构又反过来限定了斗争的性质。规律的缺失并不意味着没有历史发展的模式，如从专制政体到霸权政体再到霸权专制政体，只不过模式自身是具有历史偶然性的。我们在历史中发现的模式并非一成不变，也不是趋向于一种"真实"的模式；它们作为历史进程中的一部分被持续地重构。历史总是不断生成的。可以确定的是，我们在早期的重构上建造，我们可能建立一个重构的传统，但是无论我们是否承认，它们都与其理论化的时间及地点相关。仅仅因为历史不会突然停止，就没有最终的重构。也就是说，我们不是站在历史之外从远处凝视它，我们是在历史的中心，持续回顾以寻找指向未来的指针。正如同我们随着历史的变化而改变一样，历史也随着我们的变化而改变，我们对于未来视野的概念也在不断伸缩。

规律不能预见历史持续抛出的东西：突现（surprises）。它们不能容纳全新之物。规律只能将历史冻结在根据特定的时间和地点造好的模具之中。它们将初现之时似乎毫无问题、永恒不变、自然而然的事物视为既定的事实，但是后来这些事物成为可变的、成问题的。因此，马克思不认为国际经济系统是有问题的，在他关于利润率下降趋势的分析中没有将之当作研究对象，以至于曼德尔在回应全球范围的第二次衰退时，将资本主义的历史重构为一系列漫长的浪潮（long waves）。但是曼德尔的重构仍然根植于正统理论之中，正统理论将发展规律定位在基础中而将政治斗争定位在上层建筑中。从一个不同的视角，我指出这些发展规律只能通过压制生产的政治元件（political component）才能被建立。我认为，生产的政治元件的变化，是对过去一百年工人阶级运动命运的任何解释中必不可少的部分。[1]

重构的传统成为对一个传统的重构，它持续地将过去视为当然的东西问题化。我也必须遵循这一路径。在接下来的部分，我将扭转之前章节中占主导地位的因果关系的方向。在那里，我寻找工厂政体存在的条件以及那些政体塑造斗争的方式。现在我想略微关注更为复杂的问题，即那些斗争反过来塑造不同的工厂政体的程度。我将考察塑造工厂政体的力量如何由斗争所决定，从而把这些力量问题化。通过这种方式，我试图强调过去与现在、这里与那里的工厂政体的互相依存，因此特定政体的变化可以与其他政体的变化相勾联，

---

[1] 让我澄清拒绝发展规律的哲学基础。存在着认识论和本体论两方面的原因。首先我非常信服一些哲学家如皮埃尔·迪昂（Pierre Duhem），奎因（Quine），拉卡托斯（Lakatos），黑塞（Hesse），费耶阿本德（Feyerabend）等人所主张的理论不足以由证据说明。尽管经验世界可能对我们关于历史的理论施加限定，它却不唯一地决定之。我们必须用现在的立场重构历史——即使在那时不同的路径都是敞开的。例如，我们对生产政治的重构只不过是诸多试图弄清过去的努力之一，所用的方式是对现在的形而上悲情进行回应。其次，我们有拒绝固定历史规律的本体论上的理由。但是这不能被建构为一种对解释经验事件的真实机制的否定。至少在这方面我追随罗姆·哈瑞（Rom Harré），罗伊·巴斯卡（Roy Bhaskar）这些现实主义者。但是社会事件是特别的，因为它们激发了社会反应：斗争，斗争又改变了那些根本的机制。事实不过是，那些机制的转型受到限制，存留在一种生产方式之内并不意味着不会改变。因此，历史是变化的机制的产物，我们被迫用新出现的机制重构历史。

而这种变化正是政体所激发的斗争的结果。

我们将资本主义的历史重构为工厂政体的序列：专制政体（父权制、家长制和市场专制），之后是霸权政体，再后是霸权专制政体。第一次转变可以被理解为劳动力再生产与生产过程的分离。在专制政体下，工作以外的生存取决于工作绩效。这一纽带的基础是：生活资料被部分或全部从劳动者剥夺，并通过家庭、雇主、劳动力市场或这几样的组合进行调节。随后，工作以外的生存更多地依赖于国家而不是工作绩效，虽然后者相对于前者并没有失去其主导地位，某些劳动者的经济状况比另一些劳动者要好。福利国家的兴起，不管多么初级，都迫使管理层更少依赖强制性的实践，而扩大同意的范围。

我们如何解释这一变迁？由于它在资本主义社会中如此广泛，所以有必要进行一般性的而非国别性的具体解释。我已经证明，压力来自两方面。首先是大规模资本，它通过内部化寻求对劳动力市场的调整，通过制度化，即产品和原材料市场的不确定性要求对管理层—工人关系进行相应的规范化，寻求对阶级冲突的调整。而且，由于面临着过度生产的危机（过度生产源于早期专制政体的成功），集体资本（collective capital）对重新设立工人阶级的消费标准并将其与盈利能力挂钩产生了兴趣。第二个压力来源是劳工推动在失业和就业方面建立最低限度的保障，周期性经济危机加剧了这一压力。这些利益的聚合巩固了社会保险，并确保了对专制性管理的抵制。具有不同能力和利益的不同国家，对不同的力量进行响应，重塑了生产机构，并以不同的方式重组了劳动力的再生产。但是在所有的发达资本主义国家，工作和工作之外的最低水平的保障，最终形成了规范，以至于管理层被迫通过各种形式的霸权政体来缓和专制主义。

发达资本主义社会专制主义的松动和向霸权政体的转向，没有在边缘社会引起类似的变迁。事实上，专制政体，通常在殖民规则的协助下继续嵌入其中。由于它们是宗主国的延伸，殖民经济，如我们在赞比亚所见，以最低的价格和最大的利润服务于发达资本主义经济的原材料供给。殖民地国家对廉价劳动力的供给予以协调，同时企业国家在生产层面强加殖民专制主义。没有任何努力来刺激殖民地工人阶级的购买力，以抵消大都市过度生产的趋势或建立对于殖民地生产产品的需求。这些殖民经济是实实在在的"飞地"经济（"enclave" economy），中心经济（central economy）向不断加深的欠发达经济延伸。或者用阿明的话来说，中心的自我中心发展（autocentric development）引致了生产的霸权政体，而边缘的脱节发展（disarticulated development）引致了专制政体。

无论如何，殖民地统治阶级确实发展了独立于、而后又对立于宗主国统治阶级的利益。正如我们在赞比亚所见，殖民者群体（settler population）出现了，他们寻求发展飞地以外的赞比亚经济，试图建立国内市场，威胁到铜矿企业的政治主导地位，因此殖民政府不得不重新定位其政策以满足本土阶级的利益。萌芽的殖民者政体很快因为崛起的非洲民族主义运动陷入困境，非洲民族主义运动自身则是经济发展的产物。新的非洲人政府巩固了从宗主国独立的进程，这个进程从殖民规则甫一确立就开始发展。矿企不得不解除它们独特的生产机构，因为殖民者和后殖民国家不能提供其再生产的条件。官僚规则对殖民专制主义的取代，以及相应的对工人阶级在物质上的让步，增加了铜的生产成本——其时，在发达资本主义国家的工业生产中它正被其他原材料所取代。原材料重要性的降低摧毁了后殖民经济，边缘国家的生存开始依赖于生产的专制政体的重现，以便能够从核心国家吸引新的资本形式。但这也必须在核心国家自身的进一步变迁中去理解。

263

　　霸权政体种下了毁灭自身的种子。它或者通过将工资与利润捆绑，或者通过创造内部劳动力市场、集体协商和申诉机制（这些都妨碍了管理层对工作场所的支配），为资本的部署设立了限制。资本的重组变得困难，深层危机可能发生。但同时，技术发展，尤其是通讯技术，方便了资本的流动和单一劳动过程在不同国家的分割。一个集中体现在出口加工区域的新的边缘开始出现。因此，第三世界中旧的采掘工业松动其专制政体的同时，第三世界的其他国家却在实施新的专制政体。制造业，尤其是消费品的生产，从服装到汽车，从足球到收音机，都被转移到边缘国家，不仅仅是为了获得廉价劳动力，而且因为那里有滋养压制性工厂政体的政治秩序。通常的情况是，新的劳动力储备大军由年轻的单身妇女组成，她们被视为补充收入赚取者，被赋予很低的工资。至少在初期，高度的流动性是一种抑制任何抵抗的有效手段。边缘国家在这支工人队伍中制造了一种明显的无能为力，因此父权制、家长制和殖民专制得以实施。和过去一样，这些政体引发了工人阶级的反对，在较老的出口加工区域（比如韩国）和较大的半边缘工业化国家（如南非和巴西）最为强烈。

这些半边缘的工业化国家将旧边缘的要素——采掘工业，如南非的金矿采掘——和新出口加工区域的纺织业或电子业进行了结合。第三个明显的特点是形成了面向国内市场的消费品生产，巴西和南非的汽车工业是其中的典范。我们在不同的部门能够看到不同的生产政体：采掘工业中持续的殖民专制主义，出口替代工业中的父权专制主义（更可能的是家长专制主义），汽车工业中与有限的工会代议相结合的专制主义新形式。今天的南非和巴西，以进口替代工业为中心的工人阶级运动很强大，这两个国家的政府都对斗争进行孤立和规制而不是镇压。然而，考虑到其压制秩序的性质，这些斗争被约束的程度——一如在美国的情况——还不清楚，因为保护工人阶级组织（如工会）所必需的基本的政治权利仍然是欠缺的。工人阶级运动很快意识到这些权利的重要性，因此在生产现场的斗争，远不是被限制，而是很容易就外溢到更广的政治舞台。

大量制造业资本从中心向边缘流动，以及核心国家内部资本向依赖廉价进口劳工的新工业区转移，有效地破坏了霸权政体。因此，在剩下的制造业以及联合的服务业中，出现了我所说的霸权专制主义。这是一种专制主义的新形式，它建立在先前霸权政体的基础上，不是制造敌对的利益（如早期专制主义政体那样），而是开始围绕着专制的规则建构利益的协调。集体协商现在成为从工人获取让步的手段，工人则面临着工厂倒闭或裁员的威胁。工人阶级的各个部分互相竞争以保留对资本的"忠诚"。不仅如此，竞争的加剧也成为可能，这一方面是由于工人阶级组织的群众基础被之前的霸权政体所消蚀，另一方面是由于作为劳资斗争场域的国家撤退。由于资本在边缘和半边缘国家面临着不断扩大的斗争，建构霸权专制主义的可能性成为对资本的一个主要吸引。

如果说霸权专制主义在具有稳固工会的老核心工业中崛起，那么在新工业如电子或所谓的服务业中情况如何？在此我们也能够发现，生产关系的主要变迁，使得发达资本主义国家再一次成为具有吸引力的投资中心。由专业机构协调的兼职和临时性工作的增长（尤其是在妇女中间），加剧了生产关系与生产中的关系的分离，从而在将前者神秘化的同时有效地将工人附属于后者。一方面，生产关系常常以临时性工作机构为中心运转。工人作为个体与其雇主建立关系，通过电话接受任务，然后开车去作业。工会被禁止，雇员同事也不相识。此外，工人被吸收进这种压迫性的孤立中，不仅是通过她的物质环境，而且是以提高自主性的名义：平衡家务劳动和低薪劳动的更大的"自由"。另一方面，她不断地从一组生产中的关系进入另一组中，除非她能够证明自己"配得"一个永久性的工作。她没有合同保障，得不到补贴，也不能就工资讨价还价。她受到督工的摆布，督工则向她的雇主即临时机构报告。没有清晰界定的职业晋升阶梯，工作的分配被神秘地遮蔽了。[1]

资本被临时工作或兼职工作以及各种形式的转包所吸引，不只是因为劳动力成本的低廉。通过制造原子化的脆弱的劳工队伍，[2]发达资本主义经济条件强化了工人屈从于管理层的冲动，而不是与之斗争。在第三世界的出口加工区域，因为工人，通常是单身女工，居住在集体宿舍或者乘大巴一起回家，所以得以形成稳固的共同体，对雇主的抵抗也不断加强。维持灵活的劳动部署需要在生产现场施以残酷的强制，但是核心国家中新的霸权专制主义的创造却产生了沉默的服从。小汽车和电话，这些进步的产物和集体团结的潜在工具，在资本手中变成了原子化的工具。[3]

如果说私人资本企业正在回归霸权专制主义政体，那么这与国家社会主义的变迁有何关系？尽管效果很难分离出来，但是资本主义的轨迹既刺激又在以后重塑了国家社会主义的发展。因此，沙皇俄国与发达资本主义国家在贸易和战争上

[1] 参见 Heidi Gottfried, "The Value of Temporary Clericals: The Production and Re-production of a Vulnerable Workforce", unpublished manuscript, 1983。

[2] 参见 Vicki Smith "The Circular Trap: Women and Part-Time Work", *Berkeley Journal of Sociology*, vol. 28, 1983, pp. 1–18。

[3] Soon Kyoung Cho, "The New Phase of Capital Mobility and the Dilemmas of Export-Led Industrialization", unpublished manuscript, 1984.

无力竞争，这设定了俄国革命开展的条件。不仅如此，俄国资本主义的落后激发了各种加速工业发展的试验，最后（如果不是不可避免地）导致了以五年计划为框架的强制的积累政体。社会主义的原始积累与资本主义原始积累一样，通过强制的生产政体得以运作，这种政体的基础是劳动力再生产和生产过程的统一。工作之外的生存依赖于工作中的充分表现，工作表现则受到党、工会和管理层的监督。在资本主义下，专制主义建立的基础是通过市场相互联系的企业的自主性，但在国家社会主义下，专权的运作则是通过国家在生产中的强制力。因此，我将之称为官僚专权。

正如同国家部分地介入以将劳动力再生产与生产过程分离后，资本主义专制政体的各种变体如市场专制政体、父权专制政体和家长制专制政体让位于霸权政体一样，对应的过程同样也可以在国家社会主义中识别出来。在那里，当国家开始从生产中撤退之后，劳动力再生产变得愈发独立于企业，因此住房、就业保障和社会福利进一步由国家直接分配，独立于工作绩效。在监管个体工人工厂外的生活方面，管理层、党和工会变得不那么重要了，因此官僚专权让位于官僚协商。但这是一个不均衡的转换，如我们所看到的那样，它在企业内部以及企业之间变化。确实，与第二经济的伸缩、企业自主性的升降相关的周期性变化叠加在长期变化上。第二经济的开放和市场关系的有限扩张，提供了替代性的收入来源，这增强了个体工人不受管理层专横控制的独立性。企业自主性赋予管理层更大的灵活性来与企业内不同利益方进行协商。但是这些向第二经济和企业自主性上的迈进，从产业中普遍地引发了直接依赖于国家和相应党组织部门的反向政治压力（political counterpressures）。即使在匈牙利，1968 年的革命也在 70 年代中期遭遇了逆转。

更普遍的情况是，通过生产机构与国家机构融合以实现的对生产的集中指导，对企业自主性产生了压力。去集中化的需求可能表现为对某种工人参与管理的形式的需求，如在南斯拉夫和古巴，或者表现为提高效率的需求，如在匈牙利。[1] 正如集中化引发了去集中化的压力，去集中化反过来产生了再集中化的压力。这些周期性的运动在南斯拉夫尤其清晰，部分是由于它更少受到苏联霸权的影响。但是，存在着国家社会主义社会的第二种动力，这不是生产机构和国家机构融合的产物，而是这些社会阶级特征的产物。对剩余的集中索取和分配的原则，以假定的和"科学"决定的社会利益的名义，产生了一种社会主义（在其中直接生产者控制他们生产的剩余）的替代概念。由于集中协调仍然是必要的，它采取了自下而上的计划这一形式。工人的控制不是限定在生产机构中，而是制度化于社会的中央指导机关中。这是一种集体的自我管理系统。它于 1981 年在波兰开始萌芽，当时既有秩序证明无法运转这个国家。它也

267

---

[1]　参见 Ellen Comisso, *Worker's Control under Plan and Market*, New Haven，1979; Linda Fuller, "Changing Politics of Worker's Control in Cuba: 1959-1982", Ph.D dissertation, University of California, Berkeley, 1985。

于 1956 年政权崩溃之后和苏联重申其控制之前，开始在匈牙利出现。在这两个案例中，都是全球政治为国家转型设定了限制。事实上，形成于团结工会实践中的"自限革命"的理念，明确承认了国际政治关系的决定性特征。

国家社会主义的经验对于发达资本主义社会具有确切的影响。与国家社会主义的情形一样，在发达资本主义的公共领域，存在着类似的生产政治与国家政治的融合，尽管二者的连接主要是通过管理层来进行，即没有党或工会将工作场所的政体与国家相捆绑。因此，工作场所的斗争是隐含的（有时是显然的）反对国家的斗争。无论哪一类工人，如医务工作者、邮政工人、警察或国有工业工人，他们的斗争都能够承担一种政治角色。正如集体斗争的倾向在国家社会主义社会内部和各社会之间有所不同，同样，它在发达资本主义社会的国家部门之内和部门之间也存在差别。外在地看，国家的各种机构以不同的方式存在，内在地看，每一个都发展了生产政治的不同形式。[1]

区分公共部门和私有部门的经济基础是什么？可以大致认为，在私有部门，交换价值支配着使用价值。市场上对利润的追求建立了斗争得以开展的框架。使用价值的问题以及供求的问题，只有在追求当下和未来的利润时才有关。以同样

---

[1]　例如埃里克·巴斯顿（Eric Batstone）等人对英国邮政局两个分支机构的研究（Eric Batstone, Anthony Ferner and Michael Terry, *Consent and Efficiency*, Oxford, 1984）。

的方式，我们可以说，在国家部门，使用价值支配着交换价值，尽管支配的程度和特点随着机构而变化，而且支配自身从属于斗争。国家存在的理由（*raison d'être*）是提供"社会需要"。利润的逻辑由市场竞争决定，社会需要的逻辑则由国家内部的政治协商所决定。但是那些社会需要是通过什么过程被决定的？只有国家的管理者自命为集体利益的仲裁者——这要归功于他们所谓优越的知识和专长以及他们对于科学理性的垄断——公民才能被排除在外。

然而，这一原则从来就不是至高无上的，社会需要的定义持续闯入政治话语之中。资本主义国家以不同的方式加以应对，应对方式部分是由威胁的性质以及机构的特点所塑造，部分是由国家内外阶级权力的平衡所塑造。一方面，它可以将国家工人（state workers）的斗争引向有限的公共辩论，其中社会正义问题界定了意识形态的领域。国家可能寻求保护一项特定的"社会契约"，孤立一些特定的工人，因为他们牺牲他人利益以追求狭隘的个人利益。工人则可能通过呼吁公众同情以及建立与消费者和其他工人阶级的联盟来保护自己的地位。[1]另一方面，国家能够拒绝进入任何关于"社会正义"的政治讨论，反而努力将国家机构私有化，按照效率标准运营之。但即使更容易在商业上立足的国有产业，以利润取代社会需要的满足也是一个充满斗争的政治过程。在国家社

---

[1]　例如 Paul Johnston, "Democracy, Public Work and Labour Strategy", *Kapitalistate*, no. 8, 1980, pp. 9–26。

会主义社会，国有企业的利润是通过一系列关于补贴、税收、定价和劳动政策的政治协商获得的。[1] 为了使这一政治过程在市场标准背后被神秘化，需要对媒体进行有效控制。国家必须压制国家工人斗争中涉及的关于社会需要的讨论。

英国和美国政府使用了上述第二条限制公共辩论的战略。然而，由于私有部门在霸权专制主义下被遮盖，提供社会需要的问题——不可避免地聚焦于国家——将会持续浮现。正是在私有部门的阻塞迫使社会主义的问题进入公共部门。这要求国家采取更加压迫性的机制来约束那些需要，尤其是对市民社会的限定和控制。当然，这就是为何在国家社会主义中市民社会如此受限的原因。在一个宣称按照满足社会需要的原则进行运转的社会，只有通过压制旨在建立自治公民社会的公共话语和运动，即通过"对需要的专断"（dictatorship over needs），阶级分化才能存续。[2] 由第二经济，第二文化，以及更一般意义上第二社会所开启的私人领域，将会稀释对社会主义或野蛮主义的展望。[3] 但是这种追求社会需要的私有化难道不仅仅是一种权宜之计？

---

[1] Batstone, Ferner and Terry, *Consent and Efficiency*; Tony Manwaring, "Labour Productivity and the Crisis at BSC: Behind the Rhetoric", *Capital and Class*, No. 14, 1981, pp.61-97.

[2] Ferene Fehér, Agnes Heller and György Márkus, *Dictatorship over Needs*, Oxford, 1983.

[3] 第二社会的概念，见 Elemér Hankiss, "A Második Társadolom", unpublished manuscript, 1984。

索 引

（索引页码为原书页码，即本书的页边码）

生产的政治

生产的政治

后　记

　　《生产的政治》是美国当代最重要的劳工社会学家麦克·布洛维之最重要的一本著作。在本书中，布洛维以其广袤的视界和深邃的思想，阐述了"工厂政体"这个由他独创的理论模式，据以考察和诠释了欧美竞争资本主义、垄断资本主义、非洲殖民主义和后殖民主义，以及当年的苏东国家社会主义等多种社会形态下的工厂政体和劳工群体。本书为当代马克思主义传统的劳工社会学奠定了基础。

　　本书的翻译工作由周潇和张跃然两位青年学者承担。周潇分别在北京大学、清华大学和中国社会科学院完成其学业并获得社会学博士学位，现在中国劳动关系学院任教；张跃然在美国杜克大学和哈佛大学完成其本科和硕士阶段的学习，现在加州大学伯克利分校社会学系攻读博士学位。在本书的翻译工作中，周潇承担了"序言""引言""第一章""第四章""第五章"和"结论"六部分的翻译，张跃然承担了"中文版序""第二章""第三章"三部分的翻译。最后由沈原审订全书。在审订过程中参考了曾由胡丽娜博士译出的前三章初稿。

　　翻译本书难度甚高。布洛维在论述中旁征博引，涉及大量欧美工业史料、多种语言及众多理论流派的学术观点，是故翻译工作殊属不易，历经多次修订方告杀青。虽然如此，但仍或有力所不逮之处，尚望读者谅解。但无论如何，经两位青年学者努力，终于完成了这一重要的学术工作，为我国劳工社会学的学科建设增砖加瓦，这是无论如何必须加以肯定的。

不过，翻译本书似乎仍会引发一些疑问，最为核心的质疑或许在于：在本书出版35年后还来译介，其价值何在？价值？当然有，而且不止一个。在我看来，翻译此书的价值至少有三，占据了时间坐标轴的"过去"、"现在"和"未来"三个指向。首先来看"过去"。本书在劳工社会学的学科历史上具有至为重要的地位。马克思在《资本论》中为劳工社会学奠立了基础。但此后劳工社会学的基本理论框架却多有变动，屡受冲击，直至布雷弗曼及其《劳动与垄断资本》在1970年代出版，才最终确立了马克思学说的支配地位。不过，布雷弗曼的理论却存在一个根深蒂固的缺陷，这个缺陷其实还不只在于他的论断因多半重述马克思而缺乏原创性，而更在于他的研究割裂了劳动过程的客观方面和主观方面并将两者对立起来。布洛维著作的问世——首先是《制造同意》，而后就是本书——才从根本上扭转了研究的思路，凸显出所谓"劳工主体性"问题：不是将劳工仅仅当作在管理者命令和生产线摆布下的被动附庸，而是努力发掘他们在特定工作场景和制度安排下所展示的主观能动性。自兹以降，当代劳工社会学的研究差不多都是沿此路径发展和深化，逐步构造起庞大的知识体系。

但如若认定本书仅仅针对"过去"才有价值，那就未免失之偏颇了。本书中的许多判断和观点固然是在 35 年以前，基于当时的历史条件形成的，但今天读起来仍会体悟到巨大的理论穿透力，而这就意味着其占据了时间轴上"现在"的维度。诚然，本书对我国社会转型期的工厂政体和劳工政治并未提供具体、详尽的论说，毕竟在该书付梓的年代，我们的改革开放处于初期，一切皆在生成之中。但本书锻造的"工厂政体"理论模式却可说是提供了一柄特殊透镜，极其适用于观照日后源源不断喷涌而出的各类工厂政体。时至今日，我国业已变成"世界工厂"，但这个"世界工厂"并非整齐划一的整体，而是内包众多工厂政体样式。这些样式构成一列长长的谱系，各有特色而又彼此连接，因此我们的"世界工厂"堪称"工厂政体的博物馆"。从劳工社会学立场出发，考察这些不同的工厂政体如何吸纳和锻造了转离农村和农业的农民工，同时深入探讨这些农民工又如何经由自身的劳动和抗争改造了工厂政体，推动它们的演化，其中种种变易机理恰为研究重点。毋庸讳言，这个任务迄今为止远未完成。

最后是时间轴的"未来"指向。当今的经济生活正在发生前所未有的巨变，金融悄然无声而又迅猛无比地重组了几乎全部经济架构，其与新兴信息技术的密切融合更是创造出前所未有的工作组织形态，催生新职业，锻造新劳工。所有这些都对劳工社会学提出了巨大挑战：我们还能够继续使用"工厂政体"这样的理论模式去面对未来吗？对此，我以为答案是肯定的。"工厂政体"理论模式所提供的主要是研究思路，而非一堆不可移易的教条，它指引我们在探讨经济社会变迁的宏观结构时应注重其微观基础，而在调研工厂劳动生活之类的微观过程时又须向外拓展至其宏观环境。这条思路也就大体相当于米尔斯所倡导的"社会学的想象力"。其中，工厂之内的"劳动过程"始终构成观察和研究的基本据点，引导我们具体而微地探讨劳工的主体性，揭示工作过程中的控制和反抗，把握"数码统治"和"算法专制"一类新型工厂政体的运作逻辑，并把生产政治与国家政治关联起来。当然，理论永远都不应是故步自封的。要把握新现象，理论模式就还须吸纳各种新的决定变量。例如，在当今时代，不仅要如《生产的政治》所主张的，在探讨劳动过程时必须结合劳动力再生产模式、市场竞争和国家干预等变量来思考，而且还应把劳动力市场作为一个基本的制度变量引入进来。这是因为，在诸如"平台经济"之类新工厂政体下得到再组织的劳工，不仅活动于与其先辈颇为不同的工作组织中，而且身处迥然有异的劳动力市场中，这种被削弱或干脆被剥夺了各种社会支持的劳工群体已被社会学家冠以"不稳定无产者"的大名。

　　一本在时间轴的三个指向上都展示出其独具价值的著作当然可被称为经典。经典不朽，常读常新。

沈原

2021 年 6 月

文
景

Horizon

社 科 新 知　文 艺 新 潮

生产的政治：资本主义和社会主义下的工厂政体

[英]麦克·布洛维 著　周潇　张跃然 译

出 品 人：姚映然
责任编辑：顾逸凡
营销编辑：高晓倩
封扉设计：唐　旭
美术编辑：安克晨

出　　品　北京世纪文景文化传播有限责任公司
　　　　　（北京朝阳区东土城路8号林达大厦A座4A　100013）
出版发行　上海人民出版社
印　　刷　山东临沂新华印刷物流集团有限责任公司
制　　版　北京百朗文化传播有限公司

开 本：890mm×1240mm　1/32
印 张：13　　字 数：290,000　　插页：2
2023年6月第1版　　2025年3月第3次印刷
定 价：79.00元
ISBN：978-7-208-18095-6/C·674

　　图书在版编目（CIP）数据

　　生产的政治：资本主义和社会主义下的工厂政体 /
（英）麦克·布洛维（Michael Burawoy）著；周潇，张
跃然译. -- 上海：上海人民出版社，2023
　　书名原文：The Politics of Production: Factory
Regimes Under Capitalism and Socialism
　　ISBN 978-7-208-18095-6

　　Ⅰ. ①生… Ⅱ. ①麦… ②周… ③张… Ⅲ. ①劳动社
会学－研究 Ⅳ. ①C976.1

　　中国版本图书馆CIP数据核字（2022）第248625号

本书如有印装错误，请致电本社更换　010-52187586